U0534955

晚清湖北现代化研究
（1861—1911）

常 城 著

中国社会科学出版社

图书在版编目（CIP）数据

晚清湖北现代化研究：1861—1911／常城著.—北京：中国社会科学出版社，2020.8

ISBN 978-7-5203-3849-3

Ⅰ.①晚… Ⅱ.①常… Ⅲ.①现代化—研究—湖北—1861-1911 Ⅳ.①K296.3

中国版本图书馆 CIP 数据核字（2018）第 292256 号

出 版 人	赵剑英
选题策划	耿晓明
责任编辑	吴丽平
责任校对	李 军
责任印制	李寡寡

出　　版	中国社会科学出版社
社　　址	北京鼓楼西大街甲 158 号
邮　　编	100720
网　　址	http://www.csspw.cn
发 行 部	010-84083685
门 市 部	010-84029450
经　　销	新华书店及其他书店
印　　刷	北京明恒达印务有限公司
装　　订	廊坊市广阳区广增装订厂
版　　次	2020 年 8 月第 1 版
印　　次	2020 年 8 月第 1 次印刷
开　　本	710×1000　1/16
印　　张	19
插　　页	2
字　　数	309 千字
定　　价	98.00 元

凡购买中国社会科学出版社图书，如有质量问题请与本社营销中心联系调换
电话：010-84083683
版权所有　侵权必究

目 录

导论 …………………………………………………………… (1)

第一章　晚清湖北现代化肇始之前的世界、中国与湖北
　　　　（1840—1860）……………………………………… (35)
　第一节　1840—1860 年的世界与中国 …………………… (35)
　第二节　1840—1860 年的湖北 …………………………… (40)

第二章　汉口开埠后二十八年的湖北现代化进程
　　　　（1861—1888）……………………………………… (44)
　第一节　商品贸易的转型 …………………………………… (45)
　第二节　新型关税机构的创建 ……………………………… (54)
　第三节　近代交通运输业的勃兴 …………………………… (67)
　第四节　外国金融业的揳入 ………………………………… (77)
　第五节　机器工业的嚆矢 …………………………………… (82)

第三章　张之洞督鄂期间的湖北现代化进程
　　　　（1889—1907）……………………………………… (88)
　第一节　张之洞在武汉地区的现代化创举 ………………… (88)
　第二节　宜昌、沙市的早期现代化 ………………………… (97)
　第三节　现代化向腹地的扩散 ……………………………… (105)
　第四节　张之洞离鄂时晚清湖北现代化的困境 …………… (110)

第四章　武昌起义前夕的湖北现代化进程（1908—1911）……（119）
　　第一节　"后张之洞时代"的近代工业发展……（119）
　　第二节　政治体制的初步改革……（124）
　　第三节　革命风潮的涌动……（143）
　　第四节　现代化视域下的武昌起义……（147）

第五章　湖广总督群体与晚清湖北现代化……（154）
　　第一节　晚清湖广总督群体的基本情形……（154）
　　第二节　湖广总督群体在晚清湖北现代化进程中的作为……（163）
　　第三节　从湖广总督群体看晚清湖北现代化的历史经验……（177）

第六章　商人群体与晚清湖北现代化……（183）
　　第一节　晚清湖北商人群体的近代嬗变……（183）
　　第二节　晚清湖北商人组织的现代化转型……（189）
　　第三节　商人群体在晚清湖北现代化进程中的作用……（194）

第七章　士绅群体与晚清湖北现代化……（201）
　　第一节　晚清湖北现代化对士绅群体的冲击……（201）
　　第二节　士绅群体在晚清湖北现代化进程中的政治参与……（209）
　　第三节　士绅群体与晚清湖北教育现代化……（216）
　　第四节　士绅群体与晚清湖北教案……（221）

第八章　外国势力与晚清湖北现代化……（227）
　　第一节　晚清外国在湖北势力之管窥……（228）
　　第二节　外国势力对晚清湖北现代化的双重影响……（254）

结论……（277）

参考文献……（284）

后记……（299）

导　　论

一　选题缘起

首先，必须提及，将"现代化"作为博士论文的选题方向，主要得益于业师何晓明教授的指点。

"现代化"一词虽然最早出现于20世纪20年代，中国的现代化之路却起步于晚清。① 自19世纪中叶开始，清王朝衰败之相渐趋明显，农村土地兼并严重，人地关系失衡，局部性民变、匪患和骚动及大规模农民暴动风起云涌。然屋漏偏逢连夜雨，也正值兹时，来自不列颠军舰的隆隆炮声震惊天朝。更加可怕的是，这次侵略者不再是以往历史上某个粗蛮不文、很快被自己同化的马上民族，而是一个文明高度发展，对自信的中华文明产生强烈震撼和冲击的海上强国。

在此内部危机与外来冲击的交织之下，中国开启了步履蹒跚的现代化历程。晚清是中国现代化历史的酝酿、肇始和早期发展阶段，其后中国现代化进程中所遇到的挫折、障碍、机遇以及道路选择等重要问题都可从中发现最初的历史基因。寻根溯源，阐释晚清中国现代化的历史进程，其学术价值和现实意义不言而喻。

但是，若笼统地对中国现代化历程进行整体探讨，初学者往往力不从心，甚至无所适从，很难形成一个基本框架来整体论述和系统诠释。中国幅员辽阔，其历史发展虽具有相对的一致性，但也呈现出差序格局，在现

---

① 1922年，严既澄在《民铎》杂志发表《评〈东西文化及其哲学〉》，第一次使用与"现代化"相近的"近代化"概念；1927年，柳克述《新土耳其》一书把"现代化"与"西化"相提并论，首次明确提出了"现代化"概念；1929年，胡适为英文《基督教年鉴》撰写的《文化冲突》中，提出"一心一意的现代化"（Whole-hearted modernization），亦为该词的最早使用者之一。从20世纪30年代开始，"现代化"一词开始广泛被中国知识界接受并使用。

代化的某些共性之下许多具体的面相差异明显：在中国内部，现代化的发轫与发展并非整齐划一，出现了多种风格迥异的现代化发展道路，例如晚清上海现代化道路与天津现代化道路显然有所不同；同时，由于区域发展的不均衡，各区域的现代化发展速度又非同步，在同一时段内可能会呈现出一种空间性的时间差异。

相对可取的方法，即是以晚清为研究时段，对中国的现代化史进行分区域研究。①也唯有切实把握各区域现代化进程的特殊性，才能更全面真切地认识中国现代化历史的共性，进而推动中国现代化史研究的整体发展。

明清以降，中国许多制度的推行与改革都是以行省为单位分别展开的。特别是在清季，"省"的观念深入人心。因此，若分区域研究中国现代化历史，以行省作为区域单位相当合适。

自然而然，笔者的目光投向了负笈求学的荆楚大地。湖北是"声色壮丽的中国近代历史的一个重要舞台"②，这个曾经长期默默无闻的中部省份在晚清展现出了别样的气质。鄂省深处内陆腹地却因长江航道而直通外洋，既不同于其他腹地区域的闭塞，亦有别于沿海地区的外向；虽饱受传统文化的滋养却又于近代遭遇巨大外力冲击，然历经艰辛坎坷后，不仅荣膺晚清现代化的榜样之区，更是一举成为辛亥革命的首义之省。

晚清湖北现代化的历史进程内容丰赡、气势宏阔，举国曾为之瞩目。

一方面，晚清湖北现代化成就斐然。以武汉地区为中心的晚清湖北现代化在某些方面曾一度"开风气、拔头筹"，"其时工厂林立，江汉殷振，一隅之地，足以耸动中外之观听"③，是晚清中国现代化史上最有亮点的少数省份之一。其中，汉口开埠之后迅速崛起为内地最大的商业中心，

---

① "中研院"近代史所从20世纪70年代开始陆续推出部分中国区域现代化的研究专著，分别为：张朋园的《中国现代化的区域研究（湖南省卷，1860—1916）》、王树槐的《中国现代化的区域研究（江苏省卷，1860—1916）》、苏云峰的《中国现代化的区域研究（湖北省卷，1860—1916）》、张玉法的《中国现代化的区域研究（山东省卷，1860—1916）》、李国祁的《中国现代化的区域研究（闽浙台地区卷，1860—1926）》、谢国兴的《中国现代化的区域研究（安徽省卷，1860—1937）》、朱浤源的《从变乱到军省：广西的初期现代化（1860—1937）》，这些研究成果为中国的区域现代化研究奠定了扎实的学术根基。

② 贺觉非、冯天瑜：《辛亥武昌首义史·序》，武汉大学出版社2006年版，第1页。

③ 张继煦：《张文襄公治鄂记》，湖北通志馆1947年版，第7页。

"一度几与上海并驾齐驱"①。汉阳和武昌则以工业为重,"汉阳之铁政局,武昌之织布、纺纱、制麻、缫丝四局,规模之大,计划之周,数十年以后未有能步其后尘者"②。

另一方面,晚清湖北现代化特征显著。特征之一表现在发展道路的独特性。晚清湖北现代化的发展道路由两种类型迥异的力量相互推引而成:一种是以通商口岸汉口为中心的商业力量,一种是张之洞所主持的"湖北新政"。前者属于内生型,本身具有深厚的传统商业基础,在外力的冲击转型下发生现代化变革,"它代表了中国早期现代化的商业道路"③;后者则是移植型的,在强人政治的推动下通过引进国外技术及机器发展壮大,现代化成就基本集中在汉阳和武昌。特征之二表现为现代化直接催生了城市革命。辛亥首义的最大特点,"就是它孕育发生在近代文明发达及近代人群汇集的大都会武汉,是一次由新型革命知识分子发动领导、以革命化新军为主体的城市起义,它的爆发并成功,与汉口开埠、张之洞督鄂以来近代物质文明及精神文明的传播发展密切相关"④,"晚清湖北现代化"与"武昌起义"之间存在一种既为"因"又为"果"的复杂重叠关系。

精彩的历史本相,必然催生了丰富的史学研究成果。晚清湖北现代化并不缺乏学人的青睐,相关学术成果层出叠见。但经过仔细爬梳,我们却不无遗憾地看到,晚清湖北现代化研究尚存有较大的阐释空间,需要后来者继续倾注心力。另外,笔者生于豫楚之间,在武汉求学三载,对湖北风土人情比较熟识,也享有收集查阅湖北区域史料的地利之便。

不过,笔者深知,晚清湖北现代化研究是一块难啃的骨头。由于近代中国的多变性与多歧性,各种框架性的系统诠释和整齐划一的阶段划分都具有相当大的局限,如果没有深厚的学养功力和敏锐的辨识度,很容易陷入条理越是清楚系统则离真相越远的尴尬。新时代的现代化研究也呼吁新的研究理论和研究方法,"我们的现代化研究若仍然集中在对生产力、经

---

① 张克明:《汉口历年来进出口贸易之分析》,《汉口商业月刊》1935年第2卷第2期。
② 杨铨:《五十年来中国之工业》,载申报馆编《最近之五十季·申报馆五十周年纪念》1923年版,第333页。
③ 任放:《汉口模式与中国早期现代化》,《光明日报》2003年4月1日。
④ 冯天瑜:《武汉文库·总序》,载《武昌首义与武汉早期现代化》,武汉出版社2011年版。

济增长、工业化等'硬指标'的讨论,显然不够了。一般地探讨现代社会发展的原理和总结既有发展与现代化的经验事实,在人文社会科学的快速发展变化面前,在社会学等学科具体而微的相关研究面前,也会显得苍白,失去曾经有过的前沿地位,甚至逐渐被'边缘化'。"① 更何况前贤已经在晚清湖北现代化领域积累了丰硕的研究成果,达到了一定的高度,若想在局部有所超越并非易事。②

诸多挑战,让笔者总是感到异常的紧张和莫大的压力。幸好,耳畔总能响起一段鼓舞的话:"治学的大道,是继承前贤的未竟之业,聚沙积薪,继长增高,所谓站在巨人的肩上,自然登高望远。所以接着做比找漏洞寻破绽钻空子对着干难度更大,也更具挑战性,却是治学的必由之路。"③

二 相关概念界定

晚清:对晚清的上限学术界的看法不一。本书所指的"晚清",上限起自汉口开埠的1861年,下限为清朝灭亡的1911年,时间跨度50年。

湖北:清康熙三年(1664),湖广省分为湖北、湖南二省,湖北作为"行省"而诞生。本书所探讨之"湖北",为1861年到1911年间之湖北。这50年间,湖北的行政区划变化较小:1861年,湖北省辖10府、1直隶州、7散州、60县。1899夏口镇升为隶属汉阳府的散厅。1904年鹤峰州升为直隶厅④。

现代化:学术界对于"现代化"的理解众说纷纭。早在1932年英国学者托尼就指出:"'现代化'是一种'通用而又意义不明的表达'。"⑤ 国内不少学者,如罗荣渠、董正华、虞和平、杨念群、章开沅、冯天瑜、周积明等都对"现代化"有过诠释定义。笔者学力甚浅,仅就国内多位

---

① 董正华:《现代化研究的"创新与超越"》,《南开学报》(哲学社会科学版)2006年第3期。

② 有关"湖北早期现代化"的研究,苏云峰于20世纪70年代已推出《中国现代化的区域研究(湖北省,1860—1916)》,为该领域奠定了扎实的学术基础,下文将会对此展开具体探讨。

③ 桑兵:《晚清民国的学人与学术》,中华书局2008年版,第1—2页。

④ 参见张仲炘等《湖北通志·建置志》,武昌省长公署,1921年。

⑤ [美]芮玛丽:《革命在中国》,转引自周积明《最初的纪元:中国早期现代化研究》,高等教育出版社1996年版,第1页。

学者对"现代化"之阐述爬梳总结，得出以下基本观点：（1）现代化是人类历史上第三次剧烈、深远的社会飞跃，并且任何民族和国家都不可避免。（2）现代化涉及政治、经济、社会、文化等诸多方面，这些内容交融互摄，彼此渗透，呈现多元一体的共生互动状态。（3）现代性并非西方所特有，现代化也并非一个以西方为中心的单向传播与扩散过程。（4）"传统"不应该都是僵化的形态或者注定被现代化浪潮所涤荡的对象，在某种程度上，"传统"还应是现代化进程的主动参与要素。（5）现代化理论最早源自西方，但经过中国学人的咀嚼消化，已逐渐呈现出中国化特征。中国的现代化研究不仅关注"结构—功能"的静态分析，而且更加注重对现代化历史进程的动态探讨。以上基本观点，正是笔者研究晚清湖北现代化的理论基础和逻辑起点。

三　晚清湖北现代化相关学术研究的回顾

肇始于晚清的湖北现代化历程曾经强烈地吸引着学人的目光，相关学术成果层出叠见。经过爬梳整理，晚清湖北现代化的相关学术研究成果主要涵盖两个方面：晚清湖北现代化的直接研究和与晚清湖北现代化相关的社会经济史研究。

（一）晚清湖北现代化的直接研究

1. 开山之作《中国现代化的区域研究（湖北省卷，1860—1916）》

晚清湖北现代化的直接研究，首推台湾学者苏云峰的《中国现代化的区域研究（湖北省卷，1860—1916）》。该论著是"中国现代化的区域研究（1860—1916）"集体计划之一，其目的在于"研究中国沿海及沿江地区于清季至民初数十年间，受西方冲击以后发生现代化变迁的过程及其成败的原因"①。

《中国现代化的区域研究（湖北省卷，1860—1916）》推出之后，既受到不少学者的称赞，也遭受一部分学者的批评。而首先质疑苏云峰照搬西方现代化理论的，恰恰是来自现代化理论滥觞地美国的汉学家。《中国现代化的区域研究（湖北省卷，1860—1916）》刚出版不久，美国学者罗威廉

---

① 参见苏云峰《中国现代化的区域研究（湖北省，1860—1916）》，"中研院"近代史所1987年版，第1页。

（William T. Rowe）便在《美国亚洲学报》（Journal of Asian Studies）1983年5月号的书评中给予批评。针对罗威廉的批评，苏云峰也进行了反驳。

罗威廉首先指出，苏云峰所采用的现代化理论完全仿自西方，并且这些理论于20世纪70年代已经过时。面对罗威廉的诘难，苏云峰在"再版自序"中回应："我认为现代化理论，乃是东西方已开发及开发中国家共同经验的特征。它于1970年代之所以受到美国学术界之批评，系受到当时兴起的左倾批判意识及环境保护运动的影响所致。实际上，现今世界各国都在努力推行现代化。所以我以它作为研究湖北现代化的分析构架，并没有什么不妥之处。"罗威廉还指责苏云峰的"传统"与"现代"二分法存在问题。苏云峰则以绪论部分关于"传统"与"现代"关系的论述予以澄清。苏云峰指出："'传统'与'现代'并非二个截然对立的名词。它们仅代表某一社会在某一时期受到来自内部的或外部的某种冲击以后，发生了某种有历史意义的一连串变迁。从较为长期的观点看，这些变迁之总和，已造成此一社会结构性及功能性之殊分，与发生变迁以前大不相同。因此，为了强调此一变迁的重要性，而指变迁以前为'传统'社会，变迁以后为'现代'社会。实际上，它们不是截然不同的两个社会，即在传统社会中，多少已隐伏着一些现代性因子；而在现代社会中，仍可随处发现传统的网络。这就是历史与社会的延续性（continuity）与不可分割性（inseparability）。"①

平心而论，罗威廉的批评可谓正中鹄的。其一，苏云峰强调西方现代化理论的普世性，这一点笔者也实难认同，西方现代化模式是按照西方社会的发展模式总结深化而来的，并非一定适合研究中国历史。恰如桑兵所指："欧美的中国研究，面向中国的实事，却处于本国学术的边缘，必须接受和按照主流的观念方法，才能取得与主流对话的资格。而其主流学术的理论方法及观念架构，并非因缘中国的社会历史文化生成，用于解读中国，往往似是而非。"② 如果照搬域外理论，将西方现代化理论视为具有普遍意义的分析工具，那么中国的现代化研究则仅仅是西方现代化的一个

---

① 苏云峰：《中国现代化的区域研究（湖北省卷，1860—1916）》，"中研院"近代史所1987年版，第1页。

② 桑兵：《治学的门径与取法——晚清民国研究的史料与史学》，社会科学文献出版社2014年版，第17页。

地区性注脚而已。其二，苏云峰虽然在绪论中将"传统"与"现代"表述为"延续性"与"不可分割性"的关系，但从论著的分析模式和整体框架来看，两者依然处于一种二元对立的情形。苏云峰整部论著统而贯之地采用"冲击—反应"之分析模式，而这一模式的理论预示即"传统"与"现代"的二元对立，其论著的整体框架也呈现出明显的二元对立。除了第一章的背景介绍和第六章的结论外，第二章简单地论述外力对湖北的冲击，作为核心章节第三章、第四章和第五章分门别类地阐释了湖北各个领域的现代化事业，整个结构完全看不出来"传统"与"现代"之间的"延续性"和"不可分割性"辩证关系。

但瑕不掩瑜，作为湖北现代化区域研究的开山之作，《中国现代化的区域研究（湖北省卷，1860—1916）》对湖北区域现代化进行了较为全面的学术发掘，为其后湖北现代化的研究奠定了扎实的学术根基，苏云峰筚路蓝缕的开拓之功令后学者敬仰。

2. 武汉地区的现代化研究

武汉地区的现代化研究是晚清湖北现代化研究的焦点。由冯天瑜、陈锋主编，武汉大学出版社出版的《武汉现代化进程研究》一书汇集了多位学者分别撰写的近20篇关于武汉现代化的研究论文，时间跨度从明清直至民国，涉及现代化所包含的工业化、民主化、城市化和理性化等各个方面，"仅从'城市化'这一意义言之，武汉市的现代化研究，便具有特殊的理论意义与实践意义"①。该论文集也附录了4篇国外学者汉口研究的译文，为其后武汉现代化研究的纵向推进提供了域外视野。

冯天瑜在《中国早期现代化的特征——兼论武汉早期现代化》一文中阐述了中国作为"后发外生型现代化"国家区别于"早发内生型现代化"国家的特征：之一，中国现代化首先是为挽救民族危亡的防御性反应；之二，中国早期现代化是一种"强政府、弱社会"的现代转型；之三，中国早期现代化进程中民族资本步履维艰。在论及武汉早期现代化时，他还指出："武汉的早期现代化在19、20世纪之交成就斐然，颇耸动中外视听，成为现代化'后发优势'的一个例证，而其间包蕴的种种弊端，又制约着后来武汉现代化发展的历史进程。在此后近一个世纪，武汉

---

① 冯天瑜、陈锋主编：《武汉现代化进程研究》，武汉大学出版社2002年版，第5页。

的现代化建设又续有发展，其规模与水平非张之洞督鄂时可比，但就在全国的地位而言，20世纪初叶以后的武汉则要发出'不如昔时'之叹。"①

任放提出了"汉口模式"的概念，认为该模式区别于英国以工业革命为基础的现代化模式，是"汉口在其传统商业相对发达的基础上借助外部因素，成功完成了近代转型，走上现代化道路。汉口模式的核心不是通常所说的工业革命，而是中国版本的商业革命"②。汉口模式的特殊性主要表现在三个方面：汉口经历了从传统市镇到国际都市的巨大转型；汉口是中国早期现代化历史中商业化道路的代表；汉口早期现代化的动力来源于商业。任放进而强调，由于各种缘由，中国早期现代化进程中出现多种不同的模式，诸如天津模式、汉口模式、上海模式等，需要不同对待。

姚会元的《近代汉口钱庄性质的转变》和《近代汉口钱庄研究》主要考察了近代汉口钱庄的演变过程，指出鸦片战争后汉口钱庄的性质发生改变，兼有封建性、买办性和民族资本主义性，其中民族资本主义性不断增长。③ 姜铎在《洋务运动与津、穗、汉、沪四城的早期现代化》中指出武汉的洋务企业起步较晚，但在张之洞的大力推动下后来居上，对武汉地区乃至中国的早期现代化产生了重大影响。姜铎还提道，"张之洞之所以能在武汉大规模兴办洋务企业，同清廷最高当局有意识地对他提拔、重用和信任，以便达到为权倾一时的李鸿章势力培植一个对立面的目的，是密切不可分的"④。傅才武专门探讨晚清到民国期间汉口地区娱乐业的发展轨迹，涉及经济结构、政治文化环境和艺术风格等的变迁，为人们窥视中国城市现代化的历程提供了独特视角，也为文化产业的区域性研究提供典型的范例。⑤ 邓正兵和欧阳君以汉口开埠和张之洞的"洋务新政"为切入点，论述了武汉早期现代化的两个不同阶段，试图对武汉现代化的早期历程有一个系统的探讨，在此基础上作者还总结了武汉早期现代化的特点及

---

① 冯天瑜：《中国早期现代化的特征——兼论武汉早期现代化》，《光明日报》2002年12月3日。
② 任放：《汉口模式与中国早期现代化》《光明日报》2003年4月1日。
③ 参见姚会元《近代汉口钱庄性质的转变》，《武汉师范学院学报》（哲学社会科学版）1984年第2期；《近代汉口钱庄研究》，《历史研究》1990年第2期。
④ 姜铎：《洋务运动与津、穗、汉、沪四城的早期现代化》，《近代史研究》1993年第4期。
⑤ 参见傅才武《近代化进程中的汉口文化娱乐业（1861—1949）——以汉口为主体的中国娱乐业近代化道路的历史考察》，湖北教育出版社2005年版。

其对今天现代化建设的启示意义。① 刘德政主要介绍外来人口与汉口城市化之间的关系；汤黎运用社会史的视角，以人口发展为主体，层层展开，探讨人口发展、空间建构与城市发展之间的互动关系，突出了近代汉口的城市特色，具有一定的创新性。② 王春雷剖析了辛亥革命前夕武汉工商业的早期现代化，分析了武汉早期现代化的特点和不足。③ 袁北星的《客商与汉口近代化》从客商群体与汉口城市的互动关系着手，多侧面立体地阐释了客商群体在汉口近代化过程中的历史催化作用，同时通过对客商社会组织的分析，阐释了客商与国家和社会之间的错综复杂关系。④ 汪苑菁从城市现代性理论视角出发，以汉口和《汉口中西报》之间的关系为研究对象，立体地、动态地审视了近代报刊、城市与国家三者之间的互动。⑤

需要特别提及，美国汉学家罗威廉的两部著作《汉口：一个中国城市的商业和社会（1796—1889）》和《汉口：一个中国城市的冲突与社区（1796—1895）》是国外学者汉口早期现代化研究的代表性著作，其价值不仅在于较为完整地展示近代汉口城市转型变迁的历史图景，更在于突破以往国外汉学关于城市研究的理论框架，构建中国近代城市史研究的新思路。⑥《汉口：一个中国城市的商业和社会（1796—1889）》选择清嘉庆元年（1796）至光绪十五年（1889）作为研究时段，"除细致阐述汉口作为商业中枢对有关地区各种商品集散转输起着总揽大局的作用之外，特别对商业行会的发展作了详尽的论证与精辟的分析"⑦，试图打破马克斯·韦伯关于现代早期城市发展理论的桎梏，采用大量史实论证汉口并不缺乏西

---

① 参见邓正兵、欧阳君《试论武汉的早期现代化》，《江汉大学学报》（社会科学版）2005年第1期。
② 参见刘德政《外来人口与汉口城市化（1850—1911）》，硕士学位论文，华中师范大学，2006年；汤黎：《人口、空间与汉口的城市发展（1460—1930）》，中国社会科学出版社2010年版。
③ 参见王春雷《辛亥革命前夕武汉工商业的早期现代化》，《广西社会科学》2011年第11期。
④ 参见袁北星《客商与汉口近代化》，湖北人民出版社2013年版。
⑤ 参见汪苑菁《报刊与城市现代性——以汉口和〈汉口中西报〉为中心的考察（1864—1916）》，博士学位论文，华中科技大学，2013年。
⑥ 参见［美］罗威廉《汉口：一个中国城市的商业和社会（1796—1889）》，江溶、鲁西奇译，中国人民大学出版社2005年版；《汉口：一个中国城市的冲突与社区（1796—1895）》，鲁西奇、罗杜芳译，中国人民大学出版社2008年版。
⑦ 彭雨新、江溶：《十九世纪汉口商业行会的发展及其积极意义——〈汉口：一个中国城市的冲突与社区（1796—1895）〉简介》，《中国经济史研究》1994年第4期。

方城市所具有的"现代性"因素，而且存在很多可诱发独特的区域现代化的自足因素。《汉口：一个中国城市的冲突与社区（1796—1895）》是罗威廉教授关于19世纪汉口社会经济综合研究的第二部分，研究时段的上限同前书相同，起于清嘉庆元年（1796），下限却做出调整，止于签订《马关条约》之时的光绪二十一年（1895）。这部关于汉口的研究论著借助"市民社会"或者"公共领域"等社会学概念尝试理解汉口社会冲突的结构与进程，更加关注汉口与其腹地之间的经济、社会等关系，以及发掘作为自发性、内聚性的社会单元的城市不断发展的内在机制，同时，其"最重要的贡献在于将中国与欧洲进行严肃认真的比较，从而有助于将中国历史置于一个更宏大的历史背景下加以考察"①。《汉口：一个中国城市的商业和社会（1796—1889）》和《汉口：一个中国城市的冲突与社区（1796—1895）》对美国的汉学界产生较大影响，既被赞为中国城市史研究的里程碑，也受到来自其他汉学家的诘难和批评。魏斐德质疑罗威廉对汉口基层组织的自治程度和状态评价过高，认为晚清汉口的"自治商人"从本质上只是官商经纪人，产生于国家的商业垄断，而新型的行会组织，其实是在外地旅居、在上海买办的监督下建立的，并且始终与国家之间存在密切关系。②罗威廉关于汉口的两部著作虽然毁誉各半，杨念群还是强调其方法论的启示意义毋庸置疑，主要表现在"罗威廉为了回避'市民社会'理论中受价值判断过深受影响而形成的暧昧与模糊含义的支配，提出在中层判断上估计中国历史'现代性'的建构过程，也就把含义纷繁难定的概念分解成一些具体把握的研究要素，这些要素不是范式意义上的价值合理性判断，而是一些易于呈现的社会经济特征"③。

涂文学和李卫东的《武汉首义与武汉早期现代化》超越了狭隘的政治史观，借城市革命的概念，从一个崭新角度评析辛亥武昌首义，内容包括市政体制的转型、民族工业的演化、城市功能转型与再造、城市空间的"现代形态"推进、城市文化的更生、城市社会的变迁等。《武汉首义与

---

① 参见《汉口：一个中国城市的冲突与社区（1796—1895）》一书封面周锡瑞对该书的评语。
② 参见 Frederic Wakeman, Jr., "The Civil and Public Sphere Debate: Western Reflections in Chinese Political Culture", in: *Modern China*, Vol. 19, No. 2 (April 1993).
③ 杨念群：《中层理论——东西方思想会通下的中国史研究》，江西教育出版社2001年版，第129页。

武汉早期现代化》既阐释了武汉早期现代化对于武汉首义的历史作用,同时论述了武汉首义对其后武汉现代化的历史反作用,它指出:"作为一场典型的城市革命,辛亥武昌首义的胜利,决非侥幸的偶然事件,而是武汉早期现代化的必然结果。这场革命进一步革新城市中的旧制度、旧势力和旧文化,将武汉城市现代化的历史进程上升到一个前所未有的新高度,为城市的发展开辟了广阔的空间。"①

3. 张之洞与湖北现代化研究

张之洞与湖北现代化是晚清湖北现代化研究的另一个兴奋点。陈钧和任放的《世纪末的兴衰——张之洞与晚清湖北经济》虽然名为"张之洞与晚清湖北经济",实为张之洞洋务实践的个案研究,内容不仅仅涉及晚清湖北经济,还包括文化教育和政治等方面,着重于探讨张之洞对晚清湖北现代化的作为和局限,文笔洒脱,思想深邃。②

2002年9月2日至4日,武汉市政协文史学习委员会、武汉大学中国传统文化研究中心和武汉市社会科学院共同主办"张之洞与武汉早期现代化国际学术讨论会",会议论文集《张之洞与武汉早期现代化》由中国社会科学出版社2003年出版。《张之洞与武汉早期现代化》一书包括日本、美国、法国和国内一流学者的近50篇论文,"在过去研究的基础上,对张之洞与武汉早期现代化的关系又提出了若干新的论题,如张(之洞)梁(鼎芬)交谊与晚清政局、张之洞与武汉近代化、清末湖北水患与张之洞的洋务新政、张之洞在武汉的民间形象、张之洞主持'湖北新政'的财政基础、张之洞建构'湖北新政'的偶然性与必然性、张之洞督鄂时期的外才引进、近代权威主义与张之洞效应、张之洞的湖北模式、张之洞与晚清湖北的博览事业、张之洞督鄂时期的幕府、张之洞与芦汉铁路建设资金的筹措等等,在研究对象、方法及论点上均有不同程度的拓展。"③ 冯天瑜和陈锋主编的另一本论文集《张之洞与中国近代化》虽然是探讨张之洞与中国现代化,但由于张之洞督鄂长达19年之久,最大的功勋也树于湖北,因此该论文集

---

① 涂文学、李卫东:《武汉首义与武汉早期现代化》,武汉出版社2011年版,第1页。
② 参见陈钧、任放《世纪末的兴衰——张之洞与晚清湖北经济》,中国文史出版社1991年版。
③ 陈锋、任放:《"张之洞与武汉早期现代化"国际学术讨论会综述》,《光明日报》2002年11月5日。

多数文章仍是探讨张之洞与湖北现代化之间的关系。①

袁为鹏分析了汉阳铁厂从广东迁往湖北的原因,指出铁厂移鄂虽非张之洞的初衷,而是特定的社会政治等人文因素和湖北地区资源、交通、环境等自然因素合力的结果,而这个结果对晚清湖北的现代化产生重大影响。②章开沅以独特的视角把中国早期现代化的两个开拓者张之洞和张謇进行比较,认为两人虽然经历各不相同,但他们的现代化追求充分体现了坚守儒者传统的共性,具有过渡时代的典型特质。③章征科和刘学照论述了张之洞对近代化追求的政治文化特色,提及"张之洞'中体西用'论的文化特色和历史作用是两重性的,但其主要政治品格是一种应对'大变'、'全变'历史趋势的新的'不变'论",同时还强调"中体西用"论是一种单一、单向的思维模式,晚清以来中西文化关系的"体用论"不可能成为时代的共识。④武汉大学刘薇的博士论文《张之洞与中国近代兵工企业》通过对张之洞在广东、湖北和江南三地兴办兵工企业历史脉络的考察分析指出中国近代兵工企业发展的瓶颈,高度评价张之洞对中国近代兵工企业做出的卓越贡献。⑤宋徽论述了张之洞主政湖北期间对晚清湖北出版业的现代化企业所做出的巨大贡献,但也提及张之洞严格控制出版业的政治思想动向,限制湖北民间革命期刊的发展。⑥

张之洞主持的湖北新政备受学人关注。高钟认为,湖北新政之所以取得比较突出的成就,主要原因在于主政湖北的总督张之洞能够由政府导引和聚集社会力量,更新政府机构,合理配置财政资源,从而使湖北从落后省份一举成为可与上海、广东齐驱并驾的发达地区。⑦江满情探讨了湖北

---

① 参见冯天瑜、陈锋主编《张之洞与中国近代化》,中国社会科学出版社2010年版。
② 参见袁为鹏《张之洞与湖北工业化的起始:汉阳铁厂"由粤移鄂"透视》,《武汉大学学报》(人文科学版)2001年第1期。
③ 参见章开沅《中国早期现代化的开拓者——张之洞与张謇比论》,《光明日报》2002年12月31日。
④ 章征科、刘学照:《张之洞对近代化追求的政治文化特色新论》,《学术月刊》2004年第1期。
⑤ 参见刘薇《张之洞与中国近代兵工企业》,博士学位论文,武汉大学,2010年。
⑥ 参见宋徽《张之洞督鄂与晚清湖北出版》,《湖北大学学报》(哲学社会科学版)2012年第4期。
⑦ 参见高钟《论湖北新政中的政府导向功能(一)》,《湖北师范学院学报》(哲学社会科学版)1998年第5期。

新政的财政基础，他指出，在张之洞督鄂之前，湖北省级财政已初具雏形，张之洞督鄂期间，由于湖北近代商业的发展，湖北的财政收入有所增加，为湖北新政奠定了物质基础，然而，由于并未建立现代的财政体制，财政收支经常失衡，从而导致新政面临财政危机。①冯天瑜和周积明从"振兴实业"的角度分析湖北新政的失败原因和历史启示，指出张之洞在湖北营办的洋务企业虽然名震一时，但是管理者不懂科学、以衙门作风指挥生产和贪污横行、靡费浩大致使湖北洋务企业弊端重重，而与同时代俄国和日本的官办企业相比显得黯然失色，根源在于"他是把西方技术之花，嫁接到封建制度之木上，只能得到枯萎的果实"②。宋亚平也认为张之洞苦心经营的湖北新政纵然使湖北成为中国早期现代化的中心之一，而最终不仅没有达到富强的目的，甚至成了辛亥革命的首义之省，失败的原因在于晚清统治者对改革开放的驾驭不当，"不仅使长期积累下来的各种社会矛盾因改革开放而更加尖锐激化起来，同时又裂变出了大量新的社会问题。由于本来属于改革开放副产品的这些矛盾问题不能通过进一步深化改革开放来得到有效的解决，终于导致了辛亥年间轰轰烈烈的资产阶级民主主义革命运动"③。涂文学和宋晓丹的《张之洞"湖北新政"遗产的历史命运》论述了张之洞主持的湖北新政造就了武汉城市的崛起，但张之洞离鄂之后武汉现代化事业未能赓续前规，呈江河日下之势，究其缘由，主要有四个方面，即独特交通区位优势的丧失、稳定环境的缺乏、人治化与权治化的制约和码头城市性格的阻碍。④涂文学还指出，张之洞推行的湖北新政使武汉地区一举成为华中政治、经济和文化的中心，而这些成就得益于天时、地利、人和，即和平的发展环境、直通外洋的交通便利和张之洞的个人能力。⑤

刘天旭的两篇文章《张之洞新政"屠财"与湖北的辛亥革命》和

---

① 参见江满情《张之洞主持湖北新政的财政基础》，《江汉论坛》2003年第4期。
② 冯天瑜、周积明：《张之洞"振兴实业"夭折的原因》，《江汉论坛》1982年第3期。
③ 宋亚平：《改革开放的历史误区——晚清湖北新政运动失败探析》，《近代史研究》1994年第1期。
④ 参见涂文学、宋晓丹《张之洞"湖北新政"遗产的历史命运》，《近代史研究》2003年第8期。
⑤ 参见涂文学《"湖北新政"与近代武汉的崛起》，《江汉大学学报》（社会科学版）2010年第1期。

《清末湖北财政危机与武昌起义的爆发》主要从财政危机方面论述了张之洞的湖北新政与武昌起义之间的因果关系,指出张之洞在湖北新政中偏好"屠财",酿成了湖北的财政危机,从而影响新军的经济利益,最终促成了武昌起义的爆发。①

4. 其他相关的学术研究

其他相关的学术研究也为窥视晚清湖北现代化的历史进程提供了有益视角。李建刚和谭道勇探讨了黄石地区的早期现代化进程,龚兴华的《宜昌城市近代化之进程——宜昌城市发展的历史考察之一》和贾孔会的《宜昌城市近代化之进程——宜昌城市发展的历史考察之二》则简要论述了宜昌城市近代化的特点和弊端。②

湖北教育现代化方面,台湾学者苏云峰亦是该领域研究的先行者,他于1976年出版的《张之洞与湖北教育改革》从张之洞的教育思想和教育实践两个方面深入地介绍了他在湖北推动教育现代化的整个过程和影响,内容涉及传统教育的改革、新式教育的诞生及其从省城到州县的推广等。③余子峡从学制、教育行政、教育经费、留学教育四个方面论证晚清湖北教育在中国教育现代化进程中处于领先地位,同时还指出张之洞离鄂之后,教育经费锐减,部分学堂撤停,留学教育紧缩,湖北现代教育江河日下,"自是而降,尤其民元以后,湖北地区教育的成绩更是远不如前,全国教育早期现代化的前驱地位,再也不为其有"④。董宝良、熊贤君主编的《从湖北看中国教育现代化》既考察湖北教育现代化的共性,又指出了湖北教育现代化的特性。⑤王雪华阐述了晚清两湖地区的教育改革,认为两湖地区成绩斐然的新学教育正是该区域实业大兴、革命活动勃兴的

---

① 参见刘天旭、周萍《张之洞新政"屠财"与湖北的辛亥革命》,《甘肃社会科学》2011年第5期;刘天旭《清末湖北财政危机与武昌起义的爆发》,《江西社会科学》2011年第1期。

② 参见李建刚、谭道勇《湖北早期现代化的一面旗帜——对黄石早期现代化的个案分析》,《湖北师范学院学报》2006年第2期;龚兴华《宜昌城市近代化之进程——宜昌城市发展的历史考察之一》,《湖北三峡学院学报》1997年第2期;贾孔会《宜昌城市近代化发展之进程——宜昌城市发展的历史考察之二》,《湖北三峡学院学报》1997年第4期。

③ 参见苏云峰《张之洞与湖北教育改革》,"中研院"近代史所1976年版。

④ 余子峡:《综析湖北教育早期现代化的前驱地位》,《华中师范大学学报》(教育科学版)1995年第2期。

⑤ 参见董宝良、熊贤君主编《从湖北看中国教育现代化》,广东教育出版社1996年版。

重要原因。①

湖北教育的现代化转型同样为学位论文的选题热点。② 朱省媛的硕士论文《湖北师范教育与区域现代化进程研究（1902—1927）》以师范教育为视角，考察师范教育与区域现代化之间的关联。汪国军的硕士论文《晚清湖北新学研究（1889—1911）》探讨了张之洞督鄂期间湖北新学的发展历程，分析了湖北新学发展的历史局限和对湖北教育近代转型的意义。汪琬的硕士论文《从〈湖北教育官报〉（1910—1911）看新政末期的湖北教育》从湖北辛亥革命前两年的《湖北教育官报》入手，论述新政末期湖北的教育发展情形。胡丽的硕士论文《清末湖北州县教育改革述论》主要是对清末湖北州县的教育改革展开讨论。刘和平的硕士论文《嬗变中的两湖书院——以课程变革为中心》分析传统书院的近代转型。曾崇贵的硕士论文《晚清湖北武备学堂研究》则是对晚清湖北武备学堂的个案研究。

晚清湖北立宪与政治改革方面，吴剑杰着重探讨清末湖北立宪党人的议政实践。③ 肖建东指出湖北咨议局在立宪运动一再受挫的情况下向革命转变的历程，强调湖北咨议局政治立场的转变对武昌起义成果的巩固和辛亥革命的扩大产生了重要的积极作用。④ 陈橹分析辛亥革命前期湖北咨议局的政治趋向的转变，认为咨议局从宪政转向革命其实是一种无奈的奋争。⑤ 周积明和胡曦从《汉口中西报》对湖北咨议局的监督和批评着手，着重论述晚清舆论界对湖北立宪运动的推动，并借此窥视晚清湖北立宪运

---

① 参见王雪华《晚清两湖地区的教育改革》，《江汉论坛》2002 年第 7 期。
② 这部分硕士论文有朱省媛《湖北师范教育与区域现代化进程研究（1902—1927）》，硕士学位论文，湖北大学，2008 年；汪国军《晚清湖北新学研究（1889—1911）》，硕士学位论文，华中师范大学，2007 年；汪琬《从〈湖北教育官报〉（1910—1911）看新政末期的湖北教育》，硕士学位论文，湖北大学，2013 年；胡丽《清末湖北州县教育改革述论》，硕士学位论文，华中师范大学，2011 年；刘和平《嬗变中的两湖书院——以课程变革为中心》，硕士学位论文，华中师范大学，2011 年；曾崇贵《晚清湖北武备学堂研究》，硕士学位论文，华中师范大学，2014 年。
③ 参见吴剑杰《清末湖北立宪党人的议政实践》，《历史研究》1991 年第 6 期。
④ 参见肖建东《论湖北咨议局从主张立宪到参与武昌首义的转变》，《武汉理工大学学报》（社会科学版）2001 年第 2 期。
⑤ 参见陈橹《宪政与革命——试析辛亥革命前后湖北咨议局的政治趋向》，《东方论坛》2004 年第 3 期。

动的历史轨迹。①

另外,江凌考察了近代两湖地区城市的经济发展与现代化进程,他认为虽然一些沿江港口城市迅速崛起,工业化和商业化取得明显进展,但由于工业基础薄弱造成后劲不足,总体上呈现出被动性、开放性、脆弱性和不稳定性等特征。②杨华山分析了厘金与湖北现代化之间的关系,指出"在晚清太平天国农民起义被镇压下去之后、早期现代化启动之时,厘金确实充当了资本原始积累的功用。但是,厘金主要征诸工商,这又与其振兴近代工商、发展资本主义的目标可谓南辕北辙,愈到后来,厘金愈成为晚清资本主义进一步发展的重要障碍之一"③。熊月之和沈祖炜的《长江沿江城市与中国近代化》首先梳理了近代沿江城市发展脉络,指出长江作为黄金水道对沿江城市的意义和开埠通商给沿江城市带来的影响,最后从九个方面谈及沿江城市与中国现代化之间的关系。④夏振坤和张艳国论述了长江文化在近代经历了器物层面、制度层面和社会主体层面三次重大变革,由此形成了外发催生、同社会变迁的主体紧密相连、非过程性与不彻底性三个历史特征,在阐释近代长江文化与中国早期现代化的关系时,作者指出:"长江文化的近代化对中国早期近代化的影响是积极的,是全方位向内地辐射型的;近代长江文化在中国早期近代化的历史格局中,具有举足轻重的地位。近代长江文化同中国其他区域文化的近代化比较,有同有异,但异大于同;近代长江文化向西方学习,有吸收、消化和传递,但消化吸收多于传递。"⑤

(二) 与现代化相关的晚清湖北社会经济史研究

除了晚清湖北现代化的直接研究之外,部分晚清湖北社会经济史研究虽然没有冠之以"现代化"之名,却是研究晚清湖北现代化的必要借鉴。

论及晚清武汉地区的社会经济变迁,穆德合等通过对江汉关十年报告

---

① 参见周积明、胡曦《〈汉口中西报〉与湖北咨议局》,《江汉论坛》2013年第5期。
② 参见江凌:《近代两湖地区城市经济发展及其早期现代化》,《湖北经济学院学报》2011年第1期。
③ 杨华山:《厘金与晚清早期现代化——湖北个案研究》,《江汉论坛》2002年第7期。
④ 参见熊月之、沈祖炜《长江沿江城市与中国近代化》,《史林》2000年第4期。
⑤ 夏振坤、张艳国:《近代长江文化与中国早期近代化》,《学术月刊》1998年第4期。

的解读,分析武汉地区近代的社会经济变迁,也是较早充分利用中国旧海关史料研究武汉社会经济史的学者。① 任放探讨19世纪80年代之后印度茶的崛起对汉口茶叶市场的冲击,指出汉口茶叶市场虽然经历了阵痛,但俄国对砖茶的庞大需求、欧美市场的青睐和国内需求的增加导致茶叶整体贸易依旧保持繁盛。② 张珊珊以茶叶和桐油的出口贸易为中心论述近代汉口港与其腹地经济关系的变迁,强调了汉口作为一个内陆口岸的特殊性。③ 吕一群将汉口放在了宽阔的世界视野之下,通过对晚清汉口贸易的发展进行详细的梳理,认为汉口一方面被迫卷入世界市场沦为外国原料供应地和商品倾销地,另一方面又开启了武汉现代化的进程,是现代化的重要推动力,促进了社会的进步。④ 廖建夏分析指出武汉1889—1937年经济地位从第二降至第十的原因主要在于政府、政局和近代化进程中经济整合的结构调整。⑤ 方秋梅对湖北新政前夕汉口官办市政进行了细致的梳理,指出美国学者罗威廉论述的"间接领导作用"存在问题,认为当时政府对市政事务的直接领导依旧存在并且必不可少。⑥

除了武汉地区的社会经济变迁以外,徐凯希的《略论近代沙市社会经济的变迁——近代长江中游通商口岸研究之一》论述了甲午战后地处川鄂贸易枢纽的沙市在国外和国内双重环境的影响下经济的近代变迁过程,由于经济结构的明显变化,商人地位上升,商人组织发展,呈现出了许多近代化特征。⑦ 徐凯希还呼吁对长江中游通商口岸城市进行系统研究,为实现"让长江流域这条巨龙活起来"提供智力支持。周涵则从码头经济带的形成、棉纺织业的发展、城市格局和社会阶层的变化三方面考

---

① 参见穆德合等《近代武汉经济与社会——海关十年报告(江汉关1882——1931)》,李策译,天马图书有限公司1993年版。
② 参见任放《论印度茶的崛起对晚清汉口茶叶市场的冲击》,《武汉大学学报》(人文科学版)2001年第4期。
③ 参见张珊珊《近代汉口港与其腹地经济关系(1862—1936)——以主要出口商品为中心》,博士学位论文,复旦大学,2007年。
④ 参见吕一群《晚清汉口贸易的发展及其效应》,博士学位论文,华中师范大学,2009年。
⑤ 参见廖建夏《武汉近代经济地位的变化及其影响因素探析》,《民国档案》2008年第4期。
⑥ 参见方秋梅《湖北新政前夕汉口官办市政论析——兼评罗威廉国家"间接领导作用"说》,《江汉论坛》2010年第10期。
⑦ 参见徐凯希《略论近代沙市社会经济的变迁——近代长江中游通商口岸研究之一》,《江汉论坛》2003年第7期。

察了沙市开埠后20年经济形态的变革。① 刘世扬分析了1877—1919年宜昌近代贸易地位的演变和口岸贸易对城市化的影响,认为开埠后宜昌的贸易地位虽然有一定的提升,但由于过于依赖转口贸易,后劲明显不足,并且因为鸦片贸易的繁荣经济趋向畸形化。②

关于湖北全省的社会经济转型变迁,陈钧的《论湖北近代经济的崛起》一文探讨了湖北近代经济的基础、崛起的两个高潮以及对当代的影响与启示。③ 周群从现代化和经济变迁的视角度阐述了清末民初的湖北农村经济社会的变更。④ 宋亚平论述了1890年到武昌首义前湖北地方政府和社会经济的建设。⑤ 徐凯希和田锡富主编的《外国列强与近代湖北社会》一书以汉口、宜昌、沙市相继开埠为主线,强调外国冲击对湖北社会,特别是对农村社会的影响。⑥ 高钟阐释了清末湖北社会结构的裂变,指出晚清湖北"绅商学军"四大阶层迅速崛起,成为清末湖北社会的主导力量。⑦ 宋亚平等著的《辛亥革命前后的湖北经济与社会》充分吸收了辛亥革命史研究和湖北地方史研究的最新成果,涵盖政务、工业、商贸、市政卫生、农林水利、军事、思想文化、教育学术、民族宗教和社会生活十个方面,于史料性与系统性方面都达到一定高度,在史识、理论、内容等方面也有所创新。⑧ 徐凯希等编的《招商局与湖北》全面介绍了近代著名企业招商局和内陆航运中心湖北之间的百年不解之缘;周德钧考察了近代湖北城镇的转型变迁;另外,吴佳佳的硕士论文对预备立宪时期湖北的绅士阶层进行群体研究;郭坤杰的硕士论文则分析了辛亥革命前十年间湖

---

① 参见周涵《沙市开埠与社会经济形态的变革(1895—1915)》,硕士学位论文,华中师范大学,2007年。
② 参见刘世扬《近代宜昌口岸贸易研究(1877—1919)》,硕士学位论文,湖北大学,2012年。
③ 参见陈钧《论湖北近代经济的崛起》,《湖北大学学报》(社会科学版)1992年第4期。
④ 参见周群《清末民初湖北农村经济社会的变更》,硕士学位论文,华中师范大学,2005年。
⑤ 参见宋亚平《湖北地方政府与社会经济建设(1890—1911)》,华中师范大学出版社1995年版。
⑥ 参见徐凯希、田锡富主编《外国列强与近代湖北社会》,湖北人民出版社1996年版。
⑦ 参见高钟《从"士农工商"到"绅商学军"——清末湖北社会结构之裂变》,《湖北师范学院学报》(哲学社会科学版)2003年第4期。
⑧ 参见宋亚平等《辛亥革命前后的湖北经济与社会》,中国社会科学出版社2011年版。

北的民变问题。①

还有部分学者将湖北社会经济的近代转型放置在两湖的区域背景下进行考察。任放发表了一系列两湖地区社会经济近代变迁的学术论文，诸如《近代两湖地区的工业格局》《近代两湖地区的金融业》《近代两湖地区的交通格局》《近代两湖地区的矿业》《近代两湖地区的市场体系》等。②杨国安探讨了明清期间两湖地区基层组织与乡村社会的关系；周荣则揭示了明清社会保障体系的全貌和两湖社会保障的区域特色。③权郝秀的硕士论文主要考察了"东南互保"时期两湖地区的教案，尹依玲的硕士论文阐述了晚清两湖地区的对外交涉。④另外，任放的《明清长江中游市镇经济研究》一书系统地论述了明清时期长江中游市镇经济的变迁，其中有专门篇章阐释汉口镇的近代转型。⑤

综上所述，晚清湖北现代化研究已经有了一定的研究基础，而这些研究成果也为笔者重新勾勒晚清湖北现代化的历史进程提供了基本参考。

四　晚清湖北现代化相关学术研究的若干思考

笔者在整理爬梳晚清湖北现代化相关学术前史之后，结合当前的研究态势，在史料、理论、具体内容、分析模式、研究区域及时间段等方面产生些许思考。

（一）"新史料"的发掘为晚清湖北现代化之纵向推进奠定史料基础

史学研究的对象为已逝的往昔，这一点决定了史学的根基在于史料。

---

① 参见徐凯希等编《招商局与湖北》，湖北人民出版社2012年版；周德钧《近代湖北城镇发展研究》，中国社会科学出版社2012年版；吴佳佳《预备立宪时期湖北绅士阶层研究（1906—1911）》，硕士学位论文，华中师范大学，2007年；郭坤杰《辛亥革命前十年间湖北民变问题研究》，硕士学位论文，华中师范大学，2012年。

② 参见任放《近代两湖地区的工业格局》，《人文论丛》2012年卷；《近代两湖地区的金融业》，《学习与实践》2012年第10期；《近代两湖地区的交通格局》，《史学月刊》2014年第2期；《近代两湖地区的矿业》，《中国矿业大学学报》（社会科学版）2013年第1期；《近代两湖地区的市场体系》，《安徽史学》2014年第2期。

③ 参见杨国安《明清两湖地区基层组织与乡村社会研究》，武汉大学出版社2004年版；周荣《明清社会保障制度与两湖基层社会》，武汉大学出版社2006年版。

④ 参见权郝秀《"东南互保"时期两湖地区教案研究》，硕士学位论文，东北师范大学，2009年；尹依玲《晚清两湖地区对外交涉研究》，硕士学位论文，湖南师范大学，2010年。

⑤ 参见任放《明清长江中游市镇经济研究》，武汉大学出版社2003年版。

"新史料"主要为以往研究者并不太重视，或近年来新编纂整理的史料。近年来，一批与晚清湖北现代化相关的重要史料相继整理出版，一部分以往忽视的史料也陆续引起研究者的重视，这为晚清湖北现代化的进一步拓展奠定了史料基础。

其一，2001年，在中国第二历史档案馆和海关总署办公厅的合作下，京华出版社影印出版了170册《中国旧海关史料》，为研究晚清湖北社会经济转型提供了一座丰富的史料宝库。近代海关不仅全面负责海关税收，承担着诸如征收关税、稽查货物、缉拿走私、货运管理、海关贸易统计等职能，还履行了部分港口和城市建设的公共服务职能，建设了一批近代市政基础设施。从1860年开始，各地海关在海关总税务司的监督和指导下，按照西方的管理理念和统计方法，创建了一整套科学、严格的申报、汇总、出版体制，"就海关贸易报告而言，年报和十年报告在内容上互相补充，对海关所在区域的贸易、生产、交通、社会状况、地方政治、文化教育，以至影响贸易的诸多潜在的政治、经济、文化的因素，进行了大量的调查和考察，这些诸多方面的资料往往为近代中国人所不注意"[①]。其实，之所以"往往为近代中国人所不注意"，一个重要原因是中国旧海关史料过于庞大，并且十分分散，研究者利用极为不便。以往研究者利用较多的主要为《中国近代对外贸易史资料》《中国近代工业史资料》《中国近代外债史统计资料》等史料汇编，而这些史料汇编关于湖北地方对外贸易、海关税收等方面信息并不十分丰富。《中国旧海关史料》则弥补了这方面的缺憾，已经引起部分湖北早期现代化研究者的注意。例如，张珊珊的博士论文《近代汉口港与其腹地经济关系（1862—1936）——以主要出口商品为中心》和吕一群的博士论文《晚清汉口贸易的发展及其效应》等研究均以《中国旧海关史料》作为基本史料。随着这座史料宝库的深入挖掘利用，可以预见，湖北早期现代化的研究将会进入一个崭新阶段。

其二，张之洞督鄂十八年之久，"一生精力，几全用之于鄂，而成功亦以鄂为最大者"[②]，对晚清湖北的现代化进程产生了极为重要的影响。

---

① 吴松弟、方书生：《一座尚未充分利用的近代史资料宝库——中国旧海关系列出版物评述》，《史学月刊》2005年第3期。

② 张继煦：《张文襄公治鄂记》，湖北通志馆1947年版，第6页。

有关张之洞的史料，特别是张之洞与晚清湖北现代化相关的史料必须进行全面收集和深入爬梳，否则必定会影响研究者对某些历史面相的论述阐释。以往的晚清湖北现代化研究，主要依赖民国版的《张文襄公全集》和河北版的《张之洞全集》。如台湾学者苏云峰的专著《中国现代化的区域研究（湖北省卷，1860—1916）》所使用的"张之洞史料"主要为20世纪20年代张之洞的门生王树楠等整理编辑、1963年由台北文海出版社影印出版的《张文襄公全集》。由于各种原因，民国版《张文襄公全集》约350万字，存在"全集"不全、真伪杂糅的缺憾。20世纪90年代河北版的《张之洞全集》在民国版《张文襄公全集》的基础上增加了450万字，但仍有不少遗漏和谬误。而2008年的武汉版《张之洞全集》虽然仍以民国版《张文襄公全集》为底本，却增补了大量新史料，字数竟多达1275万字，"比民国版《张文襄公全集》多了7802件，也比做了大量辑佚工作的河北版《张之洞全集》多了3473件。仅拿奏议为例，底本收奏议732件，该书收3108件，是底本的4.3倍，而且81.3%是新增的"①。当然，武汉版《张之洞全集》亦存在某些瑕疵，但该版本是目前研究张之洞最权威最翔实的资料，对与之相关的晚清湖北现代化研究具有重要价值。另外，除了武汉版《张之洞全集》之外，2008年吴剑杰编著的《张之洞年谱长编》②、2012年广州图书馆主编的《张之洞致张佩纶未刊书札》③及中国社会科学院近代史所所藏的部分"张之洞档案"④都为近年来张之洞相关研究的纵向推进提供了史料基础。

其三，与湖北早期现代化相关的报纸杂志史料，诸如全国性的《时报》《申报》《东方杂志》和地方性的《汉口中西报》《湖北商务报》《湖北地方自治会研究杂志》《湖北官报》等都记载了大量关于湖北省、特别是武汉地区的政经情形与社会风俗，是研究湖北早期现代化历史不可忽略的重要史料。以往的研究，比较重视全国性的《时报》和《申报》，如罗威廉的《汉口：一个中国城市的商业和社会

---

① 严昌洪：《汉版〈张之洞全集〉读后》，《社会科学战线》2010年第8期。
② 参见吴剑杰编《张之洞年谱长编》，上海交通大学出版社2009年版。
③ 参见广州图书馆主编《张之洞致张佩纶未刊书札》，广西师范大学出版社2012年版。
④ 张之洞曾孙张遵骝赠予中国社会科学院大量张之洞家藏档案，共491函，约200册，其中包含大量的未刊稿，可以在一定程度上弥补各种"全集"的不足。

(1796—1889)》和《汉口：一个中国城市的冲突与社区（1796—1895）》引用了大量的《申报》史料，苏云峰的《中国现代化的区域研究（湖北省卷，1860—1916）》则引用了大量的《时报》史料。相比之下，对近代湖北地方性报纸杂志史料的挖掘则略显不足。不过，"略显不足"是与《申报》和《时报》的充分利用相比较而言，近些年来，不少学者对湖北地方报纸史料也十分重视，如周积明等即利用《汉口中西报》发掘出的"新史料"来探讨湖北咨议局的若干历史细节和晚清湖北的立宪运动。① 凡此种种，不一而足。

其四，由日本人编撰的湖北地方论著或报告是研究湖北区域史必须关注的珍贵史料，近年来这部分史料的翻译也有了重要进展。从19世纪60年代起，日本逐渐加强了对华的情报搜集工作，内容细致、丰富之程度令人瞠目。例如，由日本驻汉口领事水野幸吉1907年写作的《汉口》对后世影响颇深。《汉口》的写作目的在于为日本侵略中国提供情报服务，史料价值极高，"与其说是一部方志，毋宁说是一份实现报告，即：把百年前的汉口绑上手术台、装进试管里加以精细解析和检验的实验报告，这样说毫不为过。张择端从视觉上以'清明上河图'这一艺术形式，生动地再现了北宋汴京的盛景；而水野幸吉则从实证的、客观的角度，通过运用大量的数据揭示了晚清汉口的实况"②。《汉口》一书最早于1907年由东京富山房出版，1908年上海昌明公司出版了中译本。但是，上海昌明公司出版的中译本并不易于学人搜寻，在翻译上也有些许瑕疵。而2014年武汉出版社出版了武德庆的《汉口》译本，极大地方便了今后的研究者。另外，2011年李少军编译的《武昌起义前后在华日本人见闻集》③ 也十分有裨于晚清湖北现代化的研究。然而，必须指出，还有一些日本人收集写作的湖北史料，诸如《游历鄂省西北部》④、《支那省别全志·湖北省》⑤ 等，或因查阅不便，或因语言障碍，并未得到大陆学人有效利用，

---

① 参见周积明、胡曦《〈汉口中西报〉与湖北咨议局》，《江汉论坛》2013年第5期。
② ［日］水野幸吉：《中国中部的事情：汉口》，译者的话，武德庆译，武汉出版社2014年版，第1页。
③ 参见李少军编译《武昌起义前后在华日本人见闻集》，武汉大学出版社2011年版。
④ 参见［日］美代清彦《游历鄂省西北部》，朱承庆译，湖北农务学堂刊行，1902年。
⑤ 参见东亚同文会编《支那省别全志·湖北省》，东亚同文会1918年版。

一部分研究即使引用,也多为转引,希望在不久的将来能够出现中译本,以惠及学林。

其五,以往晚清湖北现代化研究成果中,民国版的《湖北通志》作为史料利用较多,其他的地方志,如汉口、武昌、汉阳、黄州、荆州、宜昌等地方志挖掘利用并不充分。另外,湖北的地方档案中,如汉冶萍公司档案、湖北咨议局档案、武昌起义的档案等,也蕴含着关于晚清湖北现代化历史的丰富信息。以卷帙浩繁的汉冶萍公司档案而言,它涉及汉阳铁厂、大冶铁矿、萍乡煤矿,包含大量的会议记录、账册、条约、函电、公牍等,都是研究晚清湖北现代化不可或缺的重要史料。近年来,湖北的地方史志重新得以整理和出版,如由江苏古籍出版社(今凤凰出版社)出版的《中国地方志集成·湖北府县志辑》收录比《中国方志丛书》湖北府县志部分更加全面,不仅有拾遗补阙之作用,而且便于学人搜集查阅。档案整理史料方面,一些新的档案史料整理已经完成或正在开展,这些工作都可在一定程度上弥补以往研究的不足和缺陷。

(二)构建本土解释和反思能力的现代化理论是首要难题

既然是区域现代化研究,首先应阐释"现代化",而阐释"现代化",则首先需厘定"现代性","以现代化字面而论,必有一形成之现代,而后从而化之"。

关于"现代性"与"现代化"的定义,部分学者完全照搬布拉克(C. E. Black)的学说。布拉克指出:"所谓'现代性'(modernity),系指诸先进国家(即现代化社会)在科学、技术、政治、经济与社会发展方面的共同特点。因此,所谓'现代化'(modernization)就是形成这些特点之过程。具体地说,就是指西方传统社会体制,自十五世纪科学革命以后适应迅速变迁之功能的过程。人类就在此求变过程中带来空前的知识累积,并有能力用之以控制随科技革命而来的四周环境。"① 可以看出,布拉克对"现代性"与"现代化"的理解和阐释带有明显的"西方中心论"印迹。"现代性"主要指"先进国家(即现代化社会)在科学、技术、政治、经济与社会发展方面的共同特点",而"先进国家"毋庸置疑

---

① [美]布拉克:《现代化的动力》,郭正昭等译,环宇出版社1972年版,第7页。

是指西方国家,这样,"共同特点"其实就是西方的特点。"现代化",具体来说,就是源自"先进国家"的"共同特点"在其他非先进国家形成的过程。如此,即是把现代化看成一个以西方为中心的单向传播过程或者扩散的实践过程,从本质上讲则是一种西化的过程。

西方现代化模式是按照西方社会的发展模式总结深化而来的,并不一定适合研究中国历史。值得欣喜的是,现代化理论虽然源自西方,但经过中国学者诸如罗荣渠、董正华、虞和平、杨念群、章开沅、冯天瑜、周积明等学者的咀嚼消化,已逐渐呈现中国化特征。但是,关于"现代性""现代化"等诠释定义依然众说纷纭,而如何将其应用于中国现代化的具体研究之中则更是难中之难。构建适合湖北之本土解释和反思能力的现代化理论是摆在任何研究者面前的首要难题。要解决这一难题,仍需要中国学者继续努力。

(三)"两对关系"是深化晚清湖北现代化研究的关键点之一

"两对关系"是指"革命"与"现代化"的关系和"传统"与"现代"的关系,笔者认为,如何阐释"两对关系"是深化湖北早期现代化研究的关键点。

"革命"与"现代化"之间存在一种既为"因"又为"果"的复杂重叠关系,将"革命"纳入到现代化整体研究框架之下,探讨"革命"的现代化价值和意义,正是中国学者对西方"现代化"理论的本土化改造和理论贡献。①

"革命"与"现代化"的联系紧密,不关注"革命",就不能完整地、深入地了解"现代化"。胡绳在 20 世纪 90 年代初即指出:"在近代中国前面摆着两个问题:即,一、如何摆脱帝国主义的统治和压迫,成为一个独立的国家;二、如何使中国近代化。这两个问题显然是密切相关的。"② 还有学者明确提出,反帝反封建"革命"本身即是"现代化"的一部分,这是因为"反帝是为了争取国家独立、建立平等互利的国际关系,以便合理地利用国外资源;反封建是为了争取民主、建立政府与社会

---

① 参见张海鹏《20 世纪中国近代史学科体系问题的探索》,《近代史研究》2005 年第 1 期。
② 胡绳:《关于近代中国与世界的几个问题》,《人民日报》1990 年 10 月 7 日。

的良性互动关系,更好地进行现代化的社会运动"①,问题的关键是:"如何分析改革和革命的现代化意义,考察其是否到位?是否过激?在多大程度上符合现代化的发展方向?"②

辛亥首义发生在武汉,因此,研究晚清湖北现代化,更应该将"革命"纳入到现代化研究的整体框架之下。不仅要从政治现代化的角度考察"革命"的意义,也要论述"革命"的现代化价值和意义,系统地考察"革命"与"现代化"之间既为"因"又为"果"的复杂重叠关系,可以拓展晚清湖北现代化研究的深度和广度。一直以来,在现代化视野下对武昌起义的探讨并不多见,这方面的研究亟待加强。

论及"传统"与"现代"的关系,以往的研究者多把"传统"因素简单地看成现代化进程的阻碍因素,忽略了"传统"对现代化的有益促进作用。罗荣渠有过精辟的论述,他指出具体的传统中,"有很多东西是阻碍现代化的;有不少东西则可以促进现代化或可以转化为适应现代化的因素;还有一些东西具有广泛的相容性,与现代生活是可以并行不悖的;而还有一些东西则是在一定条件下和一定时期内对现代化起正面或负面的影响"③。

"传统"并非都是僵化的形态或者注定被现代化浪潮所涤荡的对象,在某种程度上,传统还是现代化进程的主动要素。思考湖北现代化进中"传统"对现代化的能动作用,特别是以往研究中常常忽略的"传统"对现代化历程之正面作用,可以深度解读"传统"与"现代"的复杂联系。同时,还能够为当代的文化建设提供借鉴价值,"无论'现代化'包含什么别的东西,它一定包含社会认同的再生产。也就是说,现代化包含社会记忆的感受和制度。社会记忆的制度创造了'无时间性',而这种'无时间性'即我们习惯认定之'传统'"④。

(四)从内部探寻湖北近代变迁是研究晚清湖北现代化的必然选择

晚清湖北现代化的历史变迁,应该从外力冲击里寻觅,还是应该从内

---

① 虞和平主编:《中国现代化历史进程·绪论》第1卷,江苏人民出版社2001年版,第22页。
② 虞和平:《中国现代化研究的解释体系和内容结构——由编写〈中国现代化历程〉而想到的几点体会》,《广东社会科学》2003年第2期。
③ 罗荣渠:《传统与现代化问题的理论思索》,《北京大学学报》(哲学社会科学版)1989年第3期。
④ 王斯福:《社区的历程——溪村汉人家族的个案研究·序》,天津人民出版社1997年版。

部脉络中探找,这是两个不同的研究路径和方法。

从外力冲击里寻觅湖北历史的近代变迁,理论依据是盛行于20世纪五六十年代的美国中国学研究领域"冲击—回应"诠释模式。该模式对中国本土的近代史研究产生了深刻的影响。以苏云峰的《中国现代化的区域研究(湖北省卷,1860—1916)》为例,从该著的研究框架来看,"冲击—回应"的取向统而贯之:第二章用部分篇幅介绍了外力的冲击之后,核心部分的第三、四、五章则为充分论述冲击之后湖北在政治、军事、教育、经济和社会上的反应。

"冲击—回应"诠释模式固然有其合理之处,但若不能限定解释对象的范围边界,必然会导致对此诠释模式的滥用。柯文把19世纪的中国历史分成最外层带、中间层带和最内层带三个不同层带。最外层带,"包括晚清历史中那些显然是对西方人侵略的回应,或者是入侵产生的后果。这一层带包括的现象颇为繁杂,例如通商口岸,近代兵工厂与船坞,像王韬一类的报人,基督教徒,像总理衙门和海关这类机构,向外国派遣的中国学生与使节等"。这一层带最适合使用"冲击—回应"的分析模式。中间层带,"包含的历史侧面不是西方的直接产物,而是经由西方催化或赋予某种形式与方向的事物。太平天国,同治中兴,某些自强措施,宫廷和官僚政治,排外主义和中国城乡之间的社会、经济矛盾等现象都可以包括在内"。这一层带西方的冲击只限于产生某种影响而已,按照"对受西方影响的局势做出受西方影响的回应"思路更恰当。最内层带,"所包括的晚清文化与社会的侧面,则不仅不是西方入侵的产物,而且在最漫长的时间内最少受到西方入侵的影响。在这个层带中我们可发现,除了变化缓慢的文化属性,诸如语言和书法外,还有本土的思想,宗教与审美的表现形式;中国农村的生活方式与风格;以及古老的社会、经济和政治的风俗习惯与制度"①。这一层带则必须摆脱"冲击—反应"诠释模式的桎梏。

笔者并不完全认同柯文关于三个层带的解释,但也认为不能滥用"冲击—反应"的诠释模式。"冲击—反应"可以用于解释湖北现代化进程中的部分现象,却不能统而贯之。"冲击—反应"诠释模式很容易误把

---

① [美]柯文:《在中国发现历史——中国中心观在美国的兴起》,林同奇译,中华书局2002年版,第42—43页。

冲击湖北的外力因素归为一个整体，忽视了冲击湖北的外力因素本身也是一个复杂的变量。汉口开埠之初，最先来到湖北拓展势力的是英国，其后是俄国、德国等，日本则为后来者。50年间，各个国家在湖北的实力并非不变，而是此长彼消，相互博弈，处于一个动态的变化过程中。"冲击—反应"诠释模式掩盖了晚清湖北现代化历史的阶段性特征。从汉口开埠之始到张之洞督鄂之前，湖北现代化以通商口岸汉口为中心，主要为商业现代化，基本没有波及湖北其他地区。张之洞督鄂之后，湖北的现代化格局发生巨大变化，一系列工业化建设在汉口以外的地区轰轰烈烈地展开，现代化也开始向湖北腹地推进。张之洞离鄂后到辛亥革命之前虽仅有短短4年，湖北的现代化却进入一个崭新阶段，表现为政治的现代化革新与转型。因此，从汉口开埠到辛亥革命的50年间，湖北的现代化历史可以分为特征明显的三个阶段。特别是第一阶段和第二阶段，风格迥异："汉口的近代转型是内生型的，具有深厚的传统商业基础，先于张之洞督鄂而启动；张之洞主持的'湖北新政'是移植型的，通过引进国外技术及机器得以完成，可以视为英国模式的翻版。客观而论，汉口的近代转型与张之洞'湖北新政'分别代表中国早期现代化的两条道路，相互推引，又风格各异，共同构成武汉早期现代化的整体进程。"① 而苏云峰的《中国现代化的区域研究（湖北省，1860—1916）》由于滥用"冲击—反应"的分析模式，看到的只是冲击之后湖北在政治、经济、军事等领域整齐划一的回应，完全不能窥视晚清50年间湖北现代化的动态进程和阶段性特征。

研究晚清湖北现代化进程，若从外力冲击因素着手，不仅忽略了一些与"冲击"无关却对湖北现代化进程有重大影响的历史侧面；而且这一思路很容易把某些与外部"冲击"只有部分关联的事件全部归结于对外力冲击的"回应"，其实，这些事件相当程度上是对本土力量的"回应"，外力冲击仅仅作为一种触媒诱发了本土力量的"回应"。以笔者熟知的光绪十七年（1891）宜昌教案为例，该案貌似一起偶然突发的涉外案件，实质上则是由长江流域的哥老会密谋煽动，利用、操纵民众的"排外情绪"，既获得了教会大量的不义之财，又致使朝廷为此付出巨额赔款，甚至奢望中

---

① 任放：《汉口模式与中国早期现代化》，《光明日报》2003年4月1日。

外因此开战从而能够趁机取而代之。"从表面上看,清政府可以迅速控制诸如宜昌教案之类的突发事变,社会控制效能看似卓有成效,其实未必尽然。仔细深思,控制的背后也显露出更大的失控,社会危机亦愈加严重。"① 诸如此类事件,虽然受到"外力冲击"而发,甚至被冠之于"涉外",却不也能以"冲击—反应"取向分析解释。

因此,笔者认为,从内部脉络探寻湖北历史的近代变迁是研究晚清湖北现代化的必然选择。

(五)非武汉地区的晚清湖北现代化研究是今后的重要着力点

晚清湖北现代化的区域性差异是历史的客观现实,但这并不意味着湖北现代化研究必定要出现区域性研究的失衡。以往湖北早期现代化的研究视野过度集中在武汉地区,偶尔涉及受外力冲击较为明显的通商口岸宜昌、沙市,忽视了湖北其他的广大腹地。

罗志田曾指出:"在相当长的一段时间里,近代中国以京师和通商口岸及其影响辐射区为一方,以广大的内地为另一方,大致已形成从价值观念到生存竞争方式都差异日益明显的两个甚至多个不同的'世界'"②。这段论述以整个中国为空间范围,其实,由于近代湖北省境内各个地方受到西方的冲击强度差异明显,省域内各个府县之间的现代化进程同样并非整齐划一,亦呈现出"两个甚至多个不同的'世界'"。笔者认为,以现代化的进展情形观察晚清之湖北,大致也可以划分为三个"世界":以汉口、汉阳和武昌为一个"世界",汉口以外的其他通商口岸宜昌、沙市及其传统的商业重镇老河口、樊城为一个"世界",除此以外的地区诸如郧阳府、施南府等则又是一个"世界"。这三个"世界"在湖北现代化的语境中,表现出多层次不同的历史具象,不仅三个"世界"的现代化发展模式各异,而且三个"世界"现代化发展速度也并非同步。

毋庸置疑,研究者把目光的焦点主要集中在汉口、汉阳和武昌是必要的。虽然晚清湖北省域内的现代化进展情形从地区上可以分为三部分,但

---

① 常城:《偶然突发还是蓄意密谋:光绪十七年宜昌教案成因考》,《三峡大学学报》(人文社会科学版)2015年第4期。
② 罗志田:《见之于行事:中国近代史研究的可能走向——兼及史料、理论与表述》,《历史研究》2002年第1期。

这三部分中汉口、汉阳和武昌地区的现代化程度最高,亦最为重要。晚清湖北现代化的特征之一即具有典型的极化效应,率先起步的汉口、汉阳和武昌形成了湖北现代化的核心区。然而,湖北现代化的核心区形成之后,扩散效应却并不显著。湖北的区域现代化并没有迅速由核心区域向周边辐射和传导,相反,湖北其他地方的现代化进程甚至有点举步维艰。晚清湖北现代化进程为何出现这种极化效应显著而扩散效应不彰的现象?若要回答这个问题,就不得不从汉口、汉阳和武昌之外的地区入手研究寻找答案,这正是研究那些地区的价值所在,也是今后晚清湖北现代化研究的重要着力点。

以上五点,仅是笔者一家之言。由于学力尚浅,多有不浅陋之处,以期抛砖引玉,投砾引珠。

五 分析框架

为避短计,本书不拘泥于"现代化"的理论诠释,尽可能地收集相关史料,着重陈述晚清湖北与"现代化"相关的历史变相,兼及探讨此种变相产生与运动的内在机制,尽量避免用后生外来的域外理论条理禹内之史料。就具体框架而言,本书分为八章,纵深面与横切面兼顾。前四章以时间为轴,着重论述晚清湖北现代化的历史动态进程;后四章横向剖析,注重探讨晚清湖北现代化的内在机制。

前半部分首先论述了晚清湖北现代化肇始的背景,接着从三个不同的阶段探讨晚清湖北现代化的历史进程。第一章:研究中国近代史,必须具备全球视野。本章从1840—1860年的世界、中国和湖北三个不同区域层次进行思考,力图将晚清湖北现代化放在中国和世界的宏大背景之下。第二章:汉口开埠之始到张之洞督鄂之前的28年间,湖北的现代化进程以通商口岸汉口为中心,侧重商业现代化。这一阶段,笔者较为关注外力对湖北的冲击及湖北自身的反应,主要阐述传统商业市镇汉口的近代转型及其对湖北现代化的影响。第三章:张之洞督鄂的19年是湖北现代化的重头戏,这一时期湖北的现代化格局发生巨大变化。但是,由于以往学术界对张之洞的湖北新政关注过多,研究成果相对比较丰富,所以,笔者对张之洞的湖北新政不做大篇幅全面论述,仅做简要概括。笔者侧重探讨这一时期晚清湖北现代化从武汉地区向湖北腹地推进的动态历史过程,同时指出张之洞时代湖北现代化的困境。第四章：从张之洞离鄂到武昌起义前仅有短短4年，笔者将其单列一章，主要原因有三：一，通过分析"后张之洞时代"的现代工业发展，初步了解督抚政治对晚清湖北现代化的影响；二，也是最重要的，这4年间，湖北的现代化进入一个崭新阶段，表现为政治的现代化革新与转型；三，这4年间湖北的现代化转型与武昌起义有直接的密切关系。本章主要阐发"后张之洞时代"的现代工业发展、立宪浪潮中政治体制的革新、革命活动的潜滋暗长、现代化视野下的武昌起义等内容。

后半部分以50年为时间段，分别从总督群体、商人群体、士绅群体、他国势力四个重要方面展开专题研究，在动态考察的基础上对晚清湖北现代化进行结构功能分析。以往的研究者主要采用"功能—结构"分析法，对晚清湖北现代化内部的政治、经济、文化和社会四个方面进行静态结构探讨。笔者则尝试采用专题研究的方法，通过湖广总督群体、商人群体、士绅群体、外国势力群体探讨晚清湖北现代化进程中的政治、经济、社会、文化、中外关系等变迁，试图将内部结构分析放置于动态的历史脉络之中展开考察。

本书的结论部分阐发了晚清湖北现代化的历史特征，总结了若干历史经验教训，奢望能够为尚未彻底完成的中国现代化事业贡献点滴智慧。

六 学术价值与现实意义

近年来，部分学者声称现代化研究早已"过时"。窃以为，与20世纪90年代相比，中国的现代化研究确实呈出现衰弱之势，但这并不意味着中国的现代化研究已经"过时"。西方现代化研究之所以"过时"，主要缘于西方率先完成了现代化，时代思潮出现转变，其关注视角自然而然地转向"后现代"。中国与西方的历史发展、学术脉络迥异，我们不能将西方学术界的转向直接移植到中国史学界，人云亦云地放弃中国现代化史的研究。诚如有学者指出："'现代化'不是一个理想的概念，容易产生歧义，或许有一天人们能找到更好的概念取代它。但它所要处理的历史问题亦即'现代化范式'所指涉的历史现象是实实在在的，而不是'臆想'

出来的。"① 中国现代化研究，特别是实证性的具体研究，在今日之中国依旧具有学术价值和现实意义。

学术价值：20 世纪 90 年代开始，中国现代化研究由附庸而蔚为大国，甚至成为显学，冠之以"现代化"为题的史学研究成果层见叠出。但据笔者管见，良莠不齐的"现代化"研究成果中宏观的理论诠释多于实证的具体探讨，而实证的具体探讨中区域研究则更加薄弱，远没有达到应有的广度和深度。再纵观"更加薄弱"的中国区域现代化史研究，上海、天津、武汉等若干沿江沿海城市现代化研究成果居多，以省作为区域单位的现代化研究成果相对稀缺。② 本书放眼世界和中国现代化进程的宏观背景，立足于湖北区域内部，从晚清湖北现代化的内部动力、发展模式等因素来探讨晚清湖北现代化的历史面相与内在机制，横切面与纵深面兼顾，并期望能够从湖北这一区域来窥视整个中国全局的现代化历史变迁。同时，笔者还尝试以"后现代主义"的视角对"现代化"本身进行批评和反思，以期能够更加接近历史本相，为中国的省域现代化研究添砖加瓦，进而丰富中国现代化史实证性的具体研究成果。

现实意义：中国的现代化事业不仅仅是一个历史范畴，还是一个尚未彻底完成的现实任务。2002 年，党的十六大在《中国共产党党章》修正案中提出："到建国一百年时候，人均国内生产总值达到中等发达国家的水平，基本实现现代化。"2012 年，中国共产党十八大再次明确社会主义初级阶段的基本路线为："领导和团结全国各族人民，以经济建设为中心，坚持四项基本原则，坚持改革开放，自力更生，艰苦创业，为把我国建设成为富强民主文明和谐的社会主义现代化国家而奋斗。"③ 可见，虽历经一个半世纪几代中国人胼手胝足的开拓和矢志不渝的坚持，实现中国现代化虽非遥不可及之梦幻，却仍需要一往无前地继续奋斗。探讨晚清湖北的现代化历程，或许能够从源头部分地诠释中国的现代化之路缘何充满

---

① 董正华：《从历史发展多线性到史学范式多样化——围绕"以一元多线论为基础的现代化范式"的讨论》，《史学月刊》2004 年第 5 期。
② 就笔者所及，省域现代化研究成果除台湾学者的系列专著之外，大陆学者以历史学为本位的研究专著主要有吕俊伟的《山东区域现代化研究（1840—1949）》，齐鲁书社 2002 年版；张彩霞的《海上山东：山东沿海地区的早期现代化历程》，江西高校出版社 2004 年版等少数几部。
③ 《中国共产党党章》（中国共产党第十八次全国代表大会 2012 年 11 月 14 日通过）。

了艰难与坎坷，进而总结历史经验教训，为尚未彻底完成的中国现代化事业贡献点滴智慧。

七　创新之处

本书的创新之处，主要表现在以下几个具体方面。

之一，收集利用"新史料"对相关史事补缺拾遗。利用以往研究者不太重视的史料，包含湖北地方性报纸杂志，如《汉口中西报》《湖北商务报》《湖北地方自治会研究杂志》《湖北官报》等，也涉及湖北的地方档案，如汉冶萍公司档案、湖北咨议局档案、武昌起义的档案等对以往湖北现代化的部分相关史事发微抉隐，通过"求真"，取得某种程度上的"创新"。

之二，针对尚存巨大阐述空间的薄弱领域进行填补性探讨。就当前的晚清湖北现代化研究而言，在某些领域，如"张之洞治鄂研究""汉口开埠后的经济嬗变研究"等方面都已经取得了较为丰硕的成果。在另外一些研究领域，如"湖北咨议局研究""地方督抚与晚清湖北现代化关系研究""商人组织与晚清湖北现代化关系研究""传统士绅与晚清湖北现代化关系研究""外国力量与晚清湖北现代化研究"等领域都还尚存较大的阐释空间，被以往研究者所忽视。笔者努力深化以往研究中论证较为充分的部分，尽量锦上添花，但重点主要放在对相关薄弱领域进行填补性探讨，以期贡献点滴。

之三，努力尝试构建创新性的分析论证体例。笔者认为，本书的一个重要亮点即为分析论证体例的创新性。苏云峰著《中国现代化的区域研究（湖北省，1860—1916）》的分析论证体系前已述及，笔者认为，苏著的论证分析体系主要存在两个弊端：其一，误用"冲击—反应"的分析模式，只能看到冲击之后湖北在政治、经济、军事等领域整齐划一的回应，完全不能窥视晚清50年间湖北现代化的动态进程和阶段性特征；其二，很容易忽略一些与"冲击"无关却对湖北现代化进程有重大影响的历史侧面，把某些与外部"冲击"只有部分关联的事件全部归结于对外力冲击的"回应"。本书的分析论证体系主要分为两部分，采用历时性论述与共时性阐释相结合的分析模式。第一部分以时间为轴，纵向溯源析流，首先论述了晚清湖北现代化肇始的背景，接着从三个不同的阶段探讨晚清湖北现代化的历史进程。这一部分虽然可以考察晚清湖北现代化进程的历史流变和探讨三个不同阶段的动态特征，却出现了不能将晚清湖北现代化50年的整体历程统而论之的缺点。因此，为了弥补这一缺憾，并且进一步地横向阐释，后半部分以50年为时间段，分别从上层政治、下层商业组织、内层传统士绅、外层他国势力四个重要因素展开专题研究，在动态考察的基础上对晚清湖北现代化进行结构功能分析。

之四，进一步发掘、剖析和阐释晚清湖北现代化进程中的阶段性特征。以往的现代化研究多注重整体的"结构主义"功能分析，借助一些社会学指标来衡量现代化的实现程度，忽略了现代化的阶段性特征和动态进程。笔者认为，晚清湖北现代化历史可以分为三个阶段：汉口开埠之始到张之洞督鄂之前，湖北现代化以通商口岸汉口为中心，主要为商业现代化，基本没有波及湖北省内其他地区。张之洞督鄂之后，湖北的现代化格局发生巨大变化，一系列工业化建设在汉口以外的地区轰轰烈烈展开，现代化也开始向湖北腹地推进。张之洞离鄂后到辛亥革命之前虽仅有短短4年，湖北的现代化却进入一个崭新阶段，表现为政治的现代化革新与转型。

之五，从内部脉络探寻晚清湖北的近代变迁。笔者并非完全排斥"冲击—反应"的分析模式，而是认为"冲击—反应"的分析模式应该限定在具体适应范围之内。晚清湖北现代化的进程中，外力冲击很多时候仅仅是作为一种触媒诱发了湖北区域内部力量的"回应"，真正的历史变迁只有从湖北区域的内部脉络之中方能寻得。本书既关注冲击湖北的外部因素，更立足于湖北区域的内部脉络，力图形成具有湖北本土解释和反思能力之有效解释框架。同时，笔者还将冲击湖北的外力因素视为一个复杂的变量，专门考察晚清湖北外国势力内部的此长彼消和相互博弈。

之六，更加关注晚清湖北全区域和全时段的现代化进程。一方面，晚清湖北现代化的区域性差异是历史的客观存在，但这并非意味着湖北现代化研究必定要出现区域性研究的失衡。以往晚清湖北现代化的研究视野过度集中在武汉地区，偶尔涉及受外力冲击较为明显的通商口岸宜昌、沙市，忽视了湖北其他的广大腹地。另一方面，张之洞督鄂达19年之久，"一生精力，几用于鄂"，对晚清湖北现代化进程产生极重要的作用，但"张之洞时代"毕竟只是晚清50年的湖北现代化进程的一个阶段，而非全部。而以往的晚清湖北现代化研究多聚焦在张之洞督鄂的19年间，较少涉及此前从汉口开埠到张之洞抵鄂的28年和此后从张之洞离鄂到清廷灭亡的4年，缺乏全时段的探讨。因此，从地域上讲，本书不仅审视现代化特征较为明显的汉口、汉阳和武昌，而且更加关注晚清湖北整个区域的现代化进程；从时间来看，本书不仅探讨张之洞督鄂期间的现代化轨迹，同时着重分析晚清湖北现代化全时段的历史发展。

第一章

晚清湖北现代化肇始之前的世界、中国与湖北（1840—1860）

考察晚清湖北现代化的发展轨迹，必先要了解晚清湖北现代化肇始之前的历史背景。本章主要从1840—1860年的世界、中国和湖北三个不同区域层次进行阐释，力图将晚清湖北现代化的肇始置于世界和中国的宏大背景下展开思考。

第一节 1840—1860年的世界与中国

1840—1860年的世界，渐呈两极趋势，西方国家在工业革命的推动下迅速崛起，并已经对非西方国家展开了侵略活动。此时的中国，虽受到外力的冲击，但冲击强度有限。1851年太平天国起义爆发，深刻地影响了中国早期现代化发展的历史进程。

一 1840—1860年的世界

1840—1860年的20年间，工业革命依旧在西方延续和扩散，亚洲的主要国家则相继被率先工业化的西方国家敲开了封闭的国门。

英国是工业革命的发源地。18世纪中叶，英国人瓦特改良了蒸汽机，进而引发了一系列的技术革命。蒸汽机的改良和运用对于工业化的作用是基础性的，"19世纪欧洲对世界的支配与其说是以其他任何一种手段或力量为基础，不如说是以蒸汽机为基础"。最先工业化的应该是纺织行业，

19世纪20年代，英国的动力织布已经基本取代了手工织布。接着是煤炭钢铁行业，英国的煤产量从1770年的600万吨上升到1861年的5700万吨；铁产量从1770年5万吨增长到1861年的380吨，"铁已丰富和便宜到足以用于一般的建设，因而，人类不仅进入了蒸汽时代，也进入了钢铁时代"①。在交通通信行业，1838年，英国拥有500英里铁路，到1850年，拥有6600英里铁路。1807年，富尔顿的汽船在哈得逊河下水，至1840年，赛缪尔·肯纳德已经开通了横跨大西洋的定期航线。19世纪中叶，发明电报，1866年东半球和美洲之间已经由横跨大西洋的电缆所联络。可以说，1840—1860年，对中国冲击最大的英国，已经是一个基本完成工业化的世界第一流强国。

法国是这一时期第二大工业强国，19世纪50年代后，工业革命已进入完成阶段。1847年，法国工业总产值达到40亿法郎，而与英国相比仍有很大差距，尤其是重工业和交通运输业，"40年代初，法国的煤产量只及英国的十二分之一，生铁产量和铁路长度分别是英国的四分之一"②。

美国的工业革命几乎与法国同时发生，且于19世纪50年代大体完成。不过，美国的工业革命区域间严重失衡，工厂主要集中东北部，南部仍盛行种植园奴隶制，西部尚待进一步开发。

德国的工业发生较晚，直至19世纪30年代才真正开始。1848年革命后，德国工业革命蓬勃展开，"在50—60年代，开发新矿山、建设新工厂、修建新铁路的投资热潮盛极一时"③。

俄国在这一时期依然实行农奴制，工业革命虽然已经开始推行，但障碍重重，19世纪60年代之前发展较为缓慢。

在西方主要国家基本完成工业革命化或正如火如荼地进行之时，亚洲主要国家诸如中国、日本和印度，依然处于前工业时代。但是，西方的坚船利炮已让其领略到了现代化的威力。

---

① [美]斯塔夫里阿诺斯：《全球通史：从史前史到21世纪》（下册），吴象婴等译，北京大学出版社2006年版，第493页。
② 吴于廑、齐世荣主编：《世界史·近代史编》下卷，高等教育出版社2011年版，第10页。
③ 同上书，第17页。

1853年7月8日至1854年2月11日，美国舰队两次强行驶入江户湾的浦贺及神奈川。1854年3月31日，日美在神奈川签订《日美亲善条约》。1858年7月29日，日美又签订《日美修好通商条约》。英、法、荷等国紧随其后，也同日本签订了类似条约。

印度自18世纪遭英国武力侵略开始，至1849年已完全沦为英国的殖民地。英国在印度的统治具有明显的掠夺性，却又客观地促进了印度历史的进步，在亚洲造成了一场前所未闻的一次社会革命。

二　1840—1860年的中国

1840年，对于世界而言，貌似仅是一个平淡的年份。而对于中国，这一年，即清道光二十年，却极不平常。"极不平常"的重要标志，即是多部中国近代史专著均以1840年作为肇始之年，将鸦片战争作为中国近代历史的开端。

1840年在中国历史长河中的"极不平常"，或许更多地缘于象征意义，因为鸦片战争对中国的冲击力度并未直接导致中国发生剧变，其对中国的重要作用相对滞后，"战争本身虽不曾导致中国社会结构和社会性质的骤然改变，但此后中国经济、政治、社会和思想文化的机构性变革，却无不导源于此"①。

从1840—1860年，中国与西方的交涉依然有限。1842年签订的《南京条约》及其后来的补充条款虽然"打开了中国的国门"，而外国的通商也被严格地限制在广州、福州、厦门、宁波、上海五个地方。以当时的历史条件来看，这五个通商口岸对于庞大的中国作用太小。英国对华贸易不仅没有出现想象中的井喷，甚至在1846年出现了下降的趋势，"降到了1836年的水平以下"②。英国政府将商品滞后的原因归咎于通商口岸太少，为了攫取更多的权益，战争接踵而至。

无奈之下，清廷于1858年6月13日至26日分别同俄、美、英、法各国签订了《天津条约》，此后在上海签订了《中英通商章程》《中法通商章程》作为《天津条约》的附约；1861年10月至11月，又分别同英、

---

① 王先明：《中国近代史（1840—1949）》，中国人民大学出版社2011年版，第1页。
② 中国史学会编《鸦片战争》第1册，神州国光社1954年版，第13页。

法、俄签订《北京条约》。在1860年的中外战争中，2万多名英法联军从北塘登陆长驱直入北京城，并纵火焚烧了著名的皇家园林圆明园，这一举动给中国带来的刺痛远远超过兵临城下的耻辱。

从1840年至1860年20年的时间，被不少历史学家称为"失去的二十年"。蒋廷黻在《中国近代史》中痛心地写道："从民族的历史看，鸦片战争的军事失败还不是民族致命伤。失败以后还不明了失败的理由力图改革，那才是民族的致命伤。倘使同治光绪年间的改革移到道光咸丰年间，我们的近代化就要比日本早二十年。远东的近代史就要完全更改面目。可惜道光咸丰年间的人没有领受军事失败的教训，战后与战前完全一样，麻木不仁，妄自尊大。直至咸丰末年英法联军攻进了北京，然后有少数人觉悟了，知道非学西洋不可。所以我们说，中华民族丧失了二十年的宝贵光阴。"①"失去的二十年"，或许可以说明鸦片战争后20年中国对外国冲击的反应较为迟钝。不过，笔者仍粗浅地认为，如果我们过分强调这20年中华民族（抑或可以说是清廷）的不作为，则有点脱离了当时的历史环境，有后见之明的嫌疑。这一时期，极少数被誉为开眼看世界的第一批人，对世界的了解也并非也不可能真正清楚。1840年鸦片战争所带来的影响，连发动战争的英国人都认为十分有限，从而继续发动新的战争以获得更大权益。在庞大的中国，绝大多数人对于这场战争闻所未闻，我们又怎么能诘责他们不去主动追赶世界现代化的潮流呢。

这20年，对清廷来说，外来的侵略并不足以导致政权瓦解，真正致命的是来自内部的叛乱。1851年爆发的太平天国起义强烈地震撼了清廷统治的根基，"这个'心腹之患'压过了由列强步步紧逼而成的'肘腋之患'"②。与此同时，天地会与捻军起义风起云涌，清廷的统治大有分崩离析之势。从1851年开始，中国的多项制度因太平天国起义而发生重要变革，中央与地方之间形成了一种"内轻外重"的新格局。

财政方面，地方督抚可以自行办捐，户部预颁空白文武职衔及贡监执照，大量发交各省军营粮台，以便随时发捐③；本作为"变通捐输"的厘

---

① 蒋廷黻：《中国近代史》，上海古籍出版社2004年版，第34—35页。
② 王先明：《中国近代史（1840—1949）》，中国人民大学出版社2011年版，第51页。
③ 参见彭泽益《十九世纪后半期的中国财政与经济》，人民出版社1983年版，第146页。

金制度一经出现,迅速推行全国,并成为地方督抚的重要财源;以往地方不可能随意挪用的丁漕盐税等国家正税开始被地方截留,中央最终被迫承认。

人事方面,以往督抚虽有保举权,但保举范围仅为道府州县衙门的正印、衙佐和教职人员,保举人数被中央所限制。而太平天国起义期间,大批地方官员空缺,朝廷被迫改变定制。地方督抚也时常违背旧规,侵犯吏部铨选职权,率自更调所需之人。

军事方面,督抚可直接统领勇营,兵为自募,将为自选,"一营之权,全付营官,统领不为遥制,一军之权,全付统领,大帅为遥制"①。湘淮军还自行建立军需局、转运局、造制药铅总局等机构,形成了独立的后勤保障系统。

司法方面,清制规定,军流、死刑需报刑部批复,死刑案件需向皇帝具奏。太平天国起义期间,大案剧增,"若待交部审拟,恐事机延缓,遗误国事"②,在地方督抚的奏请下,"就地正法"之制确立,并成为其重要的事权。

清廷凭借着适时的权力下放,挽救了本已塌陷的政权统治。在这一过程中,地方督抚权力迅速膨胀,不仅在辖区内"掌总治军民,统辖文武,考核官吏,修饬封疆"③,而且"渐渐地势倾中央"④,相当程度上影响和支配着中央的政策和方针,基本形成了"内轻外重"的局面。

而亦正是这种"内轻外重"局面的产生,为晚清中国现代化的启动奠定了基础。中国的现代化属于后发外生型,"在外部条件的刺激或威胁下,即便是本社会内部还缺少现代性因素的积累,也必须将现代化强行启动,以摆脱自己的落后状态,消除外部威胁"⑤,而现代化的强行启动和稳步推进则是政治领导阶层的责任与使命。由于中国传统的集权体制,中

---

① 《曾文正公全集·奏稿》卷28,九州书局1935年版,第115页。
② 第一历史档案馆编:《清政府镇压太平天国档案史料》第5册,社会科学文献出版社1992年版,第100页。
③ 嵇璜等:《清朝通志》卷69,上海商务印书馆1935年版,总第7161页。
④ 罗尔纲:《清季兵为将有的起源》,载《中国近代史论丛·政治》,第二辑第五册,正中书局1963年版,第85页。
⑤ 孙立平:《后发外生型现代化模式剖析》,《中国社会科学》1991年第2期。

国早期现代化事业本应该由在中央政府中所形成的具有革新意识的最高领导层启动和主导，这样"有助于力量的协调和资源的征用以支持现代化进程"①。然而，在清末特殊的历史环境下，"分权化与地方自主性增强的趋向，松动了原来的高度集权的政治结构，使一些得风气之先的地方督抚大员成为中国早期工业化的领导者与推动者"②。因此，中国早期现代化的启动并非始自中央，而是地方，中国早期现代化从某种程度上讲就是部分区域的现代化。

第二节　1840—1860 年的湖北

1840 的鸦片战争对于湖北而言，并无较强的冲击，"第一次鸦片战争之后，由于湖北地处腹心，所受震动亦不大。目前可以知道的反应，只有较关心国事的士人如王柏心、刘淳所写的几篇有感而发的诗文"③。真正对湖北社会产生重要影响的，则是 1852 年底的太平军入鄂。1840—1860 年的湖北，以 1852 年为界，可以明显分为两个阶段。

一　1840—1852 年的湖北

1840 年的湖北，共辖 10 府、1 直隶州、7 散州、60 县，州县之下共设 292 个乡，1909 个镇。④

这一年，前任湖广总督林则徐刚刚调任两广，满洲正红旗官学生出身的裕泰赴鄂履任，直至 1851 年 12 月 21 日调离。林则徐督鄂两年，在禁烟、吏治、防洪等方面均有所作为。特别是禁烟方面，"林则徐在湖广禁烟的思想和实践，启发了清廷的最高决策者，一度影响着清廷的国策。林则徐也从湖广受命，踏上了广州禁烟的征途"⑤。

湖北士绅的人数，据张仲礼的估算，太平天国起义之前湖北正途出身

---

① ［美］吉尔伯特·罗兹曼主编：《中国的现代化》，"比较现代化"课题组译，江苏人民出版社 1992 年版，第 78 页。
② 罗荣渠：《现代化新论》，北京大学出版社 1993 年版，第 276 页。
③ 罗福惠：《湖北通史·晚清卷》，华中师范大学出版社 1999 年版，前言第 3 页。
④ 参见张仲炘等《湖北通志·舆地志五·沿革》，武昌省长公署，1921 年，第 1—3 页。
⑤ 皮明庥等：《武汉通史·晚清卷》，武汉出版社 2006 年版，第 17 页。

的文生员学额为 1087 个,若将士绅的生涯平均为 33 年,三年两次文院试,一次武院试,则湖北的文生员总数则应是学额的 21 倍,武生员学额的 10 倍,两者相加,基本可以推算,太平天国起义前湖北生员总数约为 32067 个。"异途"出身的士绅从道光朝最初五年至最后五年全国捐监生人数的平均下降幅度超过 50%,而湖北省的下降幅度又超过全国的平均水平,至太平天国前的 1850 年(即道光三十年),总数约为 19960 人。两者相加,在太平天国起义之前,湖北士绅群体约占本省人口总数的 0.9%,太平天国起义之后,湖北士绅群体约占本省人口总数的 1.1%,基本处于全国的平均水平。①

湖北的总人口,在这一时期达到高峰。经何炳棣研究,1850 年湖北人口达 3300 万,成为 1953 年之前的历史最高值。② 罗威廉在综合了中国和西方关于汉口一地人口的评估后指出:"汉口人口在 19 世纪初已接近 100 万,到了 1850 年前后几乎增至 150 万;但在此后的十年中下降了一大半,大约到 1890 年左右又恢复到 100 万。"③

湖北的商业贸易,依然沿着以往的轨迹发展,并崛起一些重要的商业市镇,如汉口、沙市、老河口等。汉口作为全国著名的"四大聚"之一,渐次形成了独特复杂的贸易体系,"1850 年之前已经是中国乃至世界上最大、最复杂的贸易中心之一了"④。

可见,鸦片战争对于湖北而言,除了部分湖北营兵调往广东参战,确实"只有较关心国事的士人如王柏心、刘淳所写的几篇有感而发的诗文"而已。

二 1853—1860 年的湖北

1853—1860 年不到 10 年的时间,湖北的变化深刻而且剧烈。引发这

---

① 参见张仲礼《中国绅士——关于其在 19 世纪中国社会中作用的研究》,李荣昌译,上海社会科学院出版社 1991 年版,第 86、92、98、154—155、113 页。
② [美]何炳棣:《明初以降人口及其相关问题(1368—1953)》,葛剑雄译,生活·读书·新知三联书店 2000 年版,第 287—289 页。
③ [美]罗威廉:《汉口:一个中国城市的商业和社会(1796—1889)》,江溶、鲁西奇译,中国人民大学出版社 2005 年版,第 50 页。
④ 同上书,第 99 页。

一突变的主因,则是太平军入鄂。

在这短短8年时间,共有5人履任湖广总督。五任湖广总督均参与了镇压太平军起义,其中吴文镕战死,台涌和杨霈因作战不力而革职。有关这一时期五任湖广总督的基本履历,如下表。

表1—1　　　　　　1853—1861年湖广总督基本履历①

姓名	生年	籍贯	出身	族籍	任职			离职	
					背景	时间	类别	时间	原因
张亮基	1807	江苏铜山	举人	汉	湖南巡抚	1853年2月3日	署	1853年9月13日	调离
吴文镕	1792	江苏仪征	进士	汉	福建总督	1853年9月13日	任	1854年3月10日	战死
台涌	不详	满洲正白旗	行伍	满	荆州将军	1854年3月10日	署	1854年7月10日	革职
杨霈	1790	汉军旗	进士	汉军	湖北巡抚	1854年7月10日	任	1855年6月11日	革职
官文	1798	满洲正白旗	行伍	满	荆州将军	1855年6月11日	任	1867年2月15日	革职

太平军入鄂,对湖北的社会经济产生了巨大冲击。首先,表现在战争对湖北社会经济的破坏。从1852年年底至1856年年底,4年间,太平军三克武昌,四破汉口和汉阳。胡林翼在1855年收复汉口时则感叹:"汉镇昔称最盛,今则荡为瓦砾矣!"②战争导致了湖北人口剧减,"许多方志中记载着,成千上万的男子,甚至妇女被太平军掳走;仅咸丰三年(1853),据说被掠人口就在30万至50万之间。有的地方战争破坏必定极其严重,这驱使缺地农民自愿投入太平军,据报告在咸丰十年至十一年间

---

① 资料来源:《清史稿》之《疆臣年表》及《列传》,中华书局1976年版;萧一山《清代通史》之《清代督抚表》,中华书局1986年版;湖北省地方志编纂委员会编《湖北省志·之·政权志》,湖北人民出版社1993年版等。

② 胡林翼:《胡文忠公遗集》卷8,1866年刻本,第15页。

(1860—1861）达 30 万人"①。

太平军入鄂,亦给湖北的商业带来重创,导致湖北商业力量的嬗递,"特别是在太平天国运动后,徽州人的影响明显下降。虽然,仍可看到一些富有的徽州商人,但他们却逐渐让位于新兴的商业势力"②。胡林翼也指出,通观汉口商业的全貌,可以发现,劫后最突出的那些商行,很少是在战前即有卓越成就的。③

更重要的是,为了镇压太平天国起义,湖北在财政、吏治、军事等方面都进行了一系列同以往迥异的改革,而这些制度改革则培育了晚清湖北现代化的某些重要历史基因。张之洞在湖北新政期间在筹措经费、整顿吏治等多方面的手段和方法,可谓与胡林翼一脉相承。

---

① ［美］何炳棣：《明初以降人口及其相关问题（1368—1953）》,葛剑雄译,生活·读书·新知三联书店 2000 年版,第 287—289 页。
② ［美］罗威廉：《汉口：一个中国城市的商业和社会（1796—1889）》,江溶、鲁西奇译,中国人民大学出版社 2005 年版,第 279 页。
③ 参见胡林翼《胡文忠公遗集》卷 8,1866 年刻本,第 15 页。

第 二 章

汉口开埠后二十八年的湖北现代化进程(1861—1888)

关于晚清湖北现代化的肇始,有学者指出汉口开埠只是表明挑战强度的增加,"湖北社会于1861年以后三十年间的对外反应,以非理性居多。官吏与士绅阶层,尚昧于情势,未知应变之方,而一般人民则以强烈的反教排外情绪表现出来,造成重大破坏与损失。因此,1861年尚非湖北社会发生现代性变迁的起点";他进而指出,"张之洞抵鄂之年(1890),才是湖北政治经济社会各方面发生重要变革的真正起点,而这一切的变革,大部分是基于理性思虑的结果,与前一阶段大不相同"[①]。

笔者却认为,从汉口开埠到张之洞抵鄂期间,湖北的现代化进程以通商口岸汉口为中心已经悄然发生:英国著名的怡和洋行、沙逊洋行、太古洋行等纷至沓来,在汉口开设分支机构从事进出口贸易,湖北传统的商品贸易格局开始松动。江汉关、宜昌海关先后建立并迅速发挥作用,这种新型关税机构的设置和管理方式完全采用近代西方模式,是湖北地区税收行政管理机制和经济运行机制近代转型的先驱。英国汇隆银行于汉口租界开埠不久,麦加利银行、汇丰银行等接踵而至,这些直接揳入湖北的近代外国银行为晚清湖北经济引入了新的组织因素。1863年,英国宝顺洋行的"扬子江"号商船首航汉口,并且几乎立即对湖北的对外贸易产生了影响。也是1863年,俄商李维诺夫创办湖北近代第一个外资工厂——顺丰砖茶厂,开湖北近代机器工业之嚆矢。其后至1889年,汉口先后诞生10家机器工

[①] 苏云峰:《中国现代化的区域研究(湖北省卷,1860—1916)》,"中研院"近代史所1987年版,第3页。

厂，伴随着蒸汽机的轰鸣声，荆楚大地迎来近代工业文明的新时代。

尽管这一时期的变化与其后轰轰烈烈的"湖北新政"相比显得较为平静，但是，湖北不自觉之间已经被卷入现代化历程。现代化的一些事物从无到有，从极其微弱变得不能小觑，在外国力量的刺激和直接参与下，开始了一段晚清现代化发展之"汉口模式"[①]。晚清湖北现代化肇始于1861年的汉口开埠，而非1890年的张之洞抵鄂，气势宏阔、内容丰赡的"湖北新政"虽然可以称得上晚清湖北现代化进程中最精彩的篇章，却非开始阶段。

本章内容，主要从商品贸易的近代转型、新型关税机构的创建、近代交通运输业的勃兴、外国金融业的揳入和机器工业的嚆矢五个方面展开论述。

第一节 商品贸易的转型

汉口开埠之后，以汉口为中心的湖北商品贸易发生了深刻的变迁。商贸的近代嬗变，对于晚清汉口及整个湖北现代化产生重要影响："一方面构成了晚清汉口的近代化进程的一个重要内容，另一方面又影响和制约着这个进程的发展"[②]。以上论述，并无虚言。从1861年开始，湖北的商品贸易出现转型，而这种转型既是晚清现代化的产物，同时还是影响晚清湖北现代化进程的要素之一。

然而，前段论述背后却隐藏着另外一个问题：晚清湖北现代化的早期阶段，即汉口开埠后至张之洞督鄂前，湖北商品贸易的近代转型由什么力量推动？多数当时西方的观察家及当今的讨论者，虽然立场和角度有所不同，但往往一致认为，1861年后湖北商贸近代转型的推手主要来自汉口的对外贸易。对此，有学者则表示质疑，对外贸易发生了"一些显著的变化，比如轮船的到来和茶叶的国际贸易。可是，我们必须谨慎地区分这些变化何者可直接归功于西方的接触，而何者则是其内在发展过程的必然

---

① 关于晚清湖北现代化的"汉口模式"，参见任放《汉口模式与中国早期现代化》，《光明日报》2003年4月1日；冯天瑜、陈锋主编《武汉现代化进程研究》，武汉大学出版社2002年版，第58—67页。

② 王永年：《晚清汉口对外贸易的发展与传统商业的演变》，《近代史研究》1988年第6期。

结果，尽管这一进程因受到外贸的催化而加速，但它的发展毕竟远远早于对外贸易"①。

是"内在发展过程的必然结果"，还是"归功于西方的接触"？鉴于该问题的困扰，本节不仅对汉口开埠后"商贸的嬗变"这部分与"现代化"息息相关的内容展开平铺论述，而且以问题意识为导向，诠释嬗变背后的动力和嬗变之后的影响。

一　传统的贸易格局

汉口，"肇于明中叶，盛于（天）启、正（崇祯）之际"②，至清代，已发展为闻名全国的商业巨镇，"楚中第一繁盛处"③，"江湖数千里，商帆估舶，千万成群"④。从肇始至成熟，汉口渐次形成了独特复杂的贸易体系，"1850年之前已经是中国乃至世界上最大、最复杂的贸易中心之一了"⑤。

以下，从市场功能、商品结构和商业力量三方面来论述开埠之前汉口商业已形成的传统贸易格局。

汉口传统贸易市场功能的论述屡见不鲜，被引用次数较多，且具有代表性的一条史料，为清初刘献廷《广阳杂记》的一段内容："汉口不特为楚省咽喉，而云、贵、四川、湖南、广西、陕西、河南、江西之货，皆于此焉输。"⑥该史料明确又准确地表露出，汉口的市场功能在于"传输"。汉口作为华中地区大宗长途贩运商品的中转集散地，是一个"巨大的跨地区市场的中心"⑦。汉口之所以能够成为巨大的中转贸易市场，与其扼

---

① ［美］罗威廉：《汉口：一个中国城市的商业和社会（1796—1889）》，江溶、鲁西奇译，中国人民大学出版社2005年版，第99页。
② 康熙《汉阳府志》卷1，载《舆地志·坊村引旧志》。
③ 《嘉庆大清一统志·汉阳府一·关隘》卷338，上海古籍出版社2008年影印版。
④ 《湖广总督毕沅奏折》乾隆五十八年七月廿日，转引自张国辉《清代前期的钱庄和票号》，《中国经济史研究》1987年第4期。
⑤ ［美］罗威廉：《汉口：一个中国城市的商业和社会（1796—1889）》，江溶、鲁西奇译，中国人民大学出版社2005年版，第99页。
⑥ 刘献廷：《广阳杂记》卷4，汪北平、夏志和标点，中华书局1957年版，第193页。
⑦ 李伯重：《十九世纪初期中国全国市场：规模与空间结构》，《浙江学刊》2010年第4期。罗威廉指出，汉口是当时全国性的市场中心；而李伯重通过对19世纪初期全国市场规模和空间结构的探讨，认为当时全国性市场的最高中心在苏州，汉口则是仅次于苏州的"次级中心"。对此，笔者较赞同李伯重的意见。

居长江、汉水的交汇，经洞庭湖又可联结湘、沅二江的水运交通枢纽地位存在必然关系。在汉口传统的贸易中，它是以"长江上中游（包括支流汉水、湘江）为主，呈多元辐射"①。江南虽然是汉口商品中转最重要的流动方向，但其他方向的商品流动同样不可或缺。例如，在传统贸易格局中，汉口经湘潭与广东之间的商品贸易即是"多元辐射"中的重要"一元"。外国的洋货，在广东汇集之后，翻越五岭至湘潭，再由湘潭经水陆运至汉口；汉口的土货，则先经水陆先运抵湘潭，再经湘潭运至广东。

汉口市镇商品繁多，种类极为丰富，章学诚认为大致可分18大类，具体达230余种。②雍正年间湖北巡抚晏斯盛称汉口商品种类分为"六大行"："盐、当、米、木、花布、药材六行最大"③。清中期寓居汉口的文人叶调元则有"八大行"之说，"四坊为界市廛稠，生意都为获利谋，只为工商帮口异，强分上下八行头"④。无论是"18类"之分，还是"六大行""八大行"之说，清代汉口国内贸易排行前三的大宗长途贩运商品，即盐、米和竹木。汉口是淮南盐的运销枢纽，盐经常是该商镇最大总宗的商品，汉口"固因为九州百货备集之所，而盐务一事，亦足甲于天下，十五省中，亦未有可与匹者"⑤。粮食对汉口的商贸地位也极为重要，"汉口从一个主要经营奢侈品的地区市场转变为联结全国商业网络的重要枢纽，根本的原因是它在向长下游地区输出米粮的过程中发挥着重要作用"⑥。木材是仅次于盐和粮食的大宗货物，由于该商品在全国长途贩运的兴起，汉口"很自然地发展成为规模巨大的竹木中转集散市场，成为长江上中游各省竹木汇聚，再转贩下游的总枢纽"⑦。

---

① 王永年：《晚清汉口对外贸易的发展与传统商业的演变》，《近代史研究》1988年第6期。
② 参见章学诚《湖北通志检存稿·食货考》，郭康松点校，湖北教育出版社2002年版，第35—38页。
③ 晏斯盛：《请设商社疏》，载贺长龄编《皇朝经世文编·户政》卷40，文海出版社1966年版。
④ 叶调元：《汉口竹枝词》卷1，《市廛》第4首，载徐明庭辑校《武汉竹枝词》，湖北人民出版社1999年版。
⑤ 乾隆《汉阳府志》卷12，《汉阳县·乡镇》。
⑥ ［美］罗威廉：《汉口：一个中国城市的商业和社会（1796—1889）》，江溶、鲁西奇译，中国人民大学出版社2005年版，第70页。
⑦ 石莹：《清代汉口的竹木市场及其规模分析》，《中国经济史研究》2015年第1期。

汉口镇商业的崛起,"武汉地区已不能提供这一新兴商业中心所需要的各种社会经济阶层的人员"①。于是,商人从四面八方汇聚于此。汉口的商贸,大多由外地商人经营,其中,徽州帮、山西帮、广东帮、浙江帮、湖南帮实力雄厚。徽州帮曾长期是汉口最重要的商业群体,"汉镇列肆万家,而新安人居其半","新安人来于此者尤多"②。徽州商人在汉口从事商业种类繁多,盐业势力最大。汉口的盐商之中,多数上层的岸商和淮南纲商为徽州人。山西商帮(涵盖附近的陕西商人)是汉口仅次于徽商的另一商人群体,主要从事茶叶、皮革、汾酒贸易及其票号业。广东商帮,通过湖南的湘水流域而向汉口渗透,主要开设洋货商店和从事鸦片贸易。浙江商帮,大多来自宁波府和绍兴府,在汉口兴起较晚,因钱庄业而兴,在汉口开埠之后迅速崛起。湖南帮也是汉口镇的重要商人群体,多从事内河航运业、米粮贸易及其竹木贸易。除了外来商业力量之外,湖北本地商人多从事一些低级商业,实力较突出的为"黄帮"(总部设黄州)和"汉帮"(以仙桃镇为中心)。

二 贸易的近代嬗变

汉口开埠之后,汉口的贸易格局产生了什么变化?嬗变背后的动力是什么?嬗变之后的影响又如何?

(一)嬗变

晚清以降,汉口贸易出现了显著变化,现从市场功能、商品结构和商业力量三个方面阐释这种嬗变。

经30年的嬗变,汉口贸易市场功能的本质依然属于中转贸易,然而,此"中转"又非传统贸易时期之"中转"。在传统的贸易格局中,汉口作为内贸易的"四大聚"之一,"是一个典型的、传统的内陆性的商业市镇和商货运转中心"③。这一格局中,汉口的中转功能,体现在国内贸易中。开埠之后,汉口在国内贸易方面的中转功能一定程度上依旧保存。不过,

---

① [美]罗威廉:《汉口:一个中国城市的商业和社会(1796—1889)》,江溶、鲁西奇译,中国人民大学出版社2005年版,第263页。
② 董桂敷:《汉阳紫阳书院志略》,嘉庆十六年刻本,卷7,第7页;卷8,第22页。
③ 吕一群、刘菜花:《清末汉口贸易地位的转变与武汉现代化的开启》,《湖北大学学报》(哲学社会科学版)2006年第2期。

由于经济环境的深刻变迁，国内贸易在汉口贸易中的地位开始让位于中外贸易，中外贸易逐渐占到主导地位，"土货出口贸易实为近代汉口贸易的重心和支柱"①。汉口由国内贸易的中转集散地向国际贸易的中转枢纽演变，"近年来输入外洋土货，多先运上海，再由上海运出外洋者，汉口乃又变成转口贸易之重要商埠矣"②。传统的贸易格局中，汉口贸易呈现一种多元辐射结构，而此时，多元辐射格局开始向以上海为中心的一元辐射结构嬗递，"汉口也从华中农产品和农副产品贸易集散中心变成上海进出口洋货运输集散中心和内地汇集转运上海出口的枢纽"③。曾经"多元辐射中"的重要"一元"，汉口经湘潭至广东之间的贸易衰落，汉口开始变成湖南土产输出海外和洋货运抵湖南的中转地，土货最终的流向，也大都指向上海。

商品结构的变动，最先体现于盐在汉口贸易中地位的下降。在汉口传统的贸易格局中，盐处于最重要的地位。1861年以后，盐的贸易量并未出现大的波动。民国《夏口县志》中提到的"八大行"之首依然是盐，但是，汉口对于盐业贸易而言，"已不再是盐贸易业不可或缺的环节了"④。代替盐在汉口贸易中之地位的商品是茶叶。茶叶在汉口传统贸易格局中虽然占有一定地位，但是并不突出。而在民国《夏口县志》中，茶叶的位置已经仅次于盐。⑤ 茶叶的重要性，不在于其贸易总量居各种商品之首，而是因为这种商品对汉口的影响作用极大。茶叶吸引外国人到来，开辟了汉口与外国的直接贸易，"如果不是茶叶贸易，实际上没有一个西方人会涉足这个城市。在西方人眼里，茶叶是汉口存在的唯一理由"。也正是这种商品及其引发的中外贸易，"使得当地茶叶市场成为西方影响这座城市的主要渠道。因此，茶叶改变了汉口与其区域腹地之间关系的性质，并改变了汉口社会精英的结构"⑥。外国的洋货也开始涌入湖

---

① 张珊珊:《近代汉口港与其腹地经济关系（1862—1936）——以主要出口商品为中心》，博士学位论文，复旦大学，2007年。
② 陈绍博:《汉口市二十三年国内国外贸易概况》，《汉口商业月刊》1935年第10期。
③ 王永年:《晚清汉口对外贸易的发展与传统商业的演变》，《近代史研究》1988年第6期。
④ 光绪九年《汉阳县志》卷8，成文出版有限公司1975年版。
⑤ 武汉地方志办公室、武汉图书馆编:《民国夏口县志校注》下册，武汉出版社2010年版，第249页。
⑥ ［美］罗威廉:《汉口：一个中国城市的商业和社会（1796—1889）》，江溶、鲁西奇译，中国人民大学出版社2005年版，第152—153页。

北，特别是武汉地区。1881年汉口《通商报告》提及，"对于外国制造的杂货，如玩具、工具、铅笔、图书、装饰品、伞、利器、假珠宝、肥皂等的需要，也不断增加。这些货物已成为一般商店的商品。在汉口街上和武昌、汉阳城内，开设了十家这样的商店，以供本地人的需求"①。在这一阶段，部分传统贸易中的大宗商品仍然稳步发展。如以往贸易中排名第三的大宗商品竹木，贸易量稳步增长，"并于咸同光三朝至民初达于鼎盛，在汉口市场地位颇重"②。

随商品结构改变的，还有商业力量。由于盐在汉口贸易地位中的改变，曾经在汉口社会最有权势的徽州商人，逐渐走向衰落，"特别是在太平天国运动后，徽州人的影响明显下降。虽然仍可看到一些富有的徽州商人，但他们却逐渐让位于新兴的商业势力。"③ 与徽州商人的衰落成形成鲜明对照的是浙江商人迅速崛起。浙江商人的崛起得益于其所控制的钱庄业日渐兴盛，同时也在于他们分得了部分以往徽州商人在盐业领域的利润。广东商人因为其与外商之间的传统优势，汉口开埠之后，大多以买办的身份迅速发展，"他们是生产者和外国买主之间的中介人，获利最大"④。山西商人的力量主要因票号的兴衰而变动，"虽然山西钱庄在19世纪末期开始走向衰落，但他们在1889年后仍是汉口重要的商业势力"⑤。在这一阶段，汉口商业力量嬗递的一个重要特征，即外国商业力量的楔入。特别是俄、英两国的商人，逐渐成为汉口市场上的举足轻重的商业力量。不过，由于汉口中外贸易以土货间接出口为主，中国商人力量依然是汉口贸易的中坚。

（二）"变"从何处来

为什么会出现这种变化？

罗威廉认为，这种变化的动力源于汉口贸易内在发展的必然结果，而

---

① 姚贤镐编：《中国近代对外贸易史资料》第三册，中华书局1962年版，第1105页。
② 石莹：《清代汉口的竹木市场及其规模分析》，《中国经济史研究》2015年第1期。
③ [美]罗威廉：《汉口：一个中国城市的商业和社会（1796—1889）》，江溶、鲁西奇译，中国人民大学出版社2005年版，第279页。
④ 姚贤镐编：《中国近代对外贸易史资料》第三册，中华书局1962年版，第1578页。
⑤ [美]罗威廉：《汉口：一个中国城市的商业和社会（1796—1889）》，江溶、鲁西奇译，中国人民大学出版社2005年版，第281页。

非外贸的催生,"与其说是外贸的神奇影响所造成,不如说是从太平军的蹂躏中慢慢恢复的结果"①。他同时阐释,之所以做出这样的结论,其原因有二。

首先,罗威廉提出,湖北贸易的嬗变,并非始自1861年的汉口开埠,在清代中期就已经发生,只是因太平天国运动的冲击而中断。由于太平天国冲击与汉口开埠的时间重叠,人们往往将太平天国运动之后湖北贸易沿着自身路径的嬗变误认为是开埠之后中外贸易的作用。如在汉口具有重要地位的食盐贸易,1861年之后变化显著,原有的贸易制度和模式发生改变,新旧商业力量出现嬗递,但是这种变化是清代中期的盐业改革及其太平天国对湖北盐业格局冲击的结果。1861年汉口开埠对湖北盐业贸易的影响,反而显得无足轻重。

其次,1861年至1889年这一时期,汉口的对外贸易额在汉口整个贸易额中所占比例相当有限。罗威廉指出,以往观察者时常将江汉关统计中外贸易的数据作为汉口对外贸易显著增长的重要依据,而这个统计数据却存在严重缺陷,是不准确的:"汉口海关每年公布的'贸易报告'既未包括也未打算包括汉口贸易中最大的部分——用当地固有的和由本地人驾驶的各种船舶运载的地方、地区和地区间贸易。因此,汉口的海关数字并不能反映出这个商埠真实的贸易总额,而后来的学者们却根据这些数字做出了开埠后汉口贸易成几何级增长的乐观分析。"②

笔者以为,如果将晚清以降汉口贸易的近代转型完全归功于外贸的刺激,或仅仅归结于自身发展的内在理论,都有失偏颇。

汉口开埠之后的30年间,汉口的部分贸易依旧沿着传统脉络有所发展,完全可归结于自身发展的原因,如食盐贸易和竹木贸易。食盐贸易在开埠之后有些微变化,但这些变化沿袭于清代中期的盐业改革。竹木贸易,赓续清代前期的发展势头,太平天国运动后的恢复重建又刺激了木材的需求,于是从19世纪60年代开始不断扩大和发展,甚至渐臻鼎盛。部分贸易

---

① [美]罗威廉:《汉口:一个中国城市的商业和社会(1796—1889)》,江溶、鲁西奇译,中国人民大学出版社2005年版,第98—116页。
② 同上书,第104页。根据《汉口海关规章》,三种船舶装载的所有货物都要经过海关的检查与课税,即航海轮船与帆船,内河轮船,属于外国人或外国人租用的三桅帆船和平底帆船。

在继承传统发展的基础上,因受到外力强有力的冲击,产生变异和获得新生,如茶叶贸易和钱庄业。开埠之后,钱庄业立足于自身传统的机制和清代中期的变革,顺应中外贸易发展的需要,迅速做出调整和适时进行创新,即部分学者所指的"传统钱庄的买办化"[①],从而获得新的发展。茶叶在汉口传统的贸易格局中已是大宗,而外国力量的揳入也刺激了茶叶贸易的革新,包括生产腹地、商人力量和运输商路等多方面。还有部分贸易,则完全因汉口外贸的拓展而兴起,如新兴的蛋粉、猪皮等商品的出口。

总之,我们不能以偏概全,汉口近代贸易的嬗变,是外力和自身发展的共同结果。其实,罗威廉也并非认为外贸对汉口的近代转型无关紧要,只是指出在这一时期,外贸对汉口的刺激有限,不足以使汉口产生根本性变化,汉口的贸易因此沿着传统路径缓步徐行,而随着外来力量的深入,到了19世纪末,"几个世纪以来汉口的老商业传统遂几乎完全被外来势力征服了"[②]。

(三) 嬗变的影响

汉口贸易的近代嬗变,对晚清湖北的现代化进程产生了深刻的影响。而这些影响的产物,反过来又促进了汉口贸易深层次的转型,两者相辅相成。

之一,汉口贸易的近代嬗变,诱致汉口从"天下四聚"之一崛起为"东方的芝加哥"。1861年汉口的开埠,标志着湖北进出口贸易的开端。洋货进口方面,1862年汉口洋货进口6712628两,至1866年已超过了一百万两。[③] 土货出口方面,态势发展迅猛,远超洋货进口货值。特别是茶叶出口,汉口茶叶出口在全国整体茶叶出口中的比重逐渐增加,1864年汉口茶叶出口已占全国出口比例的27.6%,至1889年这一比重已经上升到45.5%。[④] 从整个贸易结构的来看,这一阶段,中外贸易额虽然在汉口

---

① 姚会元:《近代汉口钱庄性质的转变》,《武汉师范学院学报》(哲学社会科学版) 1984年第2期;张国辉:《十九世纪后半期中国钱庄的买办化》,《历史研究》1963年第6期。

② [美] 罗威廉:《汉口:一个中国城市的商业和社会 (1796—1889)》,江溶、鲁西奇译,中国人民大学出版社2005年版,第100页。

③ 数据来自茅家琦《中国旧海关史料》第2册,汉口部分 (京华出版社2001年版)。

④ 数据来自茅家琦《中国旧海关史料》1864年与1889年汉口海关部分和全国海关的相关数据 (京华出版社2001年版)。

全部贸易额中的比例有限,但它对汉口贸易的近代转型作用深刻。汉口因中外贸易的发展而被纳入世界市场,"不但恢复了其作为中国内陆中心大港及转运中心的地位,也与国际市场紧密相连,成为国际市场不可或缺的重要一关"①。其后,随着汉口中外贸易的跨越式发展,至20世纪初,汉口的贸易格局发生质的转变,"汉口贸易额达1亿3000万两,夐超天津、近凌广东,现今已成为清国第二要港,几欲摩上海之垒"②。

之二,汉口贸易的近代嬗变,直接催生了湖北的近代机器工业。汉口开埠之后,为便利自身出口贸易的拓展,在鄂的外国洋行在汉口率先创办了湖北第一批机器工业。湖北的第一批机器工业,主要由俄商的砖茶工厂和德商的蛋产品加工厂两部分组成,这两部分工厂因两种商品的外贸出口而建,又完全服务于对外贸易的需要。在湖北重要的工业领域砖茶制造方面,外贸出口对其产生了根本性的影响,俄商在"茶叶品种、数量、质量、包装、信用、商路等方面的需求,从根本上决定了汉口近代茶叶生产、加工、出口的基本范式"③。

之三,汉口贸易的近代嬗变,引发湖北近代银行业的诞生和传统金融业的近代转型。中外贸易,确切地说,是"茶叶贸易催生汉口近代银行"④。1863年,英商麦加利银行在汉口临时租赁房屋,在茶叶生产收购季节办理业务,两年后,由于业务的发展,在英租界购买地皮,正式营业。英商麦加利银行在汉口的营业标志着湖北近代银行业的诞生。作为近代新型的金融组织,这些根植于西方、直接揳入湖北的外国银行反过来又促进了湖北贸易的继续发展。中外贸易引发湖北近代银行业诞生的同时,又刺激了传统金融业的近代转型。为了参与到汉口日益繁荣的对外贸易中,湖北传统的钱庄、票号与外国银行展开了积极合作,"不仅银庄与银行之间的款项收解需要通过钱庄,就是银行与银行之间的款项收解也要通过汇划钱庄代为办理"⑤。

---

① 吕一群:《晚清汉口贸易的发展及其效应》,博士学位论文,华中师范大学,2009年。
② [日]水野幸吉:《中国中部的事情:汉口》,武德庆译,武汉出版社2014年版,第1页。
③ 陈锋主编:《明清以来长江流域社会发展史论》,武汉大学出版社2006年版,第333页。
④ 刘凯:《晚清汉口城市发展与空间形态研究》,中国建筑工业出版社2011年版,第66页。
⑤ 燕红忠:《试论近代中国金融业的发展:路径与结构》,《山东大学学报》(哲学社会科学版)2013年第1期。

之四，汉口贸易的近代嬗变，促进了湖北近代轮船业的勃兴。关于贸易与交通之间的关系，时人有过精辟的论述，"进入汉口主要是为了竞争在中国之利权，而利权之竞争在于贸易通商，通商的先导就是交通机械，即火轮船"①。诚如斯言，正是由于汉口贸易的发展和近代嬗变，促进了湖北近代轮船业的勃兴。特别是19世纪80年代，随着苏伊士运河的开辟，汉口的轮船海外直航业务迅速发展。反过来，轮船业的勃兴对于汉口贸易的发展也是立竿见影的，"几乎是立即对汉口贸易产生了影响"②。

第二节　新型关税机构的创建

1862年1月1日，历经清廷、海关总税务司和湖北地方几年的角逐博弈，汉口江汉关正式筹建完成。③江汉关的创办，是晚清汉口开埠后湖北商贸发展的必然结果，也是各方利益均衡博弈的契合点。作为一个新型的海关税收机构，江汉关对湖北近代历史，特别是晚清湖北的现代化历程产生了不可替代的重大影响：一方面，江汉关本身即是晚清湖北现代化的产物之一，它具有鲜明的时代烙印和近代特征，表征着晚清湖北现代化的肇始与初步发展；另一方面，江汉关对晚清湖北现代化产生了典型的双重作用，既促进了晚清湖北现代化的历史进程，亦扭曲了晚清湖北现代化的发展轨迹。

本节首先对江汉关的创建始末进行历史爬梳，着重论述筹建江汉关前后清廷、海关总税务司和湖北地方三者之间的利益博弈与均衡；接着对江汉关有别于传统税收机构的领导体制、管理机制和业务职能分别展开阐释论述；最后总结归纳出江汉关对晚清湖北现代化的历史价值与意义，同时强调其殖民性与侵略性。

---

① ［日］水野幸吉：《中国中部的事情：汉口》，武德庆译，武汉出版社2014年版，第302页。

② ［美］罗威廉：《汉口：一个中国城市的商业和社会（1796—1889）》，江溶、鲁西奇译，中国人民大学出版社2005年版，第110页。

③ 在清代官方文献中，"海关"的指谓一般是指常、洋两关的合称，如果再细加分别的话，则将常关、大关、旧关、老关、土关、内关归为一个范畴，新关、洋关归为另一个范畴。在税务司系统的文献中，一般即将洋关直接称为"海关"。

第二章　汉口开埠后二十八年的湖北现代化进程(1861—1888)　/　55

一　均衡与博弈：江汉关筹建始末

江汉关的创设，首先缘于汉口港的开埠。五口通商后，西方国家的对华贸易并非期望中的快速增长，各口岸相继出现货物积压、贸易停滞、价格跌落等市场萧条现象。列强对华贸易受阻，归咎于商业贸易被严格地限制在五个通商口岸，"除非我们从事买卖的范围能扩展到我们现在局限的通商口岸以外去，我们对华贸易永远也不会得到充分的发展"①。

为了增加通商口岸，进一步打开中国市场，英、法两国以"亚罗"号事件为借口悍然发动第二次鸦片战争。作为九省通衢且位于长江中游的传统商业名镇汉口，成为西方列强的必然选择。1858年，内外交困的清政府被迫分别与俄、美、英、法四国签订《天津条约》。中英《天津条约》第十款规定："长江一带各口，英商船俱可通商，惟现在江上下游均有贼匪，除镇江一年后立口通商外，其余俟地方平静，大英钦差大臣与大清特派之大学士尚书会议，准将自汉口溯流至海各地，选择不逾三口，准为英商出进货物通商之区。"②

1861年3月7日，英商上海宝顺行行主韦伯、英国官员威利司、通事官曾学时和杨光谦及随从人员近50人乘英国火轮船抵达汉口，与时任湖广总督官文商定汉口通商相关事宜，后又委托李大桂代觅栈房一所，岁付房主租银400两，杨光谦和部分随从留驻。同年3月11日，英国参赞官巴夏礼率300多英兵乘4艘火轮船至汉口，会同汉阳府县等在汉口下街尾、杨林口上下勘定地基界址，并与湖北藩司衙门和湖北布政使唐训方签订《英国汉口租地原约》，"并议再有他国到楚，须在英行以下择地盖栈，不得上占正街"③。此次交涉，"是为英人立汉口市埠之始。嗣后，通商之国踵至，而汉口遂为中外交涉之一大关键"④。

---

① 《曼彻斯特市商会议事录》1849—1858年卷，转引自陈诗启《中国近代海关史问题初探》，中国展望出版社1987年版，第74—75页。

② 王铁崖编：《中外旧约章汇编》第1册，生活・读书・新知三联书店1957年版，第97页。

③ 《官文奏英国官商到汉查看地势折》，载文庆等编《筹办夷务始末》（咸丰朝），中华书局1979年版，第2789页。

④ 武汉地方志办公室、武汉图书馆编：《民国夏口县志校注》，武汉出版社2010年版，第215页。

汉口虽然开埠，但并未立即创建海关。

英国外交代表巴夏礼与湖广总督官文商洽汉口开埠之时指出没有必要设立汉口海关，"货物出口入口，课税俱在上海、镇江完纳，九江、汉口概不征收"①。当时情形之下，清军正与太平军鏖战正酣，"长江贼匪，出没无常，商贩走私，难于查拿，固宜于总处支纳，以免偷漏"②，创办海关条件确实不够成熟。随之签订的《长江各口通商暂定章程》便明确规定，"自镇江以上、汉口以下沿途任便起货、下货，不用请给准单，不用随纳税饷。俟回镇江，遵照前章办理"③。对于《长江各口通商暂定章程》所颁行的条款，总税务司赫德亦有合理解释，"若照暂定章程，在上海征纳税饷，旋在镇江以上，汉口以下，准商任便起货下货。镇江以上，即作为上海内口，无庸设虚立之关。如此办理，一面于税务不至偷漏减少；一面可免待贼如官之关系。以上两般办法，若照新设三关征收税饷，则经费虚縻，而奸商易于偷漏，实于中国税饷银大有碍；若照新定章程办理，实与中国有益而无损"④。

汉口开埠而不设海关，固然是战时客观情形所致，但也因此带来了诸多弊端。

首先，增加了关税管理的问题，"半载以来，洋商往返贸易，凡有洋货进口售卖内地，内货出口贩运外洋者，因自发逆上犯，汉口巨商大买，迁移一空，所到洋货皆于汉口各行暗中以货易货，并运载上船不交进口货物清单，亦不报出口货物数目，以致毫无稽查"⑤。同时，出于促进合法贸易的需要，英国领事馆准许英、美商人悬挂本国国旗于租借而来的货船之上，但由于缺乏海关监管，此项措施肆无忌惮地被西方走私者利用，其"悬挂英国国旗以逃避本地关卡课税……又伪装本地船只以逃避海关课税"⑥，从

---

① 《官文奏英国官商到汉查看地势折》，载文庆等编《筹办夷务始末》（咸丰朝），中华书局1979年版，第2790页。

② 《咸丰十一年五月三十日恭亲王奏》，载文庆等编《筹办夷务始末》（咸丰朝），中华书局1979年版，第2931页。

③ 王铁崖编：《中外旧约章汇编》第1册，生活·读书·新知三联书店1957年版，第156页。

④ ［英］赫德：《长江一带商论》，载文庆等编《筹办夷务始末》（咸丰朝），中华书局1979年版，第2931页。

⑤ 宝鋆编修：《筹办夷务始末》（同治朝），文海出版社1973年版，第110—111页。

⑥ ［英］迪安：《中国与英国的商业外交》，第54页，转引自《剑桥中国晚清史1800—1911》上卷，中国社会科学出版社1985年版，第255页。

而走私之风日炽。

不设海关亦使湖北地方财政税收日趋拮据,这是湖北地方政府不能容忍的关键。清末迫于战事与时局,中央集权的财政制度松动,地方督抚的财权空前膨胀。地方财权的重要基础是厘金,而关税管理上的漏洞严重影响了地方厘金的收入,"内地商船借插英旗影射偷漏,甚至将违禁货物如钢铁、米粮等类装载下船,内地商人分赴湖南、湖北购买茶叶等货物,动称洋商雇伙,抗不完纳厘金"①。

总之,长江通商贸易中出现的诸多弊端引发地方督抚的严重不满,湖广总督官文曾多次请奏汉口设置海关,后又联合江西巡抚毓科针对赫德所奏之《长江一带商论》进行反驳。官文指出:"汉口为九省通衢,行运甚广,百货丛集。其中茶叶、大黄、桐油等货,尤为出口大宗,奸商倚托影射,甚至将停运之货接济贼匪,违禁之物潜行夹带。自汉口至镇江,途经千余里,其中处处可以私售,汉口既无盘验,上海镇江无凭稽查。若经由长江出口,则上海亦无从查知,不特税课竟归无著,抑且将来流弊无穷。"② 官文还特别强调,在长江新开之汉口、九江设关征税,添设监督,赶建衙署,方为解决长江通商问题的关键。

从清廷的角度来看,此时太平天国运动并未平息,长江中下游流域很多地区依然动荡不安,汉口建关收税缺乏一个安定的政治环境。同时,汉口建关收税,在一定程度上会增强地方督抚的财权,势必会更加削弱本已江河日下的中央集权。另外,总税司赫德的反对意见也并非无中生有,当时情形之下在汉口设立海关也确实存在一定难度和诸多弊端。经过权衡甄别,特别是鉴于太平天国军屡次攻打两湖地区,为防止地方财政亏空导致军事实力虚弱而被重新占领,并且安抚地方督抚,清廷将《长江各口通商暂定章程》修改为《长江通商各口暂行章程》,并于1861年11月11日最终批准同意官文所奏请之《汉口设关收纳洋税折》。

1862年1月1日,江汉关正式建立,大关设于夏口县汉口河街,即汉口镇英国租界花楼外滨江。

---

① 宝鋆编修:《筹办夷务始末》(同治朝),文海出版社1966年版,第111页。
② 《钦差大臣大学士湖广总督官文奏英美在汉通商各事又俄船办事来汉折》,载文庆等编《筹办夷务始末》(咸丰朝),中华书局1979年版,第2875页。

然而，江汉关设立之初，各方利益依然无法协调。原因在于江汉关虽然设立，却只能征收子口税和稽查走私，"长江应收进出口正税及土货复进口税，现今均在上海完纳，应请饬下江苏巡抚将上海代收长江各税，每届三月一结之期，分别解往湖北、江西二省，以济军饷"①。中央虽如此打算设计，地方政府却不能如是执行。1862年5月，湖北候补道张曜孙奉官文之命赴沪催提代征款项，与江海关方面发生了激烈争执。张曜孙要求返鄂省的款项既包括长江进出口正税还有土货进长江的半税。而江汉关则认为："洋货向无一货两税之例，既完海关进口税，即不能再完长江进口税。上海关代征货税，只有长江运来土货应完汉口、九江出口正税，及由上海运入长江复进口半税两项，其由上海运入长江洋货，历系遵照条约，以洋人在先到海关纳税为定，海关给发免照，其他海关并不再征，因此，江海关委实无代征其他海关长江进口正税之说，长江进口正税一项不应列入返还之数。"②

即使只返还土货出口正税，苏省亦搪塞敷衍，屡屡诘难。③ 最后干脆声称："此项代征之税，本应随时解还。惟上海贼氛环逼，堵剿吃紧，已将该款尽数提充本省饷需。"④

现款不能提取，湖北则要求抵代拨协军饷。但是，江海关依然不允，"查湖北、江西两省以应归之税，划应解之款，苏省本无诱卸，但此项税银，在当时有不能不拨动之苦况，现在又有不能即行弥补之情形"，"请将划拨前两项银两，另行改拨，以济要需"⑤。

对此，湖广总督官文继续奏请清廷，语言尖锐，直指要害："盖其中有专为上海计，而未为三口计者，有专为洋商获益计，而不为内地税饷计

---

① 宝鋆等编：《筹办夷务始末》（同治朝），中华书局1979年版，第18页。
② 《李鸿章同治元年七月二十六日奏》，载蒋廷黻编《筹办夷务始末补遗》（同治朝）第一册，北京大学出版社1988年版，第196页。
③ 具体参见《同治元年五月二十七日代征长江洋税急难筹解折》，载《李鸿章全集》（1），奏稿，卷1，海南出版社1997年版，第55页；《沈葆桢同治二年四月十六日奏》，载蒋廷黻编《筹办夷务始末补遗》（同治朝）第一册，北京大学出版社1988年版，第498页。
④ 《同治元年五月二十七日代征长江洋税急难筹解折》，载《李鸿章全集》（1），奏稿，卷1，海南出版社1997年版，第55页。
⑤ 《李鸿章同治二年十一月初二日奏》，载蒋廷黻编《筹办夷务始末补遗》（同治朝）第一册，北京大学出版社1988年版，第667—670页。

者。照章办理,则长江无可立之关,无可征之税,并无可查之货。"在该奏折中,官文也再次吐露地方财政的困绌,甚至借两湖战事吃紧威胁清廷,"频年两湖、安徽血战之师,久已望饷若渴,以为江汉开征之后,饷需无虞匮乏,得以尽力东征;迄今关税尚未议定,即收子口税,而不抵厘金之一二成。求盈反绌,皆由上海之未能洞悉长江情形,为十二款、五款章程所限故也"①。

迫于地方压力,清廷最终又废除《长江通商各口暂行章程》,厘定《长江通商统共章程》。至1863年1月1日始,江汉关正式征收正税。

透过以上种种可以窥视,江汉关的创办不仅是晚清汉口开埠后湖北商贸发展的必然要求,更是多方利益博弈的产物。多方利益博弈中,除了传统的中央与地方的博弈,海关总署开始作为一个新兴力量强势揳入,"原中央与地方财政关系的基础上,围绕财权分割和财源争夺,中央政府、地方当局和近代海关三者之间形成了错综复杂的关系"②,以往中央与地方的双边关系,逐渐演变成三角关系。

二 初步现代化:一个新型的海关税收机构

柯文把19世纪的中国历史分成最外层带、中间层带和最内层带三个不同层带。最外层带,"包括晚清历史中那些显然是对西方入侵略的回应,或者是入侵产生的后果。这一层带包括的现象颇为繁杂,例如通商口岸,近代兵工厂与船坞,像王韬一类的报人,基督教徒,像总理衙门和海关这类机构,向外国派遣中国学生与使节等"③。

江汉关完全按照西方的管理模式移植而来,独立于传统机制的完整框架之外,是典型的最外层带,其本身即为晚清湖北现代化的直接产物。作为一个新型海关税收机构,它具有鲜明的时代特征,呈现出领导体制的半殖民化、管理机制的现代化和业务职能的多元化三方面特征。

---

① 宝鋆编修:《筹办夷务始末》(同治朝),文海出版社1966年版,第342—344页。

② 戴一峰:《晚清中央与地方财政关系:以近代海关为中心》,《中国经济史研究》2000年第4期。

③ [美]柯文:《在中国发现历史——中国中心观在美国的兴起》,林同奇译,中华书局2002年版,第42页。

（一）领导体制的半殖民化

江汉关实行双轨领导体制，即清廷任命，地方官监理的海关监督与总税务司直接派驻的外籍税务司共同承担对中国海关的监督管理权。江汉关第一任海关监督为湖北分巡道汉黄德道郑兰，第一任税务司为狄妥玛。缘于汉黄德道监理江汉关，其衙署由黄州府迁至汉口镇。

海关监督名义上是海关机构的第一负责人，但并不真正地干涉关务，甚至变成徒有虚名的傀儡。由英籍总税务司赫德任命的外籍税务司反仆为主，俨然成了江汉关的主人。江汉关海关监督和外籍税务司之间形成了一种复杂的畸形关系，并且"这种畸形的关系，随着列强侵华形势的加剧而激化"①。

从大环境来看，近代以来整个中国的海关始终处于一种半殖民化的状态，"是一个以英员为主，先后有23个国家和地区人员参加的国际官厅；其格局与各国实力，在华势力的涨消息息相关，在某些地方，还往往与列强在华势力范围相一致，表现出鲜明的列强势力范围色彩"②。至辛亥革命前夕，中国海关总数49处，海关职员20000名，形成了一个覆盖全国的海关网络。③

具体到江汉关，从1862年至1911年的半个世纪中，税务司一职全部由外国人担任（含署理和代理），其中英国占18人，美国占2人、法国占2人、德国占1人。④江汉关的领导权基本上被牢牢地掌握在英籍税务司手中，它所制定的协定税则将华洋商品置于不平等的竞争地位，不仅不能起到现代海关保护民族经济和捍卫国家主权的责任与使命，相反成为西方国家掠夺中国内陆资源和倾销其工业商品的利器。另外，近代海关一开始就与清政府的赔款、外债发生某种特殊关系，江汉关所征收之关税除了一小部分留为本省所用外，大部分交付海关总税务司署，沦为外国压榨湖北的有效工具。

---

① 陈诗启：《中国近代海关史问题初探》，中国展望出版社1987年版，第73页。
② 文松：《近代海关洋员人数变迁及分布管窥》，《民国档案》2002年第1期。
③ 参见中国海关《新关题名录》，海关总税务司造册处，1910年。
④ 数据来自孙修福编译《中国近代海关高级职员年表》，中国海关出版社2004年版，第192—199页。

（二）管理机制的现代化

江汉关的管理机制完全采用近代西方模式，拥有独立的行政隶属关系和征税系统，与原归户部管辖的四海关分别形成两套迥异的权关制度。其高效快捷的工作效率与廉洁自律的运营机制与湖北传统税收机构的混乱、腐败及中饱私囊形成鲜明的对比。

机构设置方面，江汉关由税务司负责，税务司下设副总税务司、帮办。具体岗位的设置根据工作性质分内勤与外勤，内勤设秘书、税务、总务、会计等，外勤设验估、监察、缉私、江务、港务等。无论内勤与外勤，高级职员均由外籍人员充任，中国人只担任文书、杂役之类低级岗位。

税收管理方面，江汉关实行严格的税收征收和保管制度，将税款之征收、储存、汇寄予以分割，征与管之间相互制约又统为一体，从而有效地防止了以往税收征管过程中出现的多种弊端。所征收的税款，"向按西历纪年每足三个月为一结，详情奏报征收各项税钞数目一次，年凡四结。动支款项四结一报，仍造具四柱清册逐款开列，以昭明晰"①。

江汉关的人事制度也是其管理体制现代化的重要表征。其完全仿效西方的人事制度，"将包括职级管理、官员选拔录用、福利奖惩办法等一系列较科学的人事制度，实施于海关实际人事管理之中，对保障江汉关机构运行及最大限度地发挥关员的工作效率起到了重要作用"②。

（三）业务职能的多元化

作为一个初步现代化的新型海关税收机构，江汉关业务职能呈多元化特征，不仅全面承担海关业务职能，如关税征收、货运管理、海关贸易统计等，还履行了其他非海关业务职能，如港务建设、气象监测、报关管理等。

1. 海关业务职能

关税征收：江汉关开关之初只能征收子口税，1863年1月1日正式征收海关正税。税源主要来自正税、半税、子口税、船钞、三联单罚款、洋药进口正税、红茶补厘、火油池捐、护照费、小轮船牌照费、船牌费。③

---

① 张仲炘等：《湖北通志·志五十·经政八·权税》，武昌省长公署，民国十年，第13页。
② 彭建、李笙清：《浅论江汉关的人事管理制度》，《武汉文博》2013年第4期。
③ 参见张仲炘等《湖北通志·志五十·经政八·权税》，武昌省长公署，民国十年，第13页。

货物稽查与走私缉拿：江汉关具体负责稽查货物的工作人员为总插子手、插子手、验货员、巡役等。总插子手和插子手共 19 人，为外籍人员；验货员一等 7 人，二等 5 人，可由中国人担任。税务司和总插子手各配备专用巡船一艘，所有巡船均挂"江汉关巡查"字样。为了严行稽查，江汉关在广济武穴设总卡。对于走私者一经发现，均按章程严肃处理。

货运管理：江汉关监管之初即订立专章条款，对轮船停靠地点、货物申报程序、货物起卸与存储等货运管理事宜有明确详细的规定。

海关贸易统计：江汉关税务司即在总税务司的监督和指导下，照西方的管理理念和统计方法，撰写并保留了大量的海关贸易统计资料，为其后汉口乃至整个湖北社会经济的研究提供了丰富的史料信息。

2. 非海关业务职能

港务建设：管理汉口港务，对汉口港船只停泊界限、移泊、载运军火、油类及易燃物品、船舶管理、航道保护等都有详细规定。

航道整治：1866 年筹划汉口航道，先后在长江中下游设置灯船、浮筒、标桩等；1906 年设置九江设巡江司，专门负责测量水道、设置水尺，印发航船布告、水道水量通告，检查沿江标志等事宜。

引水监督：1869 年总税务司颁布《引水总章》，明确规定引水监督权归海关。

气象测候：1869 年始江汉关开始办理气象测候业务。

邮政代管：1866 年，江汉关开始兼营邮政业务，至 1908 年之前，汉口邮政方才完全脱离海关。江汉一直监理汉口邮政业务，邮务长之职由江汉关外籍人员兼任。

检疫服务：1902 年汉口关制定检疫规则，对汉口进出口货物进行检疫。

报关行管理：随着外贸的繁荣发展，报关行应势产生，江汉关则负责报关行的注册与管理。

三 硬币的两面：江汉关对晚清湖北现代化的历史作用

江汉关不仅是晚清湖北现代化的历史产物，同时又反过来影响了晚清湖北现代化的历史进程，对晚清湖北现代化的发展产生典型的双重作用。

一方面，江汉关促进了晚清湖北现代化的历史进程。

具体表现在四点：之一，江汉关的成立规范了晚清湖北的贸易秩序。汉口开埠后至江汉关建立之前，湖北省内贸易关税管理混乱，甚至外国人都承认，来往长江的外国商人"几乎毫无例外地都是些无原则和无品行的人，事实上也就是些不法之徒，他们不但把条例和章程一概置之度外，而且把中国人看成是可由他们任性劫掠的"①。江汉关的创办革除了旧式海关名目繁多的关税摊派，有效地防止了敲诈勒索、营私舞弊、中饱私囊等弊端，保证了健康正常的税收秩序，也因此促进了对外贸易的繁荣，为晚清湖北的崛起提供了重要的制度保障。之二，江汉关的创建，是汉口港国际贸易发展的物质基础和制度保障。至清末的最后几年，汉口年贸易额达1亿3000万两，超过天津、紧迫广东，成为第二要港，时称："汉口乃东方芝加哥。"② 江汉关为汉口由传统国内商业"四大聚"之一涅槃为近代国际扬名的"东方之芝加哥"提供了历史契机。之三，江汉关虽然名义上只是一个海关行政机构，但实际上还履行了部分港口与城市建设的公共服务职能。海关的近代化设施，"使落后的中国出现了一些近代化气象"③。其直接或者间接地建设了一批近代市政基础设施，一定程度地改变了汉口的城市风貌、空间结构等，有效地加速了武汉城市现代化的进程，"堪称汉口由传统市镇一变而为近代通商口岸的崭新商业标志"④。之四，江汉关的机构设置和管理方式完全采用近代西方模式，是湖北地区税收行政管理机制和经济运行机制近代转型的先驱，为晚清湖北现代化其他各项事业提供了制度借鉴和学习典范。

另一方面，江汉关亦在某种程度上阻碍了晚清湖北现代化的发展。

晚清无地方财政之名，却有地方财政之实。晚清湖北现代化的进展，与湖北地方财政的多寡息息相关。

诚然，江汉关拟定出新的税收项目，改变了以往税收结构过于单一的状况，增加了税收总额，使江汉关获得持续稳定税收来源。1863年到

---

① ［英］莱特：《中国关税沿革史》，姚曾廙译，生活·读书·新知三联书店1958年版，第202页。
② ［日］水野幸吉：《中国中部的事情：汉口》，武德庆译，武汉出版社2014年版，第1页。
③ 陈诗启：《中国近代海关史问题初探》，中国展望出版社1987年版，第117页。
④ 任放：《明清长江中游市镇经济研究》，武汉大学出版社2003年版，第330页。

1885年，江汉关的税收总额一般都在100万—200万海关两，1886年至1911年的大多数年份总额都超过200万两。① 但是，江汉关的充沛税收绝大多数都纳入中央财政体系，它对晚清湖北现代化各项事业的支持过少。有关晚清江汉关的税收分配，如表2—1。

表2—1　　　　　晚清江汉关海关税收的分配②

年份	分配总计	国用项下	省用项下	关用项下
1863	766270	612576	120000	33694
1864	805749	722587		83162
1865	818885	601523	116000	101362
1866	818977	701498		117010
1867	1133016	629566	394055	109395
1868	1307300	991739	193609	121952
1869	1143752	828830	190000	124922
1870	1465728	1027303	220000	118425
1871	1117713	954669	40000	123044
1872	1561692	1324516	110000	127176
1873	1486142	1230383	130000	125759
1874	1641553	1454194	60000	127359
1875	1582415	1455892	0	126523
1876	1822190	1643215	0	178975
1877	1865331	1666315	0	199016
1878	1781465	1579643	0	201822
1879	1740154	1536578	0	203576
1880	2143291	1932592	0	210699
1881	1892886	1660142	0	214744
1882	2019501	1749786	60000	209715
1883	1832085	1622084	0	210001

① 参见汤象龙《中国近代海关税收和分配统计表（1861—1910）》，中华书局1992年版，第340—346页。

② 数据来自汤象龙《中国近代海关税收和分配统计表（1861—1910）》，中华书局1992年版，第340—346页。

第二章 汉口开埠后二十八年的湖北现代化进程(1861—1888) / 65

续表

年份	分配总计	国用项下	省用项下	关用项下
1884	1802532	1553830	40000	208702
1885	2033300	1821557	0	211743
1886	1897855	1469802	150000	254053
1887	2097848	1648579	150000	209269
1888	1975139	1563761	150000	243378
1889	1911941	1488204	150000	264737
1890	1947741	1524422	150000	273319
1891	2028585	1589335	150000	271250
1892	1982821	1567536	150000	265285
1893	2096418	1654076	150000	274342
1894	2183272	1738584	150000	285688
1895	2019059	1576875	150000	283184
1896	1915062	1473865	150000	282197
1897	2111980	1666956	150000	286024
1898	2195096	1667283	150000	368813
1899	2189730	1622712	150000	310018
1900	2382476	1649740	250000	355736
1901	2004209	1439389	150000	357820
1902	2120699	1456198	150000	357501
1903	2480359	1861921	150000	361438
1904	2685159	1932468	150000	380691
1905	2499128	1815894	150000	376234
1906	2749036	1961551	150000	380485
1907	2724281	2003020	162000	382217
1908	3182366	2359426	202000	393795
1909	2628962	1825706	262224	394032
1910	2990084	2164299	308000	370785
历年总计	91581233	72022620	5957888	11471067

由上表可见，自 1863 年至 1910 年，江汉关税收中，省用项下共 5957888 库平两，仅占税收总额的 6.5%；而江汉关本身的运转成本即达

11471067库平两，占税收总额的12.5%，几达省用项下的一倍。

近代海关的诞生，首先是西方列强在华意志的产物，而清政府很亦快加入了自己的意图，"由于海关在晚清财政体系中的特殊地位及其本身统一、有序、高效的管理制度，海关征税范围和权力的扩大不但为帮助清政府克服财政困难提供了不断增加的税收，而且还不断使部分原中央政府已基本失控的财源和财权通过海关重新置于中央政府的有效的控制下"①。江汉关的设立和开征正税虽是在湖广总督官文的力推之下完成，不过，自太平天国起义被平息之后，随着洋关制度体系的形成，江汉关沦为列强与中央政府实现自身意图的有效工具。中央财政透过江汉关确保了税款流入国库，但对于湖北地方而言，无疑彼长此消。晚清中央与地方的财权纷争，在一定程度上经由海关与地方当局对征税权的争夺表现出来。例如，1873年至1874年，湖北厘金总额的严重下滑，即是由江汉关开征子口税造成。② 厘金是晚清湖北各项现代化事业得以展布的重要资金来源，从这一点来看，江汉关对晚清湖北现代化的发展确实不利。

最后必须还要指出，江汉关虽然是晚清湖北现代化的产物，并且反过来推动了晚清湖北现代化的进展，但是，"由于近代中国海关制度是由西方强力促成，甚至可以说是不平等条约的延伸，因此在其倍加渲染的近代性的表象之外，丝毫也掩饰不了它的殖民性"③。随着晚清政事的败坏和民族危机的加重，江汉关的税收大部分交付海关总税务司用于偿还外债和赔款，成为外国压榨中国经济的工具。同时，江汉关虽然规范了湖北近代的贸易秩序，创办了现代的关税管理体制，但由于操控于外国人之手及受到关税协定的制约，逐渐成为西方国家掠夺中国内陆资源和倾销其工业商品的利器。另外，江汉关的势力远远超出海关之外，渗透到湖北政治、经济、军事等方面，在诸多领域亦对晚清湖北的现代化产生消极作用。

---

① 戴一峰：《晚清中央与地方财政关系：以近代海关为中心》，《中国经济史研究》2000年第4期。
② 参见洪均《厘金与晚清财政变革——以湖北为例》，《江汉论坛》2012年第7期。
③ 陈勇：《晚清海关税政研究：以征存奏拨制度为中心》，博士学位论文，暨南大学，2007年。

第三节　近代交通运输业的勃兴

近代交通运输业，指利用轮船、火车等交通工具的新型运输业。晚清湖北的第一条铁路建成于20世纪初，因此，本节所探讨的近代交通运输业仅限于近代轮船航运业。

轮船业在湖北的勃兴，标志着晚清湖北现代化的肇始与发展。同时，作为现代化的产物，轮船航运业本身又加速了晚清湖北现代化的历史进程。

一　外国轮船力量的涌入

晚清湖北的近代航运业，始于外国洋行所属轮船公司的涌入。

湖北扼居长江中游，长江航线重要的港口占其三："扬子江可分为四段……每段有其航运特殊之表露。故在此四段之出入孔道，必要有巨大转运商埠。在第一、二段交界处，即海洋轮船终点，则有汉口存焉。第二、三段之界限难以分清，故是处发现相互竞争之转运商埠，即沙市、宜昌是也。"[①] 三个"巨大转运商埠"中，汉口更是重中之重，"上江航路千余里，下江航路二千余里，皆以汉为起点"[②]。

如此丰富的航运资源，自然沦为晚清外国势力的垂涎之物。

1858年6月26日，英国逼迫清政府签订中英《天津条约》，规定"长江一带各口，英商船俱可通商"[③]。自此，长江航运门户洞开。同年11月，英国外事官员额尔金在军舰的护送下乘轮船，经过"既无所知又没有航海图的江上航行六百里之后"[④]，最终抵达汉口。此次航行，标志着轮船自上海首航汉口的成功。1861年上半年，英商宝顺洋行"扬子江"号轮船、美商琼记洋行"火鸽"号轮船先后抵达汉口，开湖北轮船航运

---

① 朱建邦：《扬子江航业》，商务印书馆1937年版，第73页。
② 张继煦：《叙论》，《湖北学生界》1903年第1期。
③ 王铁崖编：《中外旧约章汇编》第1册，生活·读书·新知三联书店1957年版，第97页。
④ [美] 马士：《中华帝国对外关系史》第1卷，张汇文等译，生活·读书·新知三联书店1957年版，第604页。

业之先河。

从汉口通商开埠到张之洞抵鄂,外国轮船力量在湖北的演变大致可分为多洋行竞逐、旗昌洋行垄断和三足鼎立三个阶段。其中,前两个阶段均为外国轮船力量的独角戏,第三个阶段中国本土的轮船力量开始登上历史舞台,并与外国轮船公司展开激烈角逐。以下就近30年间湖北外国航运力量的演变展开论述。

1861—1867年为多洋行竞逐阶段。1861年,英商宝顺洋行和美商琼记洋行的轮船先行试水湖北航运业后,其他洋行的轮船接踵而至,"闻利共逐,如蚁慕膻,商船增加,日未有艾"①。1861年4月至12月,进出汉口的外国轮船达401艘次,合计载重量93433吨;次年增至1462艘次,合计载重量290536吨。② 外轮纷至沓来,缘自上海至汉口航线高额利润的驱动,一条轮船往返一次的利润即可重新添置一条新船。③ 这一阶段在湖北经营轮船航运业的外国洋行包括英商的宝顺洋行、怡和洋行、惇信洋行、马立师洋行、贺尔特洋行、广隆洋行、吠礼渣洋行,美商的琼记洋行、旗昌洋行、佛格洋行、美礼洋行,德商的美最时洋行等。从国别来看,这些外国洋行主要隶属于英、美两国,英国以怡和洋行为首,美国则以旗昌洋行实力最厚。至1866年,美国的旗昌洋行已控制了长江整个货运业务的一半到三分之二,趋向于垄断态势。④

1867—1872年为旗昌洋行垄断阶段。经过早期多洋行的激烈竞逐,美国旗昌洋行取得了垄断地位。1867年,美国旗昌洋行逼迫琼记、宝顺、怡和三个洋行签订了十年不涉足长江航线的协议,并大肆收购其他洋行的轮船。为了保持这种优势,旗昌洋行主要采取竞价的方式驱逐对手。当时《申报》记载:"火轮船之上海汉口两处往来者,近数年来,皆为旗昌与

---

① 张继煦:《叙论》,《湖北学生界》1903年第1期。
② 参见江天凤主编《长江航运史(近代部分)》,人民交通出版社,第77—78页;[美]刘广京《英美航运势力在华的竞争·导言》,邱锡镕、曹铁珊译,上海社会科学院出版社1988年版,第41页。
③ 参见徐润《徐愚斋自叙年谱》,载沈云龙主编《近代中国史料丛刊续编》第50辑,文海出版社1978年版,第17页。
④ 参见[美]刘广京《英美航运势力在华的竞争》,邱锡镕、曹铁珊译,上海社会科学院出版社1988年版,第57页。

公正两家所垄断，别家之船，不敢向此途问津。"① 其实，《申报》只是看到了表面，公正轮船公司仅仅只是旗昌洋行粉饰"竞争状态"的配角而已，"由于公正轮船公司仅有两艘船，显然，它对旗昌轮船公司并不构成严重的威胁。后者如果通过降低运费把公正排挤出去，自属轻而易举之事。但旗昌洋行的合伙人却认为：让它留下，表面上保持长江航线上的竞争状态，倒较为得计"②。这一阶段，"长江贸易之利，几为旗昌独得"③。

1872—1889 年为三足鼎立阶段。由于觊觎长江航线的高额利润，其他洋行一直蓄谋涉足湖北轮船航运业。1872 年，英商太古洋行率先挑战了旗昌洋行在湖北轮船航运业的垄断地位，"太古洋行近到一轮船，名北京者，将于上海汉口等埠往来。船系精铁炼成，其式与旗昌各大轮船相仿"④。紧随其后，英商的怡和洋行也重新回到竞争之中，"怡和洋行效仿行轮长江的太古洋行，给货主以优厚回扣，迫使旗昌洋行采取同样办法"⑤。1867—1872 年旗昌洋行形成的垄断格局悄然改变。1873 年，中国本土轮船航运力量轮船招商局开辟长江航线，并创建汉口分局，一支新的轮船航运力量介入湖北轮船航运业角逐之中。长江航线上出现了旗昌洋行、怡和洋行、太古洋行和轮船招商局汉口分局四支力量短暂并存的局面。1877 年，随着轮船招商局成功兼并美国旗昌洋行所属的轮船公司，湖北轮船航运行业三足鼎立格局形成。在湖北轮船航运业历经四支力量并存到三足鼎立的嬗递过程中，英商的太古、怡和两家洋行趁机迅速扩张，实力发展发展迅猛。

外国轮船力量的涌入，对晚清湖北现代化产生了深刻的影响。

轮船航运业本身即是晚清湖北交通业现代化的标志。这种现代化端倪与发展既体现在近代交通工具轮船在长江航线的勃兴，也表现为轮船技术的革新，"轮船被引入中国内河航运的主要意义之一是刺激了中国仿造轮

---

① 《申报》同治十一年六月十二日。
② ［美］刘广京：《英美航运势力在华的竞争》，邱锡镕、曹铁珊译，上海社会科学院出版社 1988 年版，第 79 页。
③ 《新报》光绪三年二月十四日。
④ 《申报》同治十二年六月二十七日。
⑤ 聂宝璋等编：《中国近代航运史资料·第一辑上册 1840—1895 年》，上海人民出版社 1983 年版，第 565 页。

船。这种仿造是这些年中不多的技术改造的实例之一种"①。

外国轮船的勃兴,不仅关涉晚清湖北交通业的现代化,游弋在长江的火轮船还带来了先进的商业模式,有力地促进了晚清湖北商贸的近代转型。首先,最直接的体现是在贸易总额上,外国轮船的涌入,"几乎是立即对汉口贸易产生了影响"②,其对贸易总量的拉动作用不言而喻,是汉口发展为国际贸易大港的重要引擎。其次,外国轮船的涌入,诱致和迫使湖北的商业组织形态出现变革,"轮船对于中国并不只是一场技术革新,还是一场商业改革,因为随着轮船而来的还有资本组织和经营管理等各种新的办法,其规模之大是直到当时为止还不曾为这些商业中心的人所见"③。再次,外国轮船的涌入,刺激了本土轮船航运力量的诞生,"我国沿海内河航运,逐渐沦于外商之手。全国朝野,莫不引为隐忧,乃有创办华商轮船招商局以争回权利之议"④。19世纪70年代初,伴随着招商局轮船的汽笛声,一个外国轮船肆意横行于湖北之长江水域,而没有中国轮船参与的屈辱时代宣告结束。另外,外国洋行所经营的轮船公司还为这个中国第一家本土轮船公司的企业发展提供了示范和借鉴。

二 民族轮船公司的诞生

"火轮航路乃一国之重要的商业利权"⑤,外国轮船在沿海及内河航线上的独擅经营刺激了中国的有识之士,"李鸿章恐中国之利尽为洋商所侵,因请设局招商。自置轮船,分运漕米,兼揽商货,冀稍挽回利权"⑥。1873年初,招商局正式开局,始名"轮船招商公局",总办朱其昂。招商局的成立,标志着中国本土轮船航运公司的诞生,"从此,英美人在中国

---

① [美]罗威廉:《汉口:一个中国城市的商业和社会(1796—1889)》,江溶、鲁西奇译,中国人民大学出版社2005年版,第113页。

② 同上书,第110页。

③ [美]刘广京:《英美航运势力在华的竞争·导言》,邱锡镕、曹铁珊译,上海社会科学院出版社1988年版,第2页。

④ 徐学禹:《国营招商局七十五周年纪念刊》,民国三十六年出版,第1页。

⑤ [日]水野幸吉:《中国中部的事情:汉口》,武德庆译,武汉出版社2014年版,第290页。

⑥ 武汉图书馆、武汉市地方志办公室编:《民国夏口县志校注》,武汉出版社2010年版,195页。

内河行轮而不遭到来自中国人的竞争的日子,已一去不复返了","允为本年史乘中大事件之一"①。

招商局成立伊始,鉴于长江航线的重要性,当年便组建汉口分局。张之洞督鄂之前,招商局在湖北共设汉口、宜昌两处分局,沙市一个办事处。汉口分局属招商局分支机构中的要津,盛宣怀曾多次提到,"汉口分局生意为各局各口第一码头"②,"长江以汉口为第一要口"③,"汉口一席要紧"④ 等。

笔者认为,以兼并旗昌洋行的轮船公司为分界点,这一时期招商局在湖北长江航线的力量拓展主要分为两个阶段。

1873年,招商局汉口分局成立初期,仅有3艘附局小轮惨淡经营,实力远逊于独霸长江航线的旗昌轮船公司。关于两者的实力对比,如表2—2。

表2—2　1872—1873年招商局汉口分局与旗昌轮船公司实力对比⑤

公司	船名	吨位	公司	船名	吨位
旗昌轮船公司	莫阳	1223	招商局汉口分局	永宁	240
	火后	3801		洞庭	241
	江龙	945		汉阳	275
	富士	1215			
	广岛	1294			
	杭州	2024			
	河南	566			
	湖北	2745			
	普利茅斯山	3017			

---

① 聂宝璋等编:《中国近代航运史资料·第一辑下册1840—1895年》,上海人民出版社1983年版,第1164、768页。

② 《盛宣怀致黄小舫函》光绪十六年二月初四,载汪熙、陈绛编《轮船招商局·盛宣怀档案资料选辑之八》,上海人民出版社2002年版,第296页。

③ 《盛宣怀致沈能虎函》光绪十七年八月十九日,载汪熙、陈绛编《轮船招商局·盛宣怀档案资料选辑之八》,上海人民出版社2002年版,第342页。

④ 《盛宣怀致严滢函》光绪十七年九月二十五日,载汪熙、陈绛编《轮船招商局·盛宣怀档案资料选辑之八》,上海人民出版社2002年版,第367页。

⑤ 参见徐凯希等编《招商局与湖北》,湖北人民出版社2012年版,第42页。

实力对比悬殊,两者之间却依然竞争激烈。招商局早期发展最大的优势为承办漕粮,"运漕水脚是政府对招商局的一种变相补贴,没有这种补贴,招商局非亏本不可"①。1872—1877年,由于政府的大力扶持及其自身的不断改进,招商局稳步壮大,而曾经称霸长江航运的旗昌公司终感力不从心,逐渐"萌退让之意"②。

兼并旗昌轮船公司之后,招商局汉口分局的实力已今非昔比,一跃而至长江航运实力之首。招商局与美商旗昌洋行的竞争,则转变为招商局与英商太古、怡和等洋行的竞争。英商的太古、怡和洋行仍然采取惯用的竞价方式应对招商局的竞争,"凡招商局轮船有船将开,乃将水脚减去一半"③。此时的招商局雄心勃勃,也试图将英商轮船航运势力赶出长江。历经激烈的较量,招商局损失严重,"英国对手并没有消灭,招商局已处于虚弱地位,迫使他们与太古轮船公司签订协议,分享贩运贸易"④。招商局与英商轮船势力进入了时而妥协、时而竞争的新时期。这一阶段,招商局开辟汉宜航线,并设置宜昌分局及沙市办事处。1878年4月,"江通"轮首航宜昌,标志着汉宜航线的正式开辟。⑤其后,"江平""江孚""江源"相继加入汉宜航线。至1890年德国美最时洋行涉足汉宜航线之前,汉宜航线为招商局独占,凡有入川货件,均归载运,"生意日盛"⑥。

作为本土的轮船航运公司,招商局对晚清湖北现代化的作用,具体表现在以下三个方面。

其一,晚清湖北交通现代化虽然肇始于外国洋行的轮船公司,而招商局却以横向扩展的方式深化了晚清湖北交通业的现代化历程。这种横向扩展不仅包括招商局因本身实力的不断扩充而致使湖北轮船航运业整体实力的增强;还涵盖招商局率先将轮船运输从长江主航线扩展到内河支线,"正是中国公司,而不是任何外国公司,首先成功地将轮船由长江驶入了

---

① 《北华捷报》1879年8月8日。
② 徐学禹:《国营招商局七十五周年纪念刊》,1947年,第45页。
③ 《轮船公司争货》,《申报》同治十三年四月二十八日。
④ 聂宝璋等编:《中国近代航运史资料·第一辑下册 1840—1895年》,上海人民出版社1983年版,第1207页。
⑤ 《申报》光绪四年三月二十一日。
⑥ 郑观应:《长江日记》,上海古籍出版社2010年版,第191页。

内地河道"①。

其二，招商局兼并旗昌轮船公司之后，其实力跃居长江航线之首，它通过与外国洋行所属轮船公司的激烈竞价，大幅降低了长江航线的水脚，对晚清湖北贸易的促进作用明显。特别是汉宜线开辟之后，商品抵达四川的时间比以往节省了整整一个月，加速了商品货物的流通速率，"它还附带给予湖北省西部的生产事业以新的刺激"②。

其三，招商局纵向推动了晚清湖北本土企业的现代化进程。招商局作为一个新式轮船企业，为了适应与外国轮船力量的竞争，自身便处在一个不断现代化的过程中，其管理方式和经营理念也被迫进行调整，例如兼并旗昌轮船公司之后，"新董事们不仅沿袭了旗昌洋行的大部分制度，而且保留了外国雇员中必不可少的人；结果就使得该公司（招商局）在直隶总督李鸿章指定的董事们管理下，收到其前任中国地方当局做梦都想不到的经济效果"③。同时，由于官方背景，招商局与湖北官办的新近代型企业存在紧密联系。招商局曾经是大冶铁矿和汉阳铁厂的最大股东，为这些企业提供了必要的资金、业务等多方面的支持，加快了这些企业的现代化步伐。

另外，招商局不同于外国洋行所经营的轮船公司，它代表着民族的利益。外国力量将轮船引入湖北，客观上开启了晚清湖北交通现代化之历史进程，从主观而言，却是为了争夺湖北的利权，"进入汉口主要是为了竞争在中国之利权，而利权之竞争在于贸易通商，通商的先导就是交通机械，即火轮船"④。招商局通过与外国轮船在长江航线的竞争，挽回了部分的利权，"创办招商局十余年来，中国商民得减价之益而水脚少入洋人之手者，奚止数千万，此实收回利权之大端"⑤。总之，作为一个经营近代轮船航运、资产雄厚庞大的企业，即使其"官督商办"的经营模式给

---

① ［美］罗威廉：《汉口：一个中国城市的商业和社会（1796—1889）》，江溶、鲁西奇译，中国人民大学出版社 2005 年版，第 110 页。
② 聂宝璋等编：《中国近代航运史资料·第一辑下册 1840—1895 年》，上海人民出版社 1983 年版，第 1340 页。
③ 聂宝璋等编：《中国近代航运史资料·第一辑下册 1840—1895 年》，上海人民出版社 1983 年版，第 1228 页。
④ ［日］水野幸吉：《中国中部的事情：汉口》，武德庆译，武汉出版社 2014 年版，第 302 页。
⑤ 李鸿章：《李文忠公全集·朋僚函稿》卷十三，吴汝纶编录，金陵书局光绪三十一、三十四年，第 24 页。

它涂上了"半封建"的色彩,然而,招商局在湖北的经营活动依然给湖北社会各方面带来了震动,"它所涉及的区域,对中国民众思想的影响,对社会进步的推动,则远不能局限于中国轮运这一件事情了"①。

三 传统航运业的消长

近代湖北轮船航运勃兴之后,传统的木船航运业生存状况如何?关于此问题,不少研究者有过这样的论调:由于轮船是先进生产力的代表,传统的木船在轮船的冲击和压迫下,很快迅速衰落。

历史的本相确实如此吗?

19世纪60年代初外国轮船的涌入,确实影响了部分传统航运工具如三桅帆船的生存,这种三桅帆船在汉口刚刚开埠时主要用于服务西方商人上海至汉口之间的货物运输。不过,虽然三桅帆船有所衰落,平底帆船却发展较快,"轮船运输严重影响了三桅帆船的生意,但对平底帆船的影响却微乎其微。事实上,长江上的平底帆船比其他船有较多的获利机会"②。这一论断,也得到了江汉关海关史料的充分证明。1866—1872的6年间,进出口江汉关轮船的数量和吨位较为稳定,平底帆船的数量和吨位却不断攀升。关于1866—1872年江汉关所统计的平底帆船和轮船进出口数量,如表2—3。

表2—3　　　　1866—1872年汉口平底船与轮船统计表③

年份	进入通商口岸				离开通商口岸			
	平底船		轮船		平底船		轮船	
	船数	吨位	船数	吨位	船数	吨位	船数	吨位
1866	31	10569	231	176696	33	5004	231	176696
1868	85	10202	202	168046	119	10086	201	166923
1870	99	9721	230	205024	131	11671	227	201942
1872	109	11694	267	220962	231	21344	263	215843

---

① 徐凯希等编:《招商局与湖北》,湖北人民出版社2012年版,第15页。
② [美]罗威廉《汉口:一个中国城市的商业和社会(1796—1889)》,江溶、鲁西奇译,中国人民大学出版社2005年版,第112页。
③ 转引自[美]刘广京《英美航运势力在华的竞争》,邱锡铬、曹铁珊译,上海社会科学院出版社1988年版,附件6。

第二章　汉口开埠后二十八年的湖北现代化进程(1861—1888) / 75

1876年，江汉关的另一则史料也肯定了轮船在湖北航行之后传统木船航运业的恢复和发展。这份《通商报告》指出："值得注意的是，轮船的被利用并未使木船数目减少。木船虽然已没有太平天国叛乱之前的太平时期那样多了，但是无论如何，它们的数目，在外国轮船开始航行之后还是有所增加。这无疑是由于内战时期被难的地区已开始逐渐繁荣起来了。我们可以预期，随着火轮在江上承揽的业务的扩大，当地小船在支流和其他河道上的数目还会增加……夹板船或是半中半洋的悬挂外国国旗的小帆船仍旧有货可运。近年来，尽管由于轮船参加竞争而使费用降低，它们数目还是有所增加。每年的税收统计数字说明了一点。"①

传统木船航运业的恢复和发展，就连20世纪初的英籍税务司班思德也感到惊奇，"外洋帆船虽渐式微，但中国帆船，反得与轮船争衡，而见隆盛，似属可异"②。美国研究汉口而闻名的学者罗威廉通过对这一时段近代轮船和传统木船发展史料的爬梳，甚至认为："轮船不仅没有取代，反而加强了汉口传统的国内帆船贸易。"③

那么，是什么因素导致湖北的传统运输业在近代轮船业的冲击下没有迅速衰亡，反而有所发展呢？

个中缘由，大致有三。之一，传统木船虽然在诸多方面劣于近代新兴轮船，但是，湖北传统航运业最大的优势即为低廉的价格，"中国人水运价格之低，是西方人士，哪怕是最会打算盘的人，难以置信的"。价格优势是晚清湖北传统航运业得以生存的撒手锏。之二，受通商条约的限制，外国轮船公司的经营范围仅囿于通商各埠，而传统木船则畅通无阻，游弋于中国各个口岸。从这个角度来讲，轮船的扩张确实促进了传统帆船的业务增长，例如，"1871年时定期航行于沪汉的二三千吨的轮船达八艘之多，然而木船运输业大量恢复——因为木船运茶至汉口、九江，再由轮船转运出口；并把洋货从三个轮船运输中心口岸运销于

---

① 聂宝璋等编：《中国近代航运史资料·第一辑下册1840—1895年》，上海人民出版社1983年版，第1301页。
② 同上书，第1288页。
③ [美] 罗威廉：《汉口：一个中国城市的商业和社会（1796—1889）》，江溶、鲁西奇译，中国人民大学出版社2005年版，第112页。

较小城镇"①。之三,传统航运业在近代轮船业的冲击之下,也适时地进行了改革。改革不仅包括管理制度和经营模式,还有技术方面的模仿。《申报》便有一则湖北传统木船技术改造的事例:"大冶兴国山内搬运煤铁,须船装载。近由居中洋匠,仿泰西木轮式样,创造数艘,以便装运煤铁。近已造就一艘。于九月廿四日午刻下水,往来试验。其舟较宁波帆船略小,尾安双轮,以六七人踏机,机动轮行,疾如箭矢,较平日雇佣民船费用省而行驶又速。"②

再回到最初的问题。毋庸置疑,轮船是第一次工业革命的重要表征,是先进生产力的代表。"顺理而推",先进生产力"必定"会对湖北传统木船行业产生冲击,从而迅速衰落,从某种逻辑来看,这样的结论似乎顺理成章。然而,历史的本相往往扑朔迷离,任何直线性的简单结论大多为非历史的"逻辑推理"。

事实上,时至1893年,世界轮船航运业滥觞地美国的轮船运载吨数方才刚刚超过帆船运载吨数。③ 对于中国和湖北而言,怎么能说19世纪60年代初轮船航运业肇始之后传统帆船航运业就"迅速衰落"了呢。

笔者无意于否认轮船的"先进性"以及轮船引进湖北航运之后自身力量的快速发展,但是,只要稍微翻阅一下当时江汉关的贸易记录,或者其他史料,便会发现,传统的木船航运业整体没有那样脆弱和不堪一击。有学者在考察两湖地区的交通业发展态势之后亦明确指出:"传统的交通工具(如木船)并未退出历史舞台,而是伴随新生事物一同前行,在社会经济生活中扮演着不可替代的重要角色,与轮船等新式交通相契合,形成多层次、多功能的交通格局。"④

可见,新旧航运力量的转化并非简单的新陈代谢,在一定时期,新旧力量共存互补,旧力量甚至快于新力量而发展。至少在汉口开埠之后近30年的时间里,湖北的传统航运业不仅没"迅速衰落",反而有所发展。

---

① 聂宝璋等编:《中国近代航运史资料·第一辑下册1840—1895年》,上海人民出版社1983年版,第1285—1294页。
② 《申报》光绪二十年十月二日。
③ 参见中国科学院经济研究所世界经济研究室编《主要资本主义国家经济统计集1848—1960》,世界知识出版社1962年版,第124页。
④ 任放:《近代两湖地区的交通格局》,《史学月刊》2014年第2期。

这一阶段湖北传统航运业有所恢复和发展的同时，近代新兴轮船业也取得了较大的进展。关于中国近代航运业的早期发展，刘广京曾这样评述："迟至1880年，中国仍无一英里铁路，没有一支机动纱锭或一部纺织机。可是，就在这同一时期，中国的三家最主要轮船公司已经拥有轮船42艘之多，航行于各通商口岸之间的各条航线上。"①诚如斯言，这段话也正符合张之洞抵鄂之前湖北现代化的境况。汉口开埠后近30年时间，其他新生现代化事物正处于发展初期，轮船航运业却成为湖北最瞩目的现代化部门。并且，外国洋行的轮船虽然催生了晚清湖北的近代航运事业，但十几年后，湖北的长江洋面已经出现了中国本土公司的轮船力量，甚至是当时三支重要力量之中的最强者。相对于晚清湖北的其他现代化事业，这亦正是其特殊之处。

第四节 外国金融业的楔入

汉口通商开埠之前，湖北传统金融业已相当发达，"汉口是以一个完整而富裕的银钱业体系而自豪的"②。开埠之后，外国近代银行直接楔入，改变了晚清湖北的金融格局，加速了晚清湖北商贸的近代转型，对晚清湖北的现代化进程产生重要作用。本节内容主要从两方面展开：其一，爬梳汉口开埠之后到张之洞督鄂之前湖北外国银行业的早期发展历程；其二，探讨这一阶段外国近代金融机构与湖北传统金融机构之间的共存与竞争关系，兼及论述外国近代金融机构影响下湖北传统金融的近代转型。本节的最后，依据以上两个方面内容，阐释外国金融业的楔入对晚清湖北现代化的意义。

一 外国银行的早期发展态势

汉口开埠之后，"各该国银行，鉴于汉埠金融机关之缺乏，不足以周转流通，遂先后来汉设立分行"③。这些由西方直接移植而来的近代银行

---

① [美]刘广京：《英美航运势力在华的竞争·导言》，邱锡镕、曹铁珊译，上海社会科学院出版社1988年版，第2页。
② 《英国领事报告》1869—1871年，汉口，第191—193页。
③ 张克明：《汉口金融机关概况（下）》，《银行周报》1934年第1期。

在湖北的早期发展态势并非一帆风顺，其当时对湖北商贸的直接作用亦不能高估。

外国银行业的揳入，缘自汉口开埠后中外贸易发展的需求。确切地说，"茶叶贸易催生汉口近代银行"①。汉口通商开埠之后，外国商人在汉口大量收购茶叶，收购茶叶所需要的巨款需要从上海的外国银行汇款调拨，从而交易成本增加，而且极为不便。湖北传统的钱庄、票号等无法满足新形势下外国商人对金融服务的需求，于是，根植于西方、直接揳入湖北的近代西方银行应运而生。②

1863年夏，麦加利银行（又译渣打银行）在汉口创办分行，成为第一家正式在湖北营业的外国银行。最初，麦加利银行在汉口仅是临时租赁房屋，在茶叶生产收购季节办理业务，至1865年，"各国洋行、工厂增多，进出口贸易日渐发达，麦加利为攫取更多的利润，就在汉口规定的英租界内，购买地皮，建立行址（今洞庭街55号），正式开业了"③。其后，随着中外贸易的拓展，汇丰银行等接踵而至，外国银行的数量在19世纪70年代迅速膨胀。④ 早期入驻汉口的外国银行中，汇丰银行财力最厚，不仅是江汉关的储备金库，而且倚仗各种特权谋取巨额利益，逐渐发展成为湖北地区最具实力和最有权势的近代金融机构。⑤

外国银行作为一种新的经济组织形式，直接移植于西方，其资金规模、经营方式和经营理念都在一定程度上优于湖北传统的钱庄、票号等。在早期发展阶段，汉口的外国银行主要受三个因素的制约。之一，外国银

---

① 刘凯：《晚清汉口城市发展与空间形态研究》，中国建筑工业出版社2010年版，第66页。

② 湖北出现的第一家外国银行是英国的汇隆银行，该银行1861年在汉口开设办事处，但由于总部破产，开业不久便歇业。

③ 蔡萼英：《汉口第一家外商银行——英商麦加利银行》，载政协武汉文史委员会文史学习委员会编《武汉文史资料文库》第四辑，武汉出版社1999年版，第137页。

④ 任放在《近代两湖地区的金融业》(《学习与实践》2012年第10期) 一文中指出"截至1882年，汉口一地约有40家外国银行"；而罗福惠在《湖北通史·晚清卷》(华中师范大学出版社1999年版) 一书第141页中写道："1882年外国大小银行在汉口设分行多达10余家。"两者数据相差较大，都没有具体标注数据来源。鉴于史料缺乏，笔者亦无从统计，不过可以肯定，这一时期外国银行数量发展较快，但实力参差不齐。

⑤ 参见余舜丞、王家滋《汉口汇丰银行概述》，载武汉市委员会文史资料研究会编《武汉工商经济史料·第2辑》，内部发行，1984年，第16—23页。

行因中外贸易而设,因中外贸易的发展而扩张,也必然在中外贸易遭遇挫折时受到牵连。之二,外国银行虽然具有诸多先天优势,但毕竟属于外来,自身对湖北本土的商业环境并不熟稔,湖北本地商人对它也缺乏信任,其在湖北的发展需要一个本土化的过程。之三,外国银行业揳入湖北之前,湖北的传统金融业已相当成熟,外国银行的到来势必会引发新旧金融机构之间的竞争,而竞争则必然会出现淘汰。19世纪80年代,在经过10年的迅速扩张之后,由于上述三个因素的作用,汉口的外国银行数量开始锐减,至1891年仅存4家。① 仅存的4家银行中,亦只有麦加利银行和汇丰银行发展壮大。

从汉口开埠到张之洞抵鄂将近30年的时间中,外国银行的数量从一家变多家,甚至一度达到10多家,经过19世纪80年代的重新淘汰洗牌之后,又锐减至4家,而最终的硕果也只是麦加利银行和汇丰银行两家。可见,外国银行这种先进的近代金融组织形式在湖北的推进并非势不可挡,而是有一个本土化和优胜劣汰的过程。

这一阶段,外国银行对湖北的贸易产生了重要作用,但这种作用不能高估,"直到19世纪80年代,无论是外国银行,还是外国货币,在汉口贸易中都还没有因为发挥重要作用而在当地形成重要影响"②。然而,即使外国银行在这一时期的所起作用有限,但作为一支崭新的、先进的金融力量,其后发展迅猛,随着日后自身力量的不断扩充,诸如俄、法、日银行的加入,最终对湖北的金融、贸易,乃至政治等产生了深刻影响。

二 外国银行与传统钱庄、票号的柔性博弈

汉口开埠之前,湖北的金融格局已基本定型,"以山西票帮放款为最先,钱业以徽帮为最早。浙、赣、镇江本帮继之。湖南帮以字号居多数,钱庄寥寥"③。外国银行业的揳入,标志着一种新力量的介入,新旧金融

---

① 参见任放《近代两湖地区的金融业》,《学习与实践》2012年第10期。
② 转引自[美]罗威廉《汉口:一个中国城市的商业和社会(1796—1889)》,江溶、鲁西奇译,中国人民大学出版社2005年版,第197页。
③ 史晋生:《汉口金融界之回顾》,《银行杂志》1923年11月第一卷第三号。

力量之间势必会产生一种博弈，从而促使新金融格局的产生。笔者认为，从汉口通商开埠到张之洞抵鄂期间，外国银行同传统钱庄、票号之间存在一种博弈，两者之间是一种既共存互补又相互竞争的关系，既是竞争对手又是合作伙伴。

（一）共存互补

外国银行在湖北发展的早期阶段，新旧力量之间并没有发生强烈的对抗和冲突，相反，两者之间以共存、合作和互补为主。

外国银行的楔入缘于湖北中外贸易的直接开展，它所提供的金融服务确实为从事进出口贸易的外国商人带来便捷，但是，外国银行无法也没有能力为湖北中外贸易的迅猛扩张提供全部金融服务。首先，这一阶段的外国银行全部集中在汉口，外国人的经营活动也被严格限制在通商口岸，这就造成外国银行对晚清湖北中外贸易的深入参与必须倚仗触角四通发达的钱庄。其次，外国银行的数量虽然一度在19世纪70年代达到高峰，真正有实力的却只有麦加利和汇丰两家，数量的限制要求其必须与传统金融机构合作。最后，外国银行毕竟属于新生事物，在最初阶段，除了外国人之外，并没有获得湖北本土各阶层的充分信任，它需要一个本土化的过程。

湖北的传统金融机构，虽然在个体资金规模、管理方式和经营理念等方面逊于外国银行，但它深植于湖北传统的商业土壤，拥有外国银行所不具备的优势。在清代前期，由于埠际贸易的发展，汉口的传统金融机构孕育出了一些新的因素，如信用借贷、发行庄票、本地划归、异地汇兑等。① 汉口传统金融机构自身萌生的新变化，为它同外国银行的共存互补奠定了基础。同时，传统的钱庄、票号运转灵活，与各种从事出口贸易的商号存在密切联系，甚至自身经营某些商号，这种天然优势也是刚刚涉足湖北金融业的外国银行所缺乏的。

鉴于各自优势的互补性，外国银行与湖北传统的钱庄、票号开展了积极合作。一方面，外国银行通过买办，以钱庄庄票作为抵押向其进行放款。通过对汉口传统钱庄的拆借，改变了最初仅为外商办理汇兑的单一业务，从而参与到晚清湖北迅速发展的中外贸易大潮之中，成为其中的重要

---

① 参见石莹《清代前期汉口金融业的发展》，《中国经济史研究》2010年第4期。

一环，并且攫取了高额利润。在这个过程中，钱庄成为外国银行间接向湖北内陆腹地，乃至川、陕等周边省份延伸渗透的工具。另一方面，对于汉口的钱庄来言，与外国银行的共存合作同样受益匪浅，"它一方面与外国银行结合一起，为进出口贸易融通资金，大大壮大了自己的实力；另一方面又通过钱业汇划总会掌握了金融业之间的款项清算，不仅银庄与银行之间的款项收解需要通过钱庄，就是银行与银行之间的款项收解也要通过汇划钱庄代为办理"①。

透过外国银行与汉口传统钱庄、票号的共存互补，湖北金融业的整体力量迅速增强，资金流通速度加快，从而为晚清湖北中外贸易的发展提供了必要的金融支持。为了适应这种新变化，汉口传统的钱庄、票号也灵活地改变经营方式，适时进行金融工具的创新，业务手段逐渐近代化，出现了向近代银行转型的明显倾向。

（二）相互竞争

部分业务的差异性与部分优势的互补性为外国银行同传统钱庄、票号的共存合作提供基础，而部分业务的同质性及其对新兴业务的争夺则致使两者之间展开竞争。

外国银行最先夺取了以往由本地钱庄经营的汇兑业务，19世纪80年代，"所有各国买卖货物的款项，都由各该国本国银行收支"。外国银行向汉口钱庄开展拆借业务之后，为了放款获利，开始向汉口社会各阶层办理存款业务，这也导致了新旧金融机构在该业务上的竞争。随着对外国银行信任的加深，湖北各阶层开始逐渐将以往存放于票号、钱庄的存款转投外国银行，传统钱庄因此吸收存款的能力下降，不得不更加依靠外国银行的拆借。外国银行充分利用对钱庄的拆借业务，对其进行操控和压制，"钱庄对银行拆款的依赖愈深，银行对钱庄的操纵也愈紧"②。汇丰银行则倚仗其与江汉关的特殊关系，将江汉关所收税款作为无息本金进行放贷，谋取巨额不当利益，造成外国银行与传统钱庄、票号之间的不平等竞争。另外，从19世纪80年代开始，汉

---

① 燕红忠：《试论近代中国金融业的发展：路径与结构》，《山东大学学报》（哲学社会科学版）2013年第1期。

② 张国辉：《十九世纪后半期中国钱庄的买办化》，《历史研究》1963年第6期。

口传统金融机构逐渐对外国银行的汇票产生依赖,"这种'依赖'关系使汉口钱庄不时遭到外国银行的刁难,'汇兑'业务受到威胁"①。

相对而言,这一时期外国银行与传统钱庄、票号的博弈比较平和,共存互补更重于相互竞争。但是,随着19世纪末20世纪初湖北外国银行力量的急剧膨胀,外国银行与传统钱庄、票号之间的关系则转化为恶性竞争与强势淘汰,其消极作用也逐渐显现。

以资金融通为鹄的的金融业是经济发展的重要引擎,其发达与否对于后发国家的现代化进程关系甚大。我们不能因为汉口通商开埠之后至张之洞督鄂之前这一阶段湖北的外国银行对湖北商贸影响有限而忽视了它对晚清湖北现代化的整体价值。同时,我们也不能因为这些由外国直接揳入的金融力量存在一定程度的侵略性而否定它对湖北现代化的积极作用。我们必须看到,这一阶段,外国银行是湖北地区仅有的近代金融力量,代表先进的管理方式和经营理念,是晚清湖北金融业现代化的开端。外国银行的揳入迫使湖北传统的金融机构走向转型之路,并且直接刺激了本土近代银行的诞生,加速了湖北金融业现代化的整体发展进程。另外,这一阶段外国银行对晚清湖北商贸的直接作用虽然有限,但是通过与传统钱庄、票号共存互补,间接作用深远,有力地推动了这一时期湖北商贸的快速发展,为汉口打造国际贸易大港奠定了金融基础。

第五节　机器工业的嚆矢

张之洞抵鄂前,晚清湖北的机器工业已诞生于汉口。与张之洞督鄂期间所创办之气势宏阔、轻重并举的官办工业相比,早期汉口的近代工业不免相形见绌。但是,这批由外商所创办的、数量不多的机器工业毕竟开晚清湖北近代工业之嚆矢,深刻地影响了其后湖北工业格局的形成和演变。

---

① 姚会远:《近代汉口钱庄研究》,《历史研究》1990年第2期。

一 机器文明的到来

从1861年汉口开埠到1889年张之洞抵鄂前的28年间，外商在湖北建立的第一批近代工厂共计10家，几乎全部位于汉口，主要由俄、英、德三国商人投资创办。1861—1889年外商在湖北所开设的工厂，如表2—4。

表2—4　　　　1861—1889年外商在湖北开设工厂一览表[①]

工厂名称	国别	设立年份	业务	工厂名称	国别	设立年份	业务
顺丰砖茶厂	俄	1863	砖茶制造	汉口英商压革厂	英	1876	皮革加工
新泰砖茶厂	俄	1866	砖茶制造	罗办臣洋行	英	1878	制造乐器
英商砖茶厂	英	1872	砖茶制造	美最时蛋厂	德	1887	蛋品加工
汉口熔金厂	英	1872	熔炼金银	礼和蛋厂	德	1887	蛋品加工
阜昌砖茶厂	俄	1874	砖茶制造	元亨蛋厂	德	1889	蛋品加工

俄国商人对湖北砖茶觊觎已久，"鸦片战争前后，砖茶已成为中俄贸易中最主要的出口商品"[②]。1863年，俄商李维诺夫创办湖北近代第一个外资工厂顺丰砖茶厂，开湖北近代机器工业之嚆矢。顺丰砖茶厂开始建于湖北崇阳、蒲圻洋楼峒和洋楼司等茶叶产区，由俄商监督制造生产砖茶，

---

① 据冯天瑜、皮明庥等编《武汉近代（辛亥革命前）经济史料》（武汉地方志编纂办公室印行1981年版）一书统计，张之洞督鄂前湖北地区共有外商所办工厂12家，除笔者上表所列的10家之外，还有建于19世纪70年代的平和洋行打包厂和隆茂洋行打包厂。罗福惠《湖北通史·晚清卷》（华中师范大学出版社1999年版）、《汉口租界志》编纂委员会编《汉口租界志》（武汉出版社2003年版）、皮明庥等《武汉通史·晚清卷》等书均引用《武汉近代（辛亥革命前）经济史料》统计数据。笔者翻阅《武汉近代（辛亥革命前）经济史料》关于该统计数据所依据之孙毓棠编《中国近代工业史资料》（科学出版社1957年版），并结合《湖北近代经济贸易史料选辑》第2辑（湖北省志贸易志编辑室印，1984年）、《中国近代对外贸易史资料（1840—1895）》（中华书局1962年版）等史料得出平和洋行打包厂和隆茂洋行打包厂分别建于1905年和1906年，英商的这两家洋行于19世纪70年代在汉口可能从事相关商业贸易业务，但并未开办机器打包工厂。

② 孙毓棠：《中日甲午战前外国资本主在中国经营的近代企业》，《历史研究》1954年第5期。

后迁入到汉口租界地区,"年产量达 150000 筐,每筐约重一担半",并且"使用最新式机器,雇佣工人约八九百人,昼夜开工,在九江设有分厂,产品大部分直接运往西伯利亚"[1]。1866 年,俄商托克马可夫和莫洛托可夫合资兴建了第二家砖茶厂新泰砖茶厂,规模及发展情况与顺丰茶厂类似。值得一提的是,1891 年,俄国皇太子尼古拉·亚历山德罗维奇游历汉口,新泰砖茶厂出资举办盛大宴会欢迎皇太子莅临,并专门展示了砖茶制造的全部方法,"其中有最早的旧式手压机模型,和最新的蒸汽机模型",其后又邀请皇太子出席了新泰茶厂成立 25 年周年纪念会。1874 年,莫尔强诺夫和北洽特诺夫创办阜昌砖茶厂,虽然为俄商创办的第三家砖茶工厂,却后来居上,成为最具实力的砖茶制造企业。阜昌砖茶厂在中国的福州、九江、上海、天津和俄国的莫斯科等多地开设分厂,其中"汉口厂是英租界内一座宏大而装备优良的工厂,雇佣中国工人约 2000 人,由外人监制"[2]。

英商在汉口所办工厂的规模和实力则远逊于俄商之工厂。1872 年英商投资创办了一家砖茶厂,由于无法和实力雄厚的俄商竞争,很快便破产。同年,英商又创办一家小型金银提炼厂,"此厂经常从本省的老纹银中提炼金子"[3],但短短几年后便因原料缺乏而倒闭。1876 年英商创办汉口英商压革厂,使用机器压制皮革,生产效率显著提高,刺激了汉口皮革的出口,"1875 年只 5000 担,1876 年即达 20222 担,1877 年达 50000 担"[4]。另外,1878 年英商罗办臣洋行在汉口英租界内开办了一家从事乐器制造的小型工厂。

德商创办的 3 家工厂是这一时期湖北近代工业发展的后起之秀,成为湖北工业发展的另一亮点,都以蛋产品加工为主要业务。19 世纪 80 年代后半期,德商先后在汉口创办了 3 家蛋产品加工厂,分别为 1887 年建立的美最时蛋厂、礼和蛋厂和 1889 年建立的元亨蛋厂。蛋产品加工厂的制

---

[1] 孙毓堂编:《中国近代工业史资料第 1 辑(1840—1895)》,科学出版社 1957 年版,第 55 页。
[2] 孙毓堂编:《中国近代工业史资料第 1 辑(1840—1895)》,科学出版社 1957 年版,第 56 页。
[3] 同上书,第 112 页。
[4] 同上书,第 88 页。

作工艺,"把蛋黄和蛋白分开,用蒸汽打蛋机将蛋白打成一层薄胶体,备供工业上的应用。蛋黄液进行加工制造以作染草和掺制某几种漆料之用"①。其产品主要出口到英、法、德等国,作为药品、燃料、点心的原料。德商开办的3家蛋产品加工厂充分利用了湖北丰富的蛋品资源,使汉口成为中国近代蛋品工业的滥觞地。关于德商创办的三家蛋产品加工厂概况,如表2—5。

表2—5　　　德商三家蛋产品加工厂的基本状况②

工厂名称	所在地	成立时间	每天产量	工人数量
美最时蛋厂	十大家	1887	蛋白5箱蛋黄15桶	男26 女50
礼和蛋厂	大智门外	1887	蛋白5箱蛋黄15桶	男26 女50
元亨蛋厂	三码头	1889	蛋白2箱蛋黄6桶	男66 女30

汉口开埠后的28年,湖北第一批机器工业整体力量虽然十分单薄,不过,伴随着蒸汽机的轰鸣声,荆楚大地终于迎来近代工业文明的新时代,"此时'西风'尚未压倒'东风',但这种输入型的生产方式及其本地化的进程,显然已经紊乱了小农经济的针脚"③。

二　工业格局的畸形因子

从历史发展脉络观察,晚清湖北工业架构的源头有二:之一为汉口开埠伊始由外国力量所创办的第一批工厂,之二是张之洞督鄂时所兴办的官办工业。民间投资成立的工业部门或介入第一批外资工厂开创的工业领域与并之竞争,或直接以承办的方式赓续官办工业的衣钵,可视为两个脉络的延伸。

晚清湖北的工业格局并非一蹴而就,而是渊源有自。作为最早的一个

---

①　陈钧、任放:《世纪末的兴衰——张之洞与晚清湖北经济》,中国文史出版社1991年版,第40页。

②　[日]水野幸吉:《中国中部的事情:汉口》,武德庆译,武汉出版社2014年版,第61页。

③　宋亚平等:《辛亥革命前后的湖北经济与社会》,中国社会科学出版社2011年版,第3页。

源头，汉口开埠之前至张之洞抵鄂期间的由外资创办的早期工业对其后晚清湖北的工业格局产生了深刻影响。通过对这部分早期工业的区域布局、行业分布、实力结构稍加分析，即可窥视出晚清湖北近代工业发展诸多问题的头绪与端倪。

从区域布局来看，由于汉口是早期湖北对外开放的唯一通商口岸，外国人的经营活动基本上被严格限制于此，第一批的10家工厂全部集中在汉口，从而造就了晚清湖北工业发展区域严重失衡的先天因子。甲午战后，外国工厂不断增多，依然创设于已经具有一定工业基础、配套设施较为完善的汉口地区，武汉地区独大的局面更加明显。

以行业分布而言，第一批的10家工厂主要是加工工业，部类残缺，其目的在于便利外国洋行攫取湖北丰富的农副产品资源，充分体现出这一阶段外国力量对中国以商品输出和掠取原料为主的时代特征。张之洞督鄂之后，部分其他工业，如冶炼、纺织等初期发展规模宏大，但历经大起大落，最终偃旗息鼓。唯有外资创办的加工工业始终良性发展、畸形繁荣，是晚清湖北工业的重要部分。

再讲实力结构，湖北近代工业发展的最初阶段，俄国的砖茶工业已经脱颖而出，其砖茶工厂开办时间最早、规模最大、机器化程度最高，是这一时期最重要的工业力量，呈现出一枝独秀的畸形现象。德商的蛋产品工业初露锋芒，英商则在湖北的工业方面的作为平庸。

俄国的砖茶工厂独占鳌头，"其旺盛足以雄视全汉口"①。砖茶工业是此时以及日后汉口最重要的工业部门，但基本属俄商独霸，连英国创办的砖茶工厂也无法与其竞争。俄商机制砖茶厂的成功曾经鼓舞了所有汉口的外国商人，1875年英国商务领事曾乐观地指出，"关于汉口的将来，我认为有种种迹象说明它终将成为一个大工业中心"。然而，短短几年之后，英商便认识到前景并非十分乐观，早先投资的砖茶厂无法与俄商竞争而很快停办，镕金厂也因原料缺乏而倒闭，不得不无奈地承认"在制造业方面，除了砖茶厂以外，没有什么发展"②。俄国砖茶工业的这种绝对优势，

---

① 徐焕斗:《汉口小志·商业志》，六艺书局1915年版，第4页。
② 孙毓棠编:《中国近代工业史资料第1辑（1840—1895）》，科学出版社1957年版，第45、113页。

一直延续到十月革命之前。除了俄商的砖茶工业，德商的蛋产品加工亦稍具规模。德商开晚清湖北蛋产品加工工业之先河，早期的开拓奠定了其在该领域的基础，至"第一次世界大战前，汉口蛋加工业大半由德国人经营"。其后，湖北本土力量多次尝试在蛋产品加工工业领域有所作为，但始终不能根本撼动德商的垄断影响。英商是晚清长江流域综合实力最为雄厚的工商资本团体，涉足湖北最早，权益亦最重。汉口开埠后近30年间，英国在湖北地区主要热衷于商业贸易和交通航运等业务，"识力手段最为高强，夫固尽人知之矣"[①]。但是，不仅在这一时期，甚至在整个晚清，英商在湖北创办的近代工业与其综合实力并不匹配，表现平庸。

---

① 徐焕斗：《汉口小志·商业志》，六艺书局1915年版，第6页。

第 三 章

张之洞督鄂期间的湖北现代化进程(1889—1907)

毋庸置疑,张之洞督鄂期间的湖北现代化进程是整个晚清湖北现代化进程中最为纷呈灿烂的部分。其内容之丰赡,气势之宏大,令后人唏嘘不已。精彩的历史本相造就了丰硕的历史研究成果,张之洞督鄂及张之洞对晚清湖北现代化影响的研究成果可谓连篇累牍。本章以晚清湖北现代化由武汉地区向周围逐步扩散的过程作为线索,尝试用动态的视角观察这一期间湖北现代化的历史进程。以往研究充分的部分,简略介绍其梗概,以往研究缺失的内容,则努力拾遗补阙。本章内容,分为张之洞在武汉地区的现代化创举,宜昌、沙市的早期现代化,现代化向腹地的扩散和张之洞离鄂时湖北现代化的困境四部分。

第一节 张之洞在武汉地区的现代化创举

张之洞对于武汉地区的早期现代化,功勋卓著,"抑知武汉所以成为重镇。实公二十年缔造之力也"①。何晓明教亦授指出,"就武汉的城市发展史来说,张之洞这一阶段的诸般作为,不仅奠定了其在华中乃至全国近代化格局中的重要地位,而且为武汉日后的发展,规划了基本的框架"②。

---

① 张继煦:《张文襄公治鄂记》,湖北通志馆1947年版,第7页。
② 何晓明:《张之洞与武汉近代化》,载陈锋、张笃勤主编《人文论丛·特辑》,中国社会科学出版社2003年版。

有关"张之洞与武汉早期现代化"的研究,目前已相当充分。本节笔者拟从五方面对张之洞在武汉地区的现代化创举做一梗概论述。

一 筹建"自相挹注"的近代工业重镇

武汉地区的近代工业滥觞于 19 世纪 60 年代的汉口租界。不过,由俄、英、德三国商人投资创办的湖北第一批近代工厂数量较少,部类残缺,没有出现近代工业体系中的主体工业,其行业分布以土产品加工为主。张之洞督鄂之前,湖广总督创办近代工业的热情并不高涨,仅有李瀚章仿江浙书局体制创办了具有近代性质的崇文书局。晚清武汉地区气势宏阔的工业化运动,始自张之洞抵鄂,"如果说,武汉近代工业史是侵入华中地区的西洋人启动的,那么,武汉近代工业的大规模展开,则出于中国人自己的手笔。而领头挥动武汉近代工业如椽巨笔的人物便是张之洞"[1]。

张之洞抵鄂之后,大力兴办近代轻、重工业。其先后创办湖北枪炮厂、蚕桑局、汉阳铁厂、湖北织布局、湖北纺纱厂、湖北缫丝局、湖北制麻局、汉阳赫山官砖厂、湖北工艺学堂附属工厂、湖北模范工厂、武昌下新河毡呢厂、武昌白沙洲造纸厂、武昌南湖制革厂、贫民大工厂、汉阳针钉厂等近代企业。

在诸多近代工厂中,以汉阳铁厂、湖北枪炮厂和纺织四局规模最大,成效最显。

汉阳铁厂,是亚洲第一家大型钢铁企业,本计划筹建于广东,后移鄂。该厂被美国驻汉口领事誉为"中国以制造武器、钢轨、机器为目的的最为进步的运动"[2],《东方杂志》则载文称,"较之强兵劲旅,蹂躏老赢之军队尤其虑也"[3]。1908 年,汉阳铁厂、大冶铁矿和萍乡煤矿组建"汉冶萍煤铁厂矿股份有限公司",标志着中国近代钢铁联合企业的正式诞生,武汉地区因此成为中国钢铁工业的滥觞地。

湖北枪炮厂是中国近代设备最新、规模最大的军工企业。早在督粤

---

[1] 冯天瑜:《武汉:中国近代工业的发祥地——纪念"汉冶萍公司"百周年》,载《冯天瑜文集》,武汉大学出版社 2009 年版,第 650 页。
[2] 《洋务运动》第 8 册,上海人民出版社 1961 年版,第 462 页。
[3] 《〈汉冶萍煤铁矿记略〉附录》,《东方杂志》1910 年第 7 卷第 7 期。

时，张之洞便筹谋创建近代军工企业，"详筹时势，必须设厂自筹枪炮，方免受制于人，庶为自强持久之计"①。督鄂后，张之洞将筹划于广东的枪炮厂移至汉阳。1894年，湖北枪炮厂正式建成；1904年，因"枪炮厂内分厂林立，厂各有厂，非枪炮二字所能包括，请更名湖北兵工厂"②；1908年又更名为汉阳兵工厂。湖北枪炮厂引进德国设备和生产技术，对中国的近代军事工业影响甚深，"植中国军械专厂之初基"③，"其制度宏阔，成效昭然"，"为各行省所未有"④。民国以降，汉阳兵工厂进行多次改革和扩充，抗战爆发后迁往内地继续生产军火，为抗战的胜利做出了重要贡献，其生产的"汉阳造"七九式步枪，直至20世纪40年代仍是中国军队的主要武器。

纺织四局，指张之洞在武昌设立的布、纱、丝、麻四局。纺织业是近代工业的重要部门，"世界各主要资本主义国家的工业革命几乎都是从纺织业始"⑤。武昌纺织四局的设立，即为武汉地区近代工业发展水平的重要标志。四局之中，湖北织布局成立时间最早、占地规模最广、投资金额最大。1893年，"两湖创设机器织布局于武昌地方，去年十一月二十日为发轫之始。该局所织之布匹，计有原布、斜纹布、棉花、花布、面巾等项"⑥。湖北织布局成立初期，经济效益显著，"近来织布局所出棉纱、棉布甚合华人之用，通行各省，购者争先恐后，以故货不停留，利源日广"⑦。由于织布局需要大量的棉纱，1894年，张之洞以官商合办形式创办湖北纺纱厂，"既能辅佐布局之不逮，兼可协助铁厂之需要"⑧。晚清以降，湖北桑蚕业日趋衰败，为重振该业，1894年底，张之洞在武昌筹建湖北缫丝局，引进近代机器缫丝法，以期为商民做出表率，"民间素未经见机器缫丝之

---

① 《张之洞全集》第二册，武汉出版社2008年版，第214页。
② 张继煦：《张文襄公治鄂记》，湖北通志馆1947年版，第25页。
③ 吴禄贞：《已故大学士官鄂最久功德在民，请准建专祠折》，载苑书义等编《张之洞全集》第十二册，河北人民出版社1998年版，第10658页。
④ 陈夔龙：《庸庵尚书奏议》卷九，宣统三年铅印本，第18页。
⑤ 汪敬虞主编：《中国近代经济史1895—1927》上册，人民出版社1998年版，第155页。
⑥ 孙毓棠编：《中国近代工业史资料第1辑（1840—1895）》，科学出版社1957年版，第917页。
⑦ 《制造日精》，《申报》，光绪二十年十月十三日。
⑧ 《张之洞全集》第三册，武汉出版社2008年版，第205页。

法，无从下手，亟应官开其端，民效其法"①。其后，张之洞又设立湖北制麻局，"为吾国机制麻业之滥觞"②。张之洞创办的纺织四局构建了一个较为完整的纺织工业体系，武汉地区因此成为华中最大的纺织工业中心。

张之洞在武汉地区创办的近代工业虽然为官办形式，生产效率不高，却填补了湖北近代重工业的空白，形成了以重工业为主、轻工业共同发展的工业格局。湖北亦因张之洞在武汉地区的作为从而跻身全国工业强省，"当时湖北的工业基础，不仅在内地各省中居于首位，就是与沿海的江苏、广东、河北等省相比，也并不逊色"③。

二 培植"惟楚有材"的文化教育中心

湖北是楚文化的发祥地，其文化与学术曾在中国历史上烂漫辉煌。然宋元以后，特别是明清两代，湖北文化教育呈现衰败态势。《国朝汉学师承记》著录汉学家40余人，湖北学人无一人入选；《清史稿·儒林传》，湖北学人仅有两人入选；《清儒学案》，湖北仅有一位学人列为专案，三人入合传。④

张之洞抵鄂之后，把兴办教育作为推行新政的重中之重，认为"自强之策，以教育人才为先"⑤。兴学办教育的具体实践，大多都在武昌开花结果。张之洞一方面对传统教育机构，诸如江汉书院、经心书院等进行大胆改革，并创办全国最有影响之一的新式书院——两湖书院，培养能够"出为名臣，处为名儒"⑥的学生；另一方面在武汉地区积极开办新式学堂，先后创办算学学堂、矿务学堂、自强学堂、湖北武备学堂、湖北农务学堂、湖北工艺学堂、湖北师范学堂、两湖总师范学堂、女子师范学堂等，奠定了武汉地区高等教育的基础，成为今日武汉地区多所院校的源头。

张之洞十分重视留学教育，认为"出洋一年，胜于读西书五年"，

---

① 张继煦：《张文襄公治鄂记》，湖北通志馆1947年版，第31页。
② 杨大金编：《现代中国实业志》上册，商务印书馆1938年版，第200页。
③ 罗福惠：《湖北通史·晚清卷》，华中师范大学出版社1999年版，第230页。
④ 参见雷平《清代湖北"学者无闻"原因探讨》，《光明日报》2009年6月30日。
⑤ 《张之洞全集》第三册，武汉出版社2008年版，第412页。
⑥ 张继煦：《张文襄公治鄂记》，湖北通志馆1947年版，第9页。

"入外国学堂一年，胜于中国学堂三年"①，大规模派遣官费学生前往日本、美国、比利时等国留学，使湖北成为派遣留学最多的省份之一，其中又以留日学生最多。据1907年统计，"留日学生全国各省共计5400多名，湖北所派学生即1360多名，占了四分之一，所以湖北在当时有先进省之称"②。张之洞所派遣的湖北留学生，基本上出自武昌的新式学堂或改制学堂。这些人完成留学学业之后，不少返回湖北担任武昌新式学堂的教习，反过来促进了武昌新式学堂的现代化进程。

除了办学兴学，张之洞还在武昌开办了公共图书馆。由于文化教育的勃兴，张之洞意识到创办公共图书馆的迫切需求，先后创办学堂应用图书馆和两湖总师范学堂南北书库。至1904年，湖北省图书馆雏形渐成，"张之洞诚为湖北近代图书馆事业创始人"③。

对于新兴报刊新闻行业，张之洞也给予了必要的关注和支持。曾先后在武昌参与创办了《湖北商务报》（1899）、《农学报》（1901）、《湖北学报》（1903）和《湖北官报》（1905）等多种官方报纸，同时积极资助民间报纸，从而致使武汉地区的报刊业蓬勃发展。为了大规模引进、传播与学习国外的先进文化，张之洞广罗翻译人才，并提议同两江合办成立"江楚编译局"。另外，张之洞大力资助湖北官书局，"湖北官书局所刻书籍颇丰，仅次于广东广雅书局，成为晚清全国著名的四大书局之一"④。

张之洞在武汉地区兴建各种工厂，此实非其所擅长。而作为多次担任学政之职，以"儒臣"闻世的封疆大吏，文化教育建设不仅是其所长，亦正是其"儒臣"情怀所在。随着多个层次和不同方面文化教育事业的渐次展开，武汉地区一时文风鼎盛，人才辈出。清末民初的多位文化名人或者革命志士，如王葆心、熊十力、王亚南、唐才常、张知本、吴录贞、黄侃、李四光、闻一多等均出自武汉地区的新式学堂或者改制书院。督鄂近20年，张之洞一手将武昌缔造为华中地区文化教育之中心，成就斐然，

---

① 《张之洞全集》第十二册，武汉出版社2008年版，第174页。
② 陈青之：《中国教育史》，上海商务印书馆1936年版，第634页。
③ 冯天瑜：《张之洞在湖北的文教兴革——兼议武汉大学、湖北图书馆溯源张之洞》，载《冯天瑜文集》，武汉大学出版社2009年版，第670页。
④ 宋徽：《张之洞督鄂与晚清湖北出版》，《湖北大学学报》（哲学社会科学版）2012年第4期。

惠及久深,"湖北及武汉的文化与学术在经历了长达数百年的沉寂之后终于在 20 世纪重新崛起,'惟楚有才,于斯为盛'又一次成为令人骄傲的现实"①。

三 编练"以学问胜"的湖北新军

湖北新军驻扎在省城,"大半在武昌城内蛇山左近","所有营房一律仿照西式建置,规模极其崇闳","镇营与协营同在一区域,望衡对宇,形势峥嵘"②。因此,湖北新军可视为张之洞在武汉地区现代化事业的重要创举。

张之洞抵鄂之时,湖北兵备已腐朽不堪,"鄂中营制,至光绪中年而弊极矣。官弁以虚额蚀饷为事,习于趋跄迎送。兵卒兼营贸易,惟月一应卯。即有操练,亦虚应故事而已"③。为了整顿武备,张之洞一方面着力裁汰旧营,一方面努力编练新式军队。

湖北新军是湖广总督张之洞在从两江带回的 500 人的洋操护军营的基础上扩编而成,在招募、训练和管理等方面都有别于以往的旧式军队。张之洞编练湖北新军,"参用西法,参用各国洋弁教习,讲求枪炮理法,兼司营垒测绘"④。为了提高军官素质,张之洞从军事教育做起,先后创办武备学堂、将弁学堂等近 10 所军事学校,多次选派军事干部出国考察或者直接派遣军事留学生。装备方面,因汉阳兵工厂的全力支持,湖北新军的武器装备在全国处于领先的地位。至 1907 年,湖北新军建成一镇一协,即第八镇和第十一协,总兵力 16104 人,军官共 990 人。⑤ 湖北新军的实力,成为中国南方各军事力量之首,"湖北一镇,经督臣张之洞苦心孤诣,经营多年,军容盛强,士气健锐,步伐记忆,均已熟练精娴,在东南各省中,实堪首屈一指"。张之洞对此亦颇感自豪:"湖北自丙申以后,即尽摒弃旧习,以西法练兵,故今日湖北陆军,

---

① 涂文学:《"湖北新政"与近代武汉的崛起》,《江汉大学学报》(社会科学版)2010 年第 1 期。
② 陈夔龙:《梦蕉亭杂记》,世界知识出版社 2007 年版,第 230 页。
③ 张继煦:《张文襄公治鄂记》,湖北通志馆 1947 年版,第 24 页。
④ 《张之洞全集》第四册,武汉出版社 2008 年版,第 97 页。
⑤ 《清史稿》卷 132,第 14 册,第 3946—3947 页。

东、西人来观者，皆言甲于各省。"①

湖北新军区别于其他新式军队的最大特点是军官和士兵的文化素质普遍较高，"以学问胜"②。湖北新军之所以能够"以学问胜"，首先与张之洞的练兵思想有关，他认为"自将及弁，无人不读书；自弁及兵，无人不识字，无人不明算，无人不习体操，无人不解绘图，此其通例也"③，因而湖北新军的军官多出自武备学堂或者为归国的军事留学生，士兵则"必须有一半识字"④。清末，袁世凯操训的北洋新军和张之洞编练的湖北新军实力最强，备受中外瞩目。⑤"各省练兵无不奉北洋、湖北为圭臬，各将弁无不出于两系"⑥，但与"以勇气胜"⑦的北洋军相比，湖北新军普通士兵的文化水平明显更高，识字者居三分之二。⑧

诡异的是，正因为湖北新军军官和士兵文化素质普遍较高，反过来又"多富于知识思想，能了解革命之旨趣"⑨。这支新式军队竟然成了清王朝的掘墓者，"民国成立，系孙中山与张香涛的合作"⑩。

四 创办"宏图远略"的汉口市政

张之洞在武汉地区不仅于工业、教育和军事领域进行大刀阔斧的革新，在近代市政建设方面同样可圈可点，是为不可或缺的精彩篇章。

张之洞对汉口市政建设的贡献，首先表现为汉口由"镇"向"厅"的突破。汉口镇，肇始于明中叶，清初已发展为全国著名的"四大聚"之一，"楚中第一繁盛处"⑪。晚清开埠之后，商贸地位更加凸显，其人口远超汉阳府城和湖北省府。1899 年之前，汉口仅是隶属于汉阳府汉阳

---

① 《张之洞全集》第十二册，武汉出版社 2008 年版，第 513 页。
② 刘体仁：《异辞录》卷 4，上海书店出版社 1984 年版，第 48 页。
③ 《张之洞全集》第十二册，武汉出版社 2008 年版，第 186 页。
④ 《张之洞全集》第四册，武汉出版社 2008 年版，第 97 页。
⑤ 参见李细珠《张之洞与清末新政研究》，上海书店出版社 2003 年版，第 252—259 页。
⑥ 刘锦藻：《清朝续文献通考》，上海商务印书馆 1934 年版，总第 9756 页。
⑦ 刘体仁：《异辞录》卷 4，上海书店出版社 1984 年版，第 48 页。
⑧ 参见中国人民政治协商会议湖北委员会编《辛亥首义回忆录》第 1 辑，湖北人民出版社 1979 年版，第 70 页。
⑨ 张继煦：《张文襄公治鄂记》，湖北通志馆 1947 年版，第 7 页。
⑩ 《辜鸿铭文集》下册，海南出版社 1996 年版，第 587 页。
⑪ 《嘉庆大清一统志·汉阳府一·关隘》卷 338，上海古籍出版社 2008 年影印版。

县的一个镇，没有自身的行政管理机构。由于商贸的发达和中外交涉的繁杂，汉口镇所属的府、县两级机构分别派属官驻汉口，汉黄德道台也从原驻地黄州迁至汉口，"虽然并非正式的行政单位，汉口却受到由中央任命的、过多而且重叠的政府官员们的统治"①。鉴于这种重叠管理所带来的不便及汉口崛起为国际贸易巨港的需要，1899 年张之洞奏请将汉口镇筹建为县级夏口厅，"自非有正印官驻汉口，不足以重交涉而资治理"②。夏口厅的设立，标志着汉口城市管理机构主体的形成，"是对汉口城市建制的一次里程碑式的重大变革，因而在汉口市政史上具有重要意义"③。

督鄂期间，张之洞不仅参与了汉口市政建设的整体规划布局，还展开了多项大规模的市政工程建设。张之洞对汉口市政的规划建设，充分体现了其"宏图远略"的大家气魄。诸如修筑后湖长堤，使汉口的市区面积得以空前扩张，为其后汉口市政的大规模建设奠定了空间基础。为了推进汉口的市政建设，张之洞专门应时成立了"汉口后湖堤工局""汉镇马路工程局"等机构，显示出其对汉口市政建设的重视。除了直接领导汉口大规模的市政工程，张之洞积极鼓励商人参与汉口的市政建设。如 1906 年，便曾拨款 30 万元支持汉口济水电公司的筹建等。④

张之洞对汉口市政建设的贡献，也体现为警察制度的创设。张之洞督鄂时，原有的保甲制度，"名义上在维持地方治安，其实不过为首县办差征发之用"⑤，"敛百姓之财不能办百姓之事，治盗不足，扰民有余"⑥。警察制度不仅是现代市政的重要体现，同时还关切新政的实施，"警察为推广新政之根基，责任所关，极为重要"⑦。为了能够有效推行警察制度，

---

① [美] 罗威廉：《汉口：一个中国城市的商业和社会（1796—1889）》，江溶、鲁西奇译，中国人民大学出版社 2005 年版，第 39 页。
② 《张之洞全集》第三册，武汉出版社 2008 年版，第 511 页。
③ 方秋梅：《张之洞督鄂豫湖北省府主导汉口市政改革》，《武汉大学学报》（人文科学版）2010 年第 1 期。
④ 参见武汉地方志办公室、武汉图书馆编《民国夏口县志校注》下册，武汉出版社 2010 年版，第 240 页。
⑤ 张继煦：《张文襄公治鄂记》，湖北通志馆 1947 年版，第 51 页。
⑥ 《论各省举行警察事》，《申报》光绪二十八年五月初四日。
⑦ 《张之洞全集》第六册，武汉出版社 2008 年版，第 46 页。

张之洞先后派遣多批人员赴日留学或者考察，并在省城武昌设置警察学校，聘请日本教习进行训导。1904 年，继武昌创设警察局之后，汉口警察局设立。汉口警察制度的推行，则是"城市管理和社会控制向现代化转变的产物和标志"①。

五　缔造"水陆联动"的交通枢纽

张之洞在武汉地区的现代化创举还包含建成京汉铁路，并规划粤汉、川汉铁路的蓝图，从而致使武汉地区成为晚清"水陆联动"的交通枢纽。

张之洞督鄂达 19 年，在晚清政局中，能长久任职于一地的封疆大吏实属罕见。究其原因，"盖公之调鄂，以主张修京汉铁路也。京汉铁路至光绪三十一年九月始完成验收，此事他人不愿为，且不能为，又替人之难，清廷亦深知之"②。京汉铁路从提议到建设，均与张之洞息息相关。

以往汉口仅是水路航运的枢纽，主要在长江传导中担任重要角色，市场辐射沿江河方向延伸。京汉铁路贯通，汉口的陆路辐射范围迅速扩展，并产生立竿见影之效果。依靠铁路运力，河南北部迅速被拉入汉口商圈。"京汉铁路使汉口与河南密接，从来天津商业圈之内奄有河南北部者，铁路完成后忽南入汉口之商圈，且与北京之交通亦趋便利。"③

水陆交通联动的形成，对汉口的贸易影响甚巨，直接推动了汉口国际贸易巨港地位的形成。晚清日本驻汉口领事水野幸吉对汉口的赞誉广被后来的学者引用，但引用者往往忽略了紧跟其后的另一段文字："汉口之发达明显由前不久京汉铁路开通所助成，然，也不仅如此，大凡大都会之兴，必有地利之便。"④ 根据此句可以明显看出，京汉铁路贯通虽然不是汉口比拟"东方芝加哥"的全部原因，却是其中重要因素之一。不仅日

---

① 何一民主编：《近代中国城市发展与社会变迁（1840—1949）》，科学出版社 2004 年版，第 264—265 页。
② 张继煦：《张文襄公治鄂记》，湖北通志馆 1947 年版，第 31 页。
③ 张寿波：《最近汉口工商业一斑》，上海商务印书馆 1911 年版。
④ [日] 水野幸吉：《中国中部的事情：汉口》，武德庆译，武汉出版社 2014 年版，第 1 页。

本人有这样的感慨,当时的中国观察者也认为,"观近年来汉口贸易额增进之数,较前几大一倍,伟然占全国通商口岸之第二位,皆此铁路之力"①。

汉口水陆联动的交通格局,同时带动了汉口近代城市的发展,"近代汉口第一批马路如歆生路、大智路、火车站前马路、何家路、小华景街马路等均介于租界与铁路之间,呈南北走向,与铁路和租界呈垂直形状,清晰地显示出铁路兴起后水陆联动对汉口区域的推动"②。

另外,张之洞创议粤汉、川汉铁路的修建,并主持粤汉铁路的筹备工作。虽然两条铁路于清代没有修筑完成,张之洞的前期工作功不可没。粤汉、川汉铁路都以武汉地区为一端,同京汉铁路相联结,对武汉地区现代化的作用,不言而喻。

第二节 宜昌、沙市的早期现代化

晚清湖北现代化进程的一个重要特征即极化效应显著。一方面,汉口因传统商业繁盛、水运条件通达及其作为通商口岸的优势,短时间迅速崛起为一个现代化的工商业城市,堪称东方的芝加哥。另一方面,在强势总督张之洞的领导下,汉阳发展成湖北,乃至整个中国的重工业和军事工业中心,武昌则为华中地区著名的近代文化教育重镇。两方面合力促成武汉地区形成湖北现代化建设的核心区。

按照正常的发展途径,武汉地区成为湖北现代化建设的核心区之后,会逐步向周边辐射和传导,产生一种扩散效应,进而实现现代化从不均衡向均衡的发展。然而,由于特殊的历史背景,湖北现代化核心区形成之后,没有充分地以核心区为圆心向周围扩散,而是越过附近区域,沿长江水路向通商口岸宜昌、沙市两地汇聚。现代化的一系列事物相继在宜昌、沙市出现和发展,两地逐渐演变成为晚清湖北现代化的第二层带。

---

① 张寿波:《最近汉口工商业一斑》,宣统三年刊。
② 皮明庥等:《武汉通史·晚清卷》,武汉出版社2006年版,第280页。

一　宜昌的早期现代化

宜昌扼居长江中下游，上挖巴蜀，下引荆襄，素称"长江锁匙""川鄂咽喉"。宜昌战略地位虽然重要，但因"七山、二丘、一平"的地理环境，历史上长期处于地瘠人贫的窘境，"宜昌真正发展是在清代，康熙时整个社会出现繁荣，各个地区社会经济都有不同程度的发展，宜昌城市也逐渐发展起来"①。特别是咸同以降，由于"川盐济鄂"的实施，宜昌成为食盐贸易的中转枢纽，城市发展提速，人口增殖加快，"市邑十倍于前"。一时间，宜昌港贸易空前繁荣，"连樯接舶，衔尾不绝"，有"过载码头"之称。

1876年，中英签订《烟台条约》，增辟宜昌为通商口岸。② 1877年，宜昌正式开埠，标志着宜昌早期现代化的开端。

近代海关是宜昌第一个重要的现代化机构。1877年2月，宜昌海关设立，总税务司任命英国人狄妥玛为首任税务司，清廷则委派荆宜施道孙家谷为海关监督。宜昌海关参照江汉关各项章程、机构设置和管理方式采用近代西方模式，意味着湖北地区近代税收行政管理机制从汉口扩散至宜昌。宜昌海关除了履行作为税收机构的基本职能外，还肩负了宜昌港口建设的职责，"兼管长江中上游辖区内航标、轮渡引水，指挥并保管航行灯台补给船，收集航运、航道、水文、气象等资料，筹集川江整治费和堤工等诸项事务"③。另外，宜昌关直接或者间接地建设了一批近代市政基础设施，诸如，1883年创办海关邮政局，一定程度改变了宜昌的城市风貌、空间结构等，有效地加速了宜昌现代化的进程。当然，我们在肯定宜昌海关积极作用的同时，也不能忽略了它的半殖民性。从1877年至1911年，宜昌关共有24人担任税务司职务（含署理和代理），全部为外国人，其

---

① 段超：《试论清代宜昌城市的发展》，《华中师范大学学报》（哲学社会科学版）1989年第1期。

② 参见王铁崖编《中外旧约章汇编》第1册，生活·读书·新知三联书店1957年版，第471—472页。

③ 邓德耀、李进都：《宜昌海关史略（1877—1949）》，载中国人民政治协商会议湖北宜昌市委员会文史资料文员会编《宜昌市文史资料》第6辑，1991年，第48页。

中英国人共 17 位，占有绝对优势。① 宜昌海关的设立破坏了国家权力对民族经济发展的屏护职能，使其变为西方国家掠夺中国内陆资源和倾销其工业商品的利器。1900 年以后，宜昌海关的部分款项直接被海关总署截留，用以偿还外债和赔款，海关又沦为外国经济压榨中国的工具。

外国洋行的进入促发了宜昌贸易结构的转型。宜昌开埠之后，外国洋行如查顿洋行、太古洋行、立德乐洋行等相继而至。据不完全统计，截至 1911 年，宜昌一地共有洋行 17 家，洋商及眷属 119 人，其中英国洋行 5 家，商人及眷属 42 人，日本洋行 9 家，商人及眷属共 11 人。② 洋行的到来，首先刺激了宜昌本地商业的贸易的发展，"过去的 10 年里，中国人在宜昌建立商号的数量有相当大的增长"③。同时，洋行也推动了宜昌对外贸易的发展，开埠后仅几年时间，"城内已有十五家出售洋布的商店"④。由于对外贸易迅速发展，宜昌的贸易结构出现转型。开埠之前宜昌的传统贸易中，最大宗的货物是川盐和川米。开埠之后土货出口和洋货进口渐占据重要地位，"常年贸易，出口货以棉花、牛羊皮、麦、木耳、桐油、生漆、药材、五倍子、烟草等为大宗，进口货以棉纱、棉布、染料、煤油、白糖、纸张等为大宗"⑤。

轮船航运既是宜昌早期现代化的象征，又是重要引擎。首先，轮船航运，作为近代标志性的交通运输方式，它的出现本身即是早期现代化的产物。宜昌开埠不久，中国本土航运公司招商局率先开辟了汉宜航线，并设置招商局宜昌分局。1891 年之前招商局独揽汉宜航线，凡有入川货件，均归载运，"生意日盛，客货滞装"⑥。1891 年后，太古、怡和、美最时、大阪等外国公司相继涉足汉宜航线。20 世纪初，汉宜航线上共有 6 家公

---

① 参见孙修福编译《中国近代海关高级职员年表》，中国海关出版社 2004 年版，第 220—222 页。

② 参见苏云峰《中国现代化的区域研究（湖北省卷，1860—1916）》，"中研院"近代史所 1987 年版，第 110—113 页。

③ ［英］李约德：《宜昌海关十年报告（1882—1891）》，载中国人民政治协商会议湖北省委员会文史资料研究委员会编《湖北文史资料》，1987 年，第 209 页。

④ 段超：《试论清代宜昌城市的发展》，《华中师范大学学报》（哲学社会科学版）1989 年第 1 期。

⑤ 於曙峦：《宜昌》，《东方杂志》1926 年第 23 卷第 6 号。

⑥ 郑观应：《长江日记》，上海古籍出版社 2010 年版，第 191 页。

司参与营运，8条轮船，总吨位8000余吨。① 轮船航运对于宜昌贸易的促进是明显的，"事实证明过去用帆船需要四十天才能运到宜昌的货物，如果用轮船只需五天就运来了"，"轮船运输的收益绝非该业务唯一利益，它还附带给予湖北省西部的生产事业以新的刺激"②。

近代教育的诞生也是宜昌早期现代化的体现。宜昌的近代教育机构，既包括外国力量在宜昌建立的教会学校，还包括20世纪初由宜昌地方府所创办的新式学堂。从时间来看，教会学校的创办和发展远早于宜昌本地的新式学堂。至1907年，宜昌各县共创办多所新式小学堂，其中高等和两等小学堂数量共7所。③ 关于外国力量创办的教会学校，如表3—1。

表3—1　　　　　　　　晚清宜昌外国教会学校一览表④

校名	所属教会	创办时间	备注
福音小学	长老会	1878	
文教小修院	天主教	1884	
安德烈学校	长老会	1885	1901年改为华英书院
务本小学	行道会	1895	
圣灵女校	圣公会	1900	
女塾	长老会	1900	1912年发展为私立哀欧拿女子中学和哀中附小。
育德学校	长老	时间不详	

这一阶段，宜昌的工业现代化进展较为缓慢。张之洞离鄂之际仅有几家企业：1899年创办的茂大卷烟制造所，1905年创办的宜人纺织机坊，1905年创办的劝工导善习艺所和1907年创办的李正顺机器翻砂厂。这有限的几家企业机械化程度不高，更类似于传统的手工工场。近代医疗方

---

① 参见东亚同文会编《支那省别全志·湖北省》，国家图书馆出版社2015年版，第281页。
② 聂宝璋等编：《中国近代航运史资料·第一辑下册1840—1895年》，上海人民出版社1983年版，第1339页。
③ 参见熊贤君《湖北教育史》上册《湖北小学堂一览表》，湖北教育出版社1999年版。
④ 本表摘自黄长义《近代开埠与宜昌社会变迁（1877—1926）》，载张建民主编《10世纪以来长江中游区域环境、经济与社会变迁》，武汉大学出版社2008年版，第397页。

面，也并没有较大发展，仅出现几家教会创办的小诊所而已。

总之，1877年开埠之后，宜昌经历了从传统的"过载码头"向近代贸易港口的现代化转型，短时间内人口迅速增加，城市面貌发生显著变革。不过，至清代结束，宜昌的早期现代化建设依然处于初级阶段，"不仅与汉口、重庆等特大口岸城市不能比，就是与沙市、九江、芜湖等同类口岸城市相比，也相对发展缓慢"①。

二 沙市的早期现代化

沙市的开埠，缘于此前开埠的宜昌没有满足外国力量的需求，"宜昌到底非贸易中心地，各外国商贾，因其不便，积望于汉宜间别开一口"②。沙市正位于汉、宜之间，"附近如江凌、枝江、松滋、公安、石首、监利等县，皆土地肥沃，人烟稠密，米谷、棉花、杂粮、丝茧等产，亦颇丰富，而水道四通八达（如东西之长江，北之便河，直通汉水；南之虎渡河，直达洞庭；西北沮水，上达当阳远安）"③，故为"汉宜之间别开一口"的不二选择。

开埠之前，沙市因川盐破岸行楚而出现短暂的繁荣，不过，这一短暂的繁荣仍可视为传统经济发展的自然结果。1895年开埠之后，在外力的冲击下，沙市艰难地迈上了早期现代化之路，逐渐出现了一系列现代化因素，虽然力量尚比较薄弱，却意味着崭新时代的开始。

1896年，沙市设立海关，标志着沙市近代税收体制的初步建立。从1896年至1911年，沙市关共有11人担任税务司职务（含署理和代理），其中英国占6人。④ 可见，晚清50年间英国力量基本上把持了湖北的海关。

随着海关的设立，外国洋行也开始纷纷进入沙市。其中，日本洋行极

---

① 黄长义：《近代开埠与宜昌社会变迁（1877—1926）》，载张建民主编《10世纪以来长江中游区域环境、经济与社会变迁》，武汉大学出版社2008年版，第403页。
② ［日］二口美久：《明治三十一年（1898）沙市贸易年报》，载《湖北商务报》第十三册，光绪二十五年七月二十一日。
③ 於曙峦：《沙市》，《东方杂志》1926年第23卷第7号。
④ 参见孙修福编译《中国近代海关高级职员年表》，中国海关出版社2004年版，第430页。

为重视沙市市场的开拓，曾专门在日本领事馆旁举办商品标本陈列所，"展示出了一批日本货样品，包括原料和制品，当地商人颇为关注"①。日本在沙市的人数经常居各国之首，"沙市外国商行多为日人经营"②，"留居荆沙的日本商人、技师及领事馆官员，一度达到百人以上"③。至辛亥革命之前，日本在沙市的商业机构有8家，共18人，而在长江流域拥有广泛利益的英国则仅有2家，共5人。④沙市的外国力量中日本实力位居第一，这与湖北其他两个通商口岸汉口、宜昌明显不同。外国洋行作为新的商业组织出现在沙市，给沙市传统商业贸易带去了明显冲击，同时刺激了沙市中外贸易的发展，进而推动沙市经济的近代转型。

  沙市的开埠有力地促进了沙市的轮船航运业。沙市开埠之前，中国轮船招商局已在沙市开设办事处，经营沙宜、汉沙航线。1895年后，缘于中外贸易的发展及通商条约的准许，英商的太古、怡和轮船航运公司纷纷染指沙市轮船航运，日本大阪轮船公司紧随其后强势介入。招商局、太古、怡和及大阪公司之间，一度展开激烈争夺。其中，日本大阪商船会社发展最快，它在沙市成立分支公司后，一方面加快配套设施建设，在码头停靠"太丸"号铁驳船做趸船，解决以往过驳的困难；另一方面不断完善服务质量，"太古、怡和、招商的轮船停靠沙市都是不定期的，而大阪轮船却按时间表航行，并且不断完善其装卸设备，降低运费，还常采用免费乘船和赠送'洋伞'等物招揽旅客和货主"⑤。1907年，大阪轮船公司沙市分支公司改组为日清株式会社沙市办事处，此后其轮船航运实力一直居沙市之首。开埠之后，虽然外国轮船公司开始涉足沙市航运市场，并且日清株式会社后来居上，但是必须承认，这一阶段，沙市的轮船航运业较

---

① ［英］牛曼：《1897年沙市海关贸易报告》，载湖北省志贸易志编辑室编《湖北近代经济贸易史料选辑》第3辑，内部发行，1985年，第261页。

② ［英］莱尔：《1905年沙市海关贸易报告》，载湖北省志贸易志编辑室编《湖北近代经济贸易史料选辑》第3辑，内部发行，1985年，第267页。

③ 徐凯希：《略论近代沙市社会经济的变迁——近代长江中游通商口岸研究之一》，《江汉论坛》2003年第7期。

④ 参见苏云峰《中国现代化的区域研究（湖北省卷，1860—1916）》，"中研院"近代史研究所1987年版，第111—113页。

⑤ 员力：《日清株式会社在沙市的建立与关闭》，载沙市市政协文史资料编纂委员会编《沙市文史资料》第2辑，内部发行，1987年，第84页。

以前有了质的飞跃。

轮船航运业的进展,推动了沙市的港口现代化建设。1904年英国海关官员奥威尔的《沙市概况报告》中提到:"由于沙市商埠,既没有码头,又没有趸船,所有大轮船,都必须抛锚停在江中","在沙市海关沿岸的地方,没有任何处所适于停泊趸船。全部石铺的防浪堤岸,都停靠着密密麻麻的本地的各种船只,岸上的街道和码头,都很肮脏,狭窄而拥挤,根本不能让大型货物自由地运转。"① 仅仅过了1年,情况已得到显著的改观。《1905年沙市海关贸易报告》记述:"本年4月海关码头建成,新码头长400码,有三座停靠趸船的大栈桥和两座小栈桥","已有一家船公司申请租用趸船船台"②。

沙市附近棉花资源极其丰富,拥有发展近代棉纺织工业的优越环境。开埠之初,英国海关官员即认为,"沙市有发展成为制造业中心特别是纱厂的适宜条件,前景良好"③。然而,7年之后,沙市的棉纺织工业依然没有任何动静,另一位英国海关官员不得不无奈地指出,"沙市固然有供应丰富、成本低廉的煤和可供使用的劳动力,但如果说棉花工厂现在就可以建立起来,棉线、棉布的制造现在就可以顺利地开始,这种推测,也确实是不合事实的"④。直至1911年,无论是中国人还是外国人,都没有在沙市创办近代的棉纺织工业,甚至连与棉花贸易相关的机器打包业也是一片空白,这正是晚清沙市早期现代化进程的一个致命弱点。

除了外国力量的催生之外,20世纪初湖北开展的部分现代化革新,诸如新式学堂的建立等措施,也对沙市产生些许影响。但是,直至清代结束,沙市仅仅是一个没有正式行政管理的镇,地方政府基本采取放任自由

---

① [英]奥尔夫:《一位英国官员心中的沙市——〈1904年沙市概况的报告〉》,冯庆华摘译,载沙市市政协文史资料编纂委员会编《沙市文史资料》第2辑,内部发行,1987年,第335、336页。

② [英]莱:《1905年沙市海关贸易报告》,载湖北省志贸易志编辑室编《湖北近代经济贸易史料选辑》第3辑,内部发行,1985年,第267页。

③ [英]牛曼:《1897年沙市海关贸易报告》,载湖北省志贸易志编辑室编《湖北近代经济贸易史料选辑》第3辑,内部发行,1985年,第260页。

④ [英]奥尔夫:《一位英国官员心中的沙市——〈1904年沙市概况的报告〉》,冯庆华摘译,载沙市市政协文史资料编纂委员会编《沙市文史资料》第2辑,内部发行,1987年,第338页。

的开放政策，作用并不显著。

三　宜昌和沙市早期现代化的异同

通过对宜昌与沙市早期现代化的论述可以发现，两地的早期现代化进程既有相同之处，又有不同之点。宜昌和沙市早期现代化的相同之处有四。

之一，两地的早期现代化都源自外力的冲击，外国力量对两地的现代化进程产生双重影响。不过，在宜昌和沙市开埠后的现代化因素的成长初期，外国力量的促进作用较为明显。

之二，两地都没有真正的近代工业产生，这正是两地与同是通商口岸的汉口之间的差距。工业化是早期现代化的核心，而两地的早期现代化主要表现在商业、交通和教育等方面，表明两地早期现代化后天发展不足。

之三，在两地的早期现代化进程中，都发生过多次大规模的排外事件。诸如1891年的宜昌教案和1898年的沙市骚乱。这些排外事件可以看出，晚清湖北地方社会逐渐呈现失控的态势。

之四，两地的早期现代化都没有受到地方政府的过多干预。沙市于晚清始终是一个没有正式行政建制的镇，地方政府对其发展没有过多干预；宜昌位于湖北省之边陲，省级政府则对此无力干预。

宜昌和沙市早期现代化的差异之点则有二。

之一，在宜昌，日本力量虽然也较为强大，但仍以英国力量为首；而在沙市，日本力量独大，远超过英国力量。

之二，宜昌和沙市早期现代化的辐射广度有着明显差别。宜昌周围重山环绕，"除了沿江一线，它几乎是一座被关闭的山城"①。宜昌贸易地位的重要性缘于它是四川全省对外贸易之咽喉，其与周边的经济联系较少。因此，宜昌的现代化仅仅限于一城之地，对于周边区域基本没有产生影响。沙市水路四通八达，周边区域经济富庶，因而沙市的现代化不止步于一地，它对周边有相对较强的影响力。沙市作为"荆州旧属土洋货物集

---

①《1885年宜昌海关贸易报告》，转引自段超《试论清代宜昌城市的发展》，《华中师范大学学报》（哲学社会科学版）1989年第1期。

散之中心"①，通过对外贸易的带动，将周围地区纳入国际市场，从而加速该区域传统经济社会的瓦解，为这一区域现代化发展奠定基础。

第三节 现代化向腹地的扩散

晚清以降，现代化的进程在湖北腹地，即武汉地区、宜昌、沙市之外的区域，缓慢蠕动，发展态势相对微弱。

一 现代化向腹地扩散效应不彰

工业化的发展程度是评估现代化进程的重要标杆。湖北腹地的工业化发展，首推大冶。大冶的工业化，缘于其丰富的铁矿资源和便利的水运交通，"查明大冶县铁矿实系产旺质良，取用不竭，距江边黄石港仅五十余里"②。1890年大冶铁矿创建，并陆续进行了一系列现代化建设，涉及机械、轮船、电力、铁路、通信、港口等多个领域，集中反映了近代工业文明的多项成果。大冶铁矿不仅造就了中国第一座机械化开采的露天矿山，而且修筑了一段轻便运输铁路，开湖北近代铁路之先河，"也是长江流域在甲午战争以前建成的唯一的一条铁路"③。大冶铁矿作为大冶地区工业现代化重要引擎，它早期的创办者张之洞被当地人广泛认可，"遇非常之人，建非常之功，取精用宏……开亘古未有之奇"④。1907年，在张之洞的支持下，程祖福在大冶创办中国第二家水泥厂湖北水泥厂，"大冶湖北水泥厂的兴建打破了河北唐山启新公司独霸中原水泥市场的局面，也开创了湖北近代水泥工业的历史"⑤。

以大冶铁矿为中心的大冶工业化建设，在晚清湖北工业化史中占有重要地位。不过，大冶工业化仅是湖北腹地近代工业发展的特例，从某种程

---

① 於曙栾：《沙市》，《东方杂志》1926年第23卷第7号。
② 《张之洞全集》第二册，武汉出版社2008年版，第386页。
③ 张仲礼等：《长江沿江城市与中国近代化》，上海人民出版社2002年版，第309页。
④ 马源：《张之洞与大冶铁矿的早期开采》，政协湖北省文史资料委员会编《湖北文史资料》第2辑，1992年版，第144页。
⑤ 李盛华：《张之洞与大冶湖北水泥厂》，载中国人民政治协商会议黄石市黄石港区委员会文史资料编辑委员会编《悠悠黄石港》，内部发行，2007年，第65页。

度上讲，大冶的工业仅是汉阳铁厂（后来是汉冶萍公司）的附庸。除了大冶以外，湖北腹地其他区域的工业化则显得黯淡无光。1907年，张之洞离鄂之际，在湖广总督的积极倡导下，方才出现3个地方官创办的小型工厂和谢武钢创办的老河口织布厂。3个官办企业更类似于手工工场，主要用以生产棉布、绸缎、漆器等。关于这一阶段湖北腹地创办的工厂概况，如表3—2。

表3—2　1908年前湖北腹地（武汉地区、沙市、宜昌除外）工厂概况①

厂名	开办年份	创办者	性质	地点	主要业务
大冶铁矿	1890	张之洞	官办	大冶	铁矿石开采
湖北水泥厂	1907	程祖福	官办	大冶	水泥生产
郧阳工艺局	1907	郧阳知县	官办	郧阳	棉布生产
施南创业公所	1907	施南知府	官办	恩施	绸缎、漆器生产
天门织布厂	1907	天门知县	官办	天门	棉布生产
老河口织布厂	1906	谢武钢	民营	老河口	棉布生产

　　教育近代化方面，由于张之洞的重视，湖北腹地的现代化程度虽然远逊于省城武昌，但较他省，仍然堪称楷模。特别是张之洞督鄂后期，大力增加府县的教育经费，将各州县本应解庚子赔款的60万两全部留在地方，充当办学经费。教育经费的提高，对于湖北腹地教育的普及产生重要作用，"光绪二十七年（1901）以前，新式学堂不过数所，且几乎集中在省城，翌年增加二倍半，但仍偏属于省城；自30年（1904）激速增加，各州县开始超过省城，迄33年（1907），全省有学堂1500所"②。湖北腹地在新式学堂的某些方面，甚至走在前列。以州县创办的两等小学堂和高等小学堂为例，1907年，湖北腹地两等小学堂和高等小学堂数量，以黄州府为最，多达18所，高于武昌府和汉阳府，而其他腹地区域也存在数量不等的两等小学堂和高等小学堂。张之洞离鄂之际湖北州县两等小学堂和

---

① 资料统计来自任放《近代两湖地区的工业格局》，《人文论丛》2012年卷。
② 苏云峰：《中国现代化的区域研究（湖北省卷，1860—1916）》，"中研院"近代史所1987年版，第273页。

高等小学堂数量,如表 3—3。

表 3—3   1907 年湖北州县高等和两等小学堂数量①

府名	数目	府名	数目	府名	数目
武昌	11	德安	4	宜昌	7
汉阳	10	荆州	11	施南	6
黄州	18	襄阳	12	荆门州	4
安陆	6	郧阳	5		

除了以上两个方面,湖北腹地其他方面的现代化建设更少。外国教会虽然在腹地创办了几家医疗机构和救济院,但是由于外国教会与大众之间存在严重隔阂,社会影响有限,有时反而成为中外冲突的导火索。总体而言,湖北腹地的现代化进程明显落后于宜昌和沙市两地,遑论武汉地区。

晚清湖北现代化从核心区域及其第二层带(宜昌、沙市)向湖北腹地(武汉地区、宜昌、沙市之外)的扩散效应何以不彰?

晚清湖北现代化核心区域的形成,固然与武汉地区的区位优势息息相关,但是外国力量和张之洞的推动更是不可或缺的因素。武汉地区的现代化进程,肇始于汉口开埠。从汉口开埠至张之洞督鄂的 28 年间,外国力量是湖北现代化的主要推手,湖北现代化的结晶也大多出现在汉口。张之洞督鄂之后,外国力量推动的湖北现代化内容依然按照原有的轨迹前行,这一时期张之洞主持的湖北新政逐渐成为湖北现代化的重要部分,甚至堪称主流。第二层带的现代化发展,则依赖有限的外国力量推动,是汉口现代化模式的扩散。可以看出,宜昌、沙市的区位优势明显劣于汉口,而其外国力量的推动更是远逊于汉口,同时,宜昌和沙市的地方官员没有能力、没有条件,也没有机会领导本区域的现代化建设。因此,其现代化发展跟武汉地区相比显得黯淡无光。发掘核心区和第二层带的现代化推动因素,基本可以发现晚清湖北扩散效应不彰的原因。

之一,湖北腹地自身的区位优势自然无法同核心区和第二层带相比。

---

① 数据来自熊贤君《湖北教育史》上册《湖北小学堂一览表》,湖北教育出版社 1999 年版。

特别是有些地区，诸如施南府、郧阳府等，地瘠人贫，周围群山阻隔，与外界交通极为不便。

之二，湖北广阔的腹地缺乏外国力量的刺激和示范。湖北广阔腹地并非完全没有外国力量的存在，不过，这些存在绝大多数仅以传教为目的，以商业等为目的的外国存在受到通商条约的严格限制。以传教为目的的外国力量虽然为湖北腹地带来了少数近代医院及福利院等，但是，更多时候，它却引起了本地人民强烈的排外情绪，多次酿发教案，对这些地区的现代化进展反而起到一定的破坏作用。

之三，湖北广阔的腹地没有出现像张之洞那样的能够有所作为的政治领导阶层。其实，即使出现，也难以有所作为，因为张之洞的湖北新政已经将湖北全省的财力倾注于武汉地区的现代化建设，晚清湖北极化效应过于明显，资源过于集中，腹地的官员根本就没有在本地区大规模进行现代化建设的财力基础。

之四，腹地的反现代化力量相对更加强势。不仅某些顽固士绅反对，有时候下层群众也会产生反现代化举动。例如，湖北腹地某些年份因天灾或者赋税过于沉重引发社会矛盾激化，饥民揭竿而起，而发泄的矛头竟然指向新式学堂。

总之，在自身区位优势并不明显的情况下，湖北广阔的腹地既缺乏外国力量的刺激和示范，又没有形成本土的政治领导阶层，相反，由于传统力量的桎梏，腹地反而出现了较核心区和第二层带更为激烈的顽固力量。

二　多层次现代化格局的形成

1919年，鲁迅这样写道："中国社会上的状态，简直是将几十世纪缩在一时：自油松片以至电灯，自独轮车以至飞机，自镖枪以至机关炮，自不许'妄谈法理'以至护法，自'食肉寝皮'的吃人思想以至人道主义，自迎尸拜蛇以至美育代宗教，都摩肩挨背的存在。"[①]

这一段经典文字虽然出自民国，却也深度贴合20世纪初晚清湖北的现代化实况。

1907年的汉口，英租界电灯公司和美最时电灯公司已经创办，长江

---

① 唐俟：《随感录五四》，《新青年》1919年6卷3号。

岸边西式洋房里的电灯闪烁着近代文明的亮光；在沙市或者宜昌，煤油灯开始普及，而煤油灯所需的煤油则源自遥远的俄国或者美国；而湖北的另外一些地方，诸如西北部的府县，人们的照明工具千年未变，部分贫困的家庭，晚上压根就没有照明。

1907年，以汉口为终点的芦汉铁路全线贯通，汉口至北京仅需要36个小时的车程，湖北领先全国大多数省份提前进入火车时代。此时，近代的蒸汽轮船已在湖北长江洋面航行了40多年，传统的帆船正逐步衰亡。而湖北的广大腹地，人们若要外出，或步行，或依赖马车，"火车"这个名词对于多数人而言闻所未闻，轮船对于江边的人们可能并不陌生，但是高昂的票价却让他们止步于听说或者眼见。

湖北内部的区域性差别更是明显。早在1863年，俄国的砖茶厂首次即给汉口带来了近代工业文明的火光，至张之洞离鄂之时，武汉地区已经"工厂林立"，汉阳的重工业一度甚至让洋人感到恐惧。当武汉地区俨然成为华中，乃至整个中国的重要工业制造中心时，宜昌和沙市都毫无作为，没有出现真正的近代工厂，何谈通商口岸之外的广阔腹地？不过，也有少数的例外，诸如大冶，因铁矿而成为湖北重要的钢铁工业基地之一。

思想文化领域，从海外舶来的近代新思想、科举培育的正统儒家文化以及地方传统影响下的民间思潮同时并存。1903年，一群来自湖北的日本留学生在东京创办了一份名为《湖北学生界》的刊物，这份刊物的发行总部位于武昌，其思想主张却源自西方，即使这个西方是一个日本化的"西方"。此时，武汉地区各式新学堂遍布，近代报刊业兴盛，成为各种思想文化激烈碰撞的中心。当然，也不能过度渲染冲突碰撞的程度，因为在湖北大多数区域，这种对抗并不激烈。鉴于现代化进程的区域性差别，不同的思想大多数时候存在于不同的空间，反而能够相安无事，互不干扰。

总而言之，张之洞离鄂之际，晚清湖北现代化的多层次格局俨然形成。此时的湖北社会，新旧杂处，多层次叠加，恰似一张庞大的千层饼。

第四节　张之洞离鄂时晚清
湖北现代化的困境

张之洞离鄂之际，晚清湖北现代化在历经一段辉煌灿烂的高潮之后转向低落，呈现出多方面的困境和危机。

一　湖北地方财政收支严重失衡

晚清湖北现代化之所以能够出现如此内容丰赡、壮观宏丽的雄阔气象，财力支持是先决条件，正如岑春煊所言，"一切新政非财政莫举"[①]。督鄂时期，张之洞形成了"筹巨款、办大事"的发展思路，"讲求农、工、商，本为富国起见，然当其创新法开埠之初，必先官设学堂以为教，官创机厂以为式，官助资本以为扶持，然后农、工、商之利可开。本欲阜财，必先费财，西洋各国皆然，而日本为尤著"[②]。

张之洞在鄂现代化事业的展布，正是其"筹巨款、办大事"思路的具体实践结晶。湖北税收在全国虽属中等，但因"筹巨款、办大事"，财政收支常年严重失衡，"鄂中各款，皆系随筹随用，向无存储，往往寅支卯粮"。至张之洞离鄂之时，能够筹到的"巨款"愈发不能满足"办大事"的需求，湖北地方财政濒临崩溃，形势严峻。

一方面，张之洞督鄂的后期和离鄂初期，由于时局的变化，能够筹集之"巨款"逐渐减少。盐厘是晚清湖北地方财政重要的收入之一。1895年之前，湖北地方政府可分得盐厘税收总额的60%。甲午战后，为偿还四国外债，湖北地方每年需摊派盐厘150万两，并于1898年由总税务司代征。因此，湖北盐厘税收入总额虽有所增加，但纳入地方政府财政支出的实际收入反而减少。海关税收的地方存留，也是晚清湖北地方财政收入的部分来源。同样，从1896年开始，因偿还四国外债，湖北海关需每年摊派144万两，"海关收入固为中央所有，自然降低中央政府支持地方新

[①] 《练兵处奏为议覆两广总督岑春煊奏于土膏捐统下认解练兵经费折》，中国第一历史档案馆，《练兵处档案全宗》。

[②] 《张之洞全集》第四册，武汉出版社2008年版，第37页。

政的能力"①。为了筹办巨款,张之洞还通过发行铜元的方式获利,"在张之洞的大力督促下,湖北成为清末铜元狂潮的最大赢家"②。湖北官方制造的铜币,"出数之多,得利之厚,为各省之冠"③。然而,从1905年开始,中央严令地方大幅降低铜币制造数量,湖北因此失去了一项重要收入。以至于张之洞坦言,"鄂省自铜元减铸后,本省所拨要需,皆苦无从应付"④。土膏税本非重要税源,1890年开始,张之洞进行改革整顿,"先是税收只七万余两,(土膏税)行之一年增至三十一万两,遂为收入大宗"⑤。张之洞离鄂之年土膏税达120万两,为最高点。禁烟行动却紧随其后,该收入短时间内迅速减少,"宣统元年九月后,每月仅拨银一、二万两不等,今年夏秋以来,已无拨款"⑥。

另一方面,随着湖北现代化诸事业的深入推进,张之洞离鄂时,"办大事"所需要的"巨款"越来越多。其中,教育和军事支出共占比重最大,增长规模亦最巨。教育方面的支出,1900年之前,省城的教育经费每年仅为10万两,1901年开始大幅提高,1902年达68万两左右,至1907年,更是高达126万两。军事方面支出的数额,增长速度更加明显。与北洋军的拨款全系清廷投入不同,湖北新军的编练,军费完全依赖湖北地方。湖北新军建制为一镇一协,装备精良,堪称南方最强,军费开支必然较多。1902年前,湖北军费开支仅为50万两,1904年增至100万两左右,至1906年,则猛增至450万两。⑦其他新政费用,亦逐年增多,以致湖北地方政府不得不向外国力量借债周转。张之洞的继任者陈夔龙对此一语中的:"张文襄公督鄂垂二十年,百废俱举,规模宏

---

① 参见苏云峰《中国现代化的区域研究(湖北省卷,1860—1916)》,"中研院"近代史所1987年版,第205、220页。
② 《张之洞全集》第三册,武汉出版社2008年版,第121页。
③ 《考查铜币大臣陈璧折——考查各省铜元铸造情形》,载中国人民银行总行参事室金融史料组编:《中国近代货币史资料》第1辑,中华书局1964年版,第884—889页。
④ 《张之洞全集》第八册,武汉出版社2008年版,第78页。
⑤ 许同莘:《张文襄公年谱》,上海商务印书馆1947年版,第112页。
⑥ 经济学会编:《湖北财政说明书》,1915年,第13页。
⑦ 参见苏云峰《中国现代化的区域研究(湖北省卷,1860—1916)》,"中研院"近代史所1987年版,第273、221页。

肆。第鄂系中省，财赋只有此数，取锱铢而用泥沙，不无积盛难继之虑。"①

1907年，张之洞离鄂，亏空之外，另欠华洋各款240万两，其在湖北"办大事"所耗费的"巨款"，远超过了湖北财政收入的限度。据此可见，《清史稿》评价张之洞之言并不为过，"莅官所至，比有兴作。勿宏大，不问费多寡"②。张之洞自己也曾承认，新政过程中"不免有虚耗度支之举"。

二 近代官办工业陷入困境

张之洞在鄂的工业展布，虽一时"工厂林立"，"足以震动中外之视听"，然至1907年张之洞离鄂入京之时，情景颇有些惨淡不堪。

1908年，正当张之洞离鄂之时，汉阳铁厂、大冶铁矿和萍乡煤矿组建"汉冶萍煤铁厂矿股份有限公司"。汉阳铁厂自张之洞筹办以来，一直处于巨额亏损之中。1896年，张之洞被迫将汉阳铁厂交由盛宣怀实施官督商办。盛宣怀接手后，虽采取多种措施，诸如致力招徕商本、开发萍乡煤矿等，仍不能改变汉阳铁厂巨亏的困境。若要将汉阳铁厂真正盘活，扭转累年亏损的局面，便需要新的资金挹注，"自应另筹巨款添建新厂，方能转败为胜"③。然而，成立之初的汉冶萍公司"官款难筹，商本难集"④。日本力量果断抓住汉冶萍公司的这一弱点，以资本为武器，通过持续、大量借贷的特殊形式渗透，从而导致日本和汉冶萍公司之间形成了一种密不可分的畸形关系。大冶输送给日本制铁所的铁矿石数量迅速攀升上升，1907年，即张之洞离鄂之年，大冶铁矿输日铁矿石数量甚至占到该年度总产量的73.9%。⑤ 从表面看，张之洞离鄂之际，汉冶萍公司因日债而获得了暂时的发展，甚至出现了短暂的盈利，实际上，

---

① 陈夔龙：《梦蕉亭杂记》，世界知识出版社2007年版，第220页。
② 《清史稿》卷436，第41册，中华书局1977年版，第12380页。
③ 《盛宣怀致奕劻、载振函》，光绪二十九年九月二十三日，载陈旭麓主编《汉冶萍公司（二）·盛宣怀档案资料选辑之四》，上海人民出版社1986年版，第370页。
④ 《李维格：新公司接办汉阳铁厂之预算》，光绪三十一年三月上旬，载陈旭麓主编《汉冶萍公司（二）·盛宣怀档案资料选辑之四》，上海人民出版社1986年版，第489页。
⑤ 资料源自丁格兰《中国铁矿志》下册（农商部地质调查所，1923年，第209页）、张国辉《论汉冶萍公司的创建、发展和历史结局》（《中国经济史研究》1991年第2期）。

汉冶萍已开始陷入日债泥潭不可自拔，有沦为日本钢铁工业的附属的危险。

张之洞设立湖北纺织四局的动机，即是与外人争利，并将争得之利投入铁厂和枪炮厂。初期，纺织四局生机勃勃，特别是织布局销量颇广，"自湖北设织布局以来，每年汉口一口进口之洋布，已较往年少十四万匹"①。但是，与汉阳铁厂和湖北枪炮厂不同，湖北纺织四局所参与的是一个较为开放的、具有充分竞争的市场环境。纺织四局的楔入，立即引起外商的联合抵制，这反过来对纺织四局本身的管理和效率提出了能够抗衡竞争的较高要求。然而，由于官督商办的桎梏，纺织四局逐渐败下阵来。历经几次整顿，并无明显改观的情况下，张之洞渐有招商承办之意，"官办终无大起色，似宜及早招商。初年租价不妨从轻，随后酌量递加，当易成议"②。1902 年，湖北纺织四局租给应昌公司。至张之洞离鄂之时，已由商办的湖北纺织四局也并未真正崛起，在外国力量的排挤下，经营状况一般。

张之洞督鄂期间，湖北枪炮厂曾一度发展至顶峰，随即便因经费、生产管理等问题呈现衰落趋势，甚至陷入危机。从 1897 年湖北枪炮厂正式生产开始，清廷已无力拨专款建设，批示湖北地方"预为妥筹"③。依照张之洞原有思路，湖北枪炮厂建设经费来源有二。其一，从湖北其他官办企业，如湖北织布局的盈利中挹注，而此时的湖北织布局，自身都入不敷出，何谈资助其他。其二，从枪炮厂向他省输入的军品中获利，"每年所造之件，可分拨各省各营应用，令各省各营备价领械，辘轳收支"④。但是，湖北枪炮厂生产之军品，"与外洋买价约略相等"⑤，利润极微，拨付他省军品的回款有时甚至不能到账，"辘轳收支"也是奢谈。无奈之下，张之洞只有竭其所能，东挪西凑，尽力维持。湖北兵工厂经费的来源，主要为湖北地方盐厘、湖北土药税及其海关的部分拨付。不过，

---

① 《张之洞全集》第十二册，武汉出版社 2008 年版，第 184 页。
② 孙毓棠编：《中国近代工业史资料第 1 辑（1840—1895）》，科学出版社 1957 年版，第 919 页。
③ 《张之洞全集》第八册，武汉出版社 2008 年版，第 54 页。
④ 同上书，第 55 页。
⑤ 《张之洞全集》第三册，武汉出版社 2008 年版，第 301 页。

从 1904 年开始，湖北地方盐厘和海关的部分拨付因偿还四国还款日渐减少，湖北地方财政收支自身已出现巨额亏空，湖北兵工厂的经费问题日趋严重。迫不得已，湖北兵工厂"以重息挪借商款，积欠甚巨"①。截至 1907 年，湖北兵工厂共欠汉口华洋商款 500 余万两，最后由善后暂行先偿还 200 余万两。② 至 1908 年，湖北兵工厂原料消耗殆尽，经费更无着落，面临停产困境。除了经费短绌，湖北兵工厂还显露管理上的问题，"场内布局不合理，浪费燃料，枪炮制造粗糙，无烟药厂任用洋员却鲜见成效，缺少考选原料和试验杂质的实验室，枪炮样式译名混乱，章程不明，管理松散等"③。生产技术方面，湖北枪炮厂始终没有实现原料的自给，如精钢，本计划由汉阳铁厂提供，然"铁厂及其系造钢货、铁货，与造枪炮之钢相去甚远"④。生产原料不能自给，严重影响了湖北枪炮厂对国防的支持，"从八国联军侵华战争中清朝军队缺药少弹的状况可以看出，由于生产原料依赖进口，湖北枪炮厂乃至整个中国近代的兵工企业，在没有外援的情况下都无法独立运作，在战争中发挥的作用受到严重限制"⑤。

晚清湖北的官办工业中，以汉阳铁厂、湖北枪炮厂和湖北织布局规模最为宏阔，张之洞亦期望三者能够形成一个"自相挹注"的近代工业体系。⑥ 然而，张之洞离鄂之际，三厂不仅不能够"自相挹注"、"三事并举"，反而相继陷入窘境。汉阳铁厂最先出现危机，并率先由官办改为官督商办，1908 年之时，官督商办的汉冶萍公司依旧为资金缺口而奔走筹措，以致陷入日债的圈套。湖北纺织四局有过短暂的盈利，好景不长便出现困局，未至张之洞离鄂已由应昌公司承办，随后又在外国洋行公司的排挤下，惨淡经营。相对比较成功的湖北枪炮厂，至 1908 年亦在各方面出现危机，甚至遭遇面临停产的危险。有学者评论道，"张氏之有关企业观念，难能可贵，惟关系企业必须重视管理应运，步步为营，提高效率，互

---

① 《张之洞全集》第六册，武汉出版社 2008 年版，第 423 页。
② 参见《兵工厂经费奇绌之详记》，《时报》1908 年 2 月 14 日。
③ 刘薇：《张之洞与中国近代兵工企业》，博士学位论文，武汉大学，2010 年。
④ 《张之洞全集》第三册，武汉出版社 2008 年版，第 284 页。
⑤ 刘薇：《张之洞与中国近代兵工企业》，博士学位论文，武汉大学，2010 年。
⑥ 《张之洞全集》第三册，武汉出版社 2008 年版，第 78 页。

相支援。而张氏则以小养大，以新厂救旧厂，结果屡救屡败，同蹈覆辙"①。

三　外国势力深入渗透

汉口开埠之后，在鄂外国势力从无到有，逐渐扩张。不过，最初的30年时间，外国力量发展受到诸多限制，对湖北渗透的广度和深度有限。张之洞督鄂的18年间，正值国际国内环境剧变，在甲午中日战争和工业化运动等多重因素的作用下，外国在鄂力量急剧增长。张之洞离鄂之际，外国在鄂力量今非昔比，不仅"几个世纪以来汉口的老商业传统遂几乎完全被外来势力征服"②，而且继续向江汉腹地扩展。

首先，甲午战后日本势力迅速崛起。此前，在鄂外国力量以英、俄两国为最。1895年之后，日本染指湖北，"乘着甲午战胜的余威进入湖北，与美、法等国并驾齐驱，而又后来居上之势力"③。张之洞联日抗俄的外交政策，客观上又推动了在鄂日本势力的扩张。张之洞调鄂入京时，日本势力已不容小觑，实力仅次于英、俄，甚至有超越之态势。其次，张之洞督鄂期间外国势力在鄂的工业实力显著扩张。《马关条约》放宽了外国办厂的限制，刺激了外国力量在鄂设厂投资的热情。借助于以往优势和新不平等条约，外国力量基本控制了湖北的砖茶、蛋产品加工、烟草等工业部门，致使这些轻工业部门畸形繁荣。另外，1895年，沙市开辟为通商口岸，外国力量开始渗入荆沙地区。外国力量从最开始的汉口一地，扩展至汉、宜、沙三地，并通过三地的辐射，将整个湖北地区或深或浅地纳入到国际市场。

外国势力对于晚清湖北现代化的作用，恰似一把锋利的双刃剑，它客观上促进了晚清湖北现代化的历史进程，又在一定程度上阻碍了晚清湖北现代化的发展。然而，随着晚清湖北现代化的深入推进，外国势力对晚清

---

① 苏云峰：《中国现代化的区域研究（湖北省卷，1860—1916）》，"中研院"近代史所1987年版，第220页。
② [美]罗威廉：《汉口：一个中国城市的商业和社会（1796—1889）》，江溶、鲁西奇译，中国人民大学出版社2005年版，第100页。
③ 苏云峰：《中国现代化的区域研究（湖北省卷，1860—1916）》，"中研院"近代史所1987年版，第110页。

湖北现代化双重作用之一的消极作用越来越明显,"外国商人,为了打击湖北的工业,往往采取抵制,或倾销政策,迫使鄂厂由滞销而周转不灵而倒闭"①。罗福惠指出,19 世纪"90 年代末列强在中国掀起瓜分狂潮后,几个主要帝国主义国家在湖北扩大和新辟租界,大力增设洋行,扩大资本输出,几乎控制了湖北的经济命脉"②。至张之洞离鄂之际,"几乎控制了湖北经济命脉"的外国势力深入渗透到湖北的主要地区,渐成晚清湖北现代化发展的阻碍。面对这种阻碍,中央和地方政府想有所作为,也不敢与之进行彻底斗争,从而迫使晚清湖北现代化出现畸形发展,这正是此时晚清湖北现代化发展的困境之一。

四 社会矛盾渐趋激化

张之洞离鄂之际,社会矛盾渐趋激化,甚至呈现出不可调和的发展态势。

社会矛盾渐趋激化,首先表现在湖北省内城乡下层人民骚动增多。张之洞督鄂期间为了推行湖北新政,税收增加过快、过猛,甚至达到极限,导致人民不堪重负。一些新政的创举,不仅没有给人民带来立竿见影的效益,相反还损害了其切身利益。例如,张之洞为了整顿金融市场和筹措新政经费,大肆发行铜元,引发严重的通货膨胀。1908 年,英国驻宜昌领事便指出,"在前十年内,用铜币购买芝麻油、皮棉、小麦、大麦、酒类、食盐和猪肉,其价格上涨几乎接近了 100%"。对于本身已经不堪重负的普通人民而言,通货膨胀无异于雪上加霜,"这种通货膨胀并不局限于主要商业中心。日本人的报告提到,由通货膨胀引起的骚扰,实际上遍及湖北的每一个角落"③。各种因素叠加,从张之洞督鄂后期开始,湖北的城乡骚动此起彼伏。在城市,摊贩、贫困市民和无业者多次与政府当局发生冲突,甚至酿成大规模暴动。城市工人罢工也时有发生,如 1905 年汉口铜货帮 3000 多工人罢工,1907 年汉口铜币工人罢工,1909 年顺丰、

---

① 苏云峰:《中国现代化的区域研究(湖北省卷,1860—1916)》,"中研院"近代史所 1987 年版,第 394 页。
② 罗福惠:《湖北通史·晚清卷》,华中师范大学出版社 1999 年版,第 279 页。
③ [美]周锡瑞:《改良与革命:辛亥革命在两湖》,杨慎之译,江苏人民出版社 2007 年版,第 145—146 页。

阜昌等砖茶厂八九千工人罢工等。① 在农村，部分农民因天灾及新政强加摊派的赋税而破产，饥民时常揭竿而起，有时甚至将发泄的矛头指向新式学堂。

社会矛盾日渐激化，还表现为中外教案冲突此起彼伏。张之洞督鄂之后，湖北教案频发，甚至达到高潮，尤其在湖北西部地区集中爆发了一系列大规模的反洋教斗争。1889年至1907年之间，湖北共发生38起教案。② 从全国范围来看，晚清湖北教案并不激烈。但是，教案涉及多方力量，诸如外国势力、绅士阶层、地方政府、下层百姓和秘密结社等，处理不慎，往往引起了恶性循环。首先，教案过后往往需要赔款，这些赔款仍然来自湖北赋税，最终再次加重了人民的负担。其次，湖北教案，特别是1891年的长江连环教案，涉及秘密结社哥老会，秘密组织的肆意妄为既是晚清湖北社会失控的表现，同时加剧了失控的程度。最后，也是最重要的，在处理这些中外冲突之时，湖北地方官员——包括张之洞——迫于各种压力，往往会采取偏袒政策。即使最终平息了这些冲突，偏袒政策却让官绅之间、官民之间出现了更大的嫌隙，离心离德之情绪愈加明显，从而发酵为下一次更严重的民变事件。

张之洞督鄂19年，虽然在诸多方面颇有建树，却客观激化了晚清湖北社会的矛盾。张之洞离鄂之后，渐趋紧张的社会矛盾继续发酵，最终同其他因素一起合力引爆辛亥武昌起义。

以上四点之间相辅相成，在一定程度上互为因果。近代官办工业上的失败加剧了晚清湖北的财政收支失衡，晚清湖北财政的严重亏空则是近代官办工业濒于破产的重要因素，而且还导致了社会矛盾的激化。外国力量的深入渗透压制了晚清湖北近代官方工业的发展，也造成了社会矛盾的紧张；同时因为湖北官方工业的偃旗息鼓及其对湖北社会排外情绪的惧怕，外国力量又反过来加强了对晚清湖北的渗透和控制。

---

① 参见李时岳《辛亥革命时期两湖地区的革命活动》，生活·读书·新知三联书店1957年版，第44页。

② 参见刘元《晚清湖北教案研究——以官绅民为中心的考察》，人民出版社2014年版，第40—46页。

张之洞督鄂后期，这些困境已经出现。不过，由于张之洞励精图治，手段高超，尚能部分抑制危机的进一步蔓延。张之洞离鄂之后，历任湖广总督仅任期短暂如走马观花，期待他们能有所突破，实属奢望。

第四章

武昌起义前夕的湖北现代化进程（1908—1911）

从张之洞离鄂到武昌起义仅有4年，时间虽短，却对其后湖北的现代化历程产生深刻影响。这4年间，湖北的现代化历史进入深化阶段，涉及以往从未发生的政治革新与转型。同时，晚清湖北的现代化转型与"武昌起义"有直接的密切关系，以现代化视角重新观察武昌起义，或许是诠释武昌起义的一个新思路。本章主要阐发"后张之洞时代"的近代工业发展、立宪运动下政治体制的革新、革命风潮的涌动、现代化视野下的武昌起义等内容。

第一节 "后张之洞时代"的近代工业发展

工业是早期现代化的核心部门，其发达程度是现代化发展所处水平的重要标杆。"后张之洞时代"湖北的近代工业发展呈现出明显的分化现象：官办工业在张之洞督鄂后期本已面临诸多危机，"后张之洞时代"更是窒碍难行；外资工业在这一时期发展相对稳定，但步伐较为缓慢；民营工业则迅猛扩张，呈现出一片勃兴景象。

一 官办工业窒碍难行

上文已经提到，张之洞督鄂期间，所创办之官办工业虽"足以耸动中外之视听"①，但离鄂之际不仅不能"自相挹注""三事并举"，反而相继陷入窘境。汉阳铁厂自筹办以来，一直处于巨额亏损之中。1896年张之洞在无计可施的情形下被迫将汉阳铁厂交由盛宣怀实施官督商办。张之洞创设的湖北纺织四局，因官费支绌，不易维持，1902年由广东籍韦应南等招股承租，1903年广东籍买办邓纪常独自承办，1907年韦应南之父韦尚文接办，是为应昌股份有限公司。湖北枪炮厂自1904年开始经费问题已捉襟见肘，迫不得已，"以重息挪借商款，积欠甚巨"②。截至1907年，湖北兵工厂共欠汉口华洋商款500余万两，最后由善后局暂行先偿还200余万两。③

进入"后张之洞时代"，本已陷入窘境的官办工业更是苟延残喘，"均足令人生人亡政息之感"④。1908年，汉阳铁厂、大冶铁矿和萍乡煤矿最终改组为"汉冶萍煤铁厂矿股份有限公司"。汉冶萍公司成立之初，"官款难筹，商本难集"⑤。日本方面果断抓住汉冶萍公司的这一弱点，以资本为武器，通过持续、大量借贷的特殊形式渗透，导致日本和汉冶萍公司之间形成了一种密不可分的畸形关系。汉冶萍公司因日债而获得了暂时的发展，甚至出现了短暂的盈利，实际上，汉冶萍已开始陷入日债泥潭不可自拔，有沦为日本钢铁工业附庸的危险。湖北纺织四局商办初期并无大的起色，每年仍有亏累，后经整顿方才开始稍有获利。然而，纺织四局刚步入正轨，上海商人刘伯森便依仗与新任鄂督瑞澂的特殊关系夺取应昌公司的承租权，使纺织四局重新陷入窘境。张之洞离鄂之后，湖北兵工厂原料消耗殆尽，经费问题更无着落，面临停产困境。1908年，湖北兵工厂又更名为汉阳兵工厂，接任鄂督陈夔龙为了能够维持工厂运转极力奏请清廷拨款支援。

"后张之洞时代"，由于湖北财政亏空巨大，新筹建的官办工业无论规模还是数量，都不可与以往同日而语。其中，较有影响的企业主要为：

---

① 张继煦：《张文襄公治鄂记》，湖北通志馆1947年版，第7页。
② 《张之洞全集》第六册，武汉出版社2008年版，第423页。
③ 《兵工厂经费奇绌之详记》，《时报》1908年2月14日。
④ 《鄂纱布丝麻四局争租之观察》，《申报》1922年1月22日。
⑤ 《李维格：新公司接办汉阳铁厂之预算》，光绪三十一年三月上旬，载陈旭麓主编《汉冶萍公司（二）·盛宣怀档案资料选辑之四》，上海人民出版社1986年版，第489页。

1909年湖广总督陈夔龙创办的湖北印刷局，1910年度支部创办的谌家矶造纸厂，1911年邮传部创办的京汉铁路汉口机械厂等。

二 外资工业缓慢发展

"后张之洞时代"，外资工业发展基本稳定，渐趋式微。1907年，张之洞离鄂之年，日本商人投资创办了东亚面粉会社，德国商人创办了美最时电灯厂。1908年至辛亥革命之前，外资筹建的新企业仅有7家，具体如表4—1。

表4—1　　1908年至辛亥革命前湖北新办外族工厂一览表[①]

国别	企业名称	开办年份	业务
英国	和记洋行冰冻食物厂	1908	冷藏
英国、美国	颐中烟草公司汉口宗关工厂	1908	卷烟制造
法国	法华蒸酒公司	1909	酿酒
英国	永源蛋厂	1909	蛋品加工
德国	贝格德蛋厂	1909	酿酒
法国	康成造酒厂	1910	蛋品加工
英国	和记蛋厂	1911	蛋品加工

这7家企业全部属于轻工业部门，且集中于汉口。其中，蛋产品加工厂3家，基本延续了湖北外资工业在以往所形成的传统优势。

三 民营工业迅猛扩张

晚清湖北的民营工业姗姗来迟，诞生于外资工业和官办工业出现之后。1894年汉口新昶机器厂的创办，标志晚清湖北民营工业的嚆矢。[②] 湖北民营工业虽然起步较晚，但是发展迅猛。辛亥革命前夕，湖北地区共有

[①]　参见任放《近代两湖地区的工业格局》，载冯天瑜主编《人文论丛》（2012年卷），中国社会科学出版社2012年版，第221页。

[②]　有关湖北地区民族工业的诞生时间，参见皮明庥等《武汉通史·晚清卷》，武汉出版社2006年版，第261—262页。

143家民营企业。①

张之洞离鄂之年，即1907年，湖北地区共创办民营企业36家，从1908年至辛亥革命，又有57家民营企业诞生，可谓是晚清湖北民营工业发展的高潮。有关这一时期湖北新办民营工厂的概况如表4—2。

表4—2　　1908年至辛亥革命前湖北新办民营工厂一览表②

厂名	开办年	地点	业务	厂名	开办年	地点	业务
两宜纸烟厂	1908	汉口	生产香烟	工业传习所	辛亥前	武昌	印刷、制墨
天盛榨油厂	1908	汉口	榨油	扬子公司炼锑厂	辛亥前	汉口	金属加工
天成印刷公司	1908	汉口	印刷	东福炼锑厂	辛亥前	汉口	金属加工
泰昌机器厂	1909	汉口	修理机具	玉兴银珠厂	辛亥前	汉口	金属加工
李兴发机器厂	1909	汉口	修理机具	裕宁银珠厂	辛亥前	汉口	金属加工
同昌机器厂	1909	汉口	修理机具	华兴肥皂厂	辛亥前	汉阳	生产肥皂
武昌机器厂	1909	武昌	修理机具	升茂玉记肥皂厂	辛亥前	汉阳	生产肥皂
傅集文石印刻字馆	1909	汉口	铅印、石印	光华洋烛厂	辛亥前	汉口	生产蜡烛
蔚华印书馆	1909	汉口	印刷	协应公司织毛厂	辛亥前	汉阳	毛纺
肇新织染有限公司	1909	汉口	染织	恒丰织袜机器厂	辛亥前	汉口	制袜
美仑机器制造麻袋公司	1909	汉口	生产麻袋	鸿昌织布厂	辛亥前	汉阳	生产棉布
振新茶砖总公司	1909	蒲圻	生产砖茶	劝工院织布厂	辛亥前	汉口	生产棉布

---

① 143家民营企业中包含先由官办后又招商承办的企业7家，这7家企业分别为1896年由盛宣怀承办的汉阳铁厂，1902年由韦应南等人承办之湖北纺织四局，1908年由吴干臣承办的湖北模范工厂，1911年由梁炳农承办的湖北针钉厂。参见任放《近代两湖地区的工业格局》，载冯天瑜主编《人文论丛》（2012年卷），中国社会科学出版社2012年版，第238页。

② 参见任放《近代两湖地区的工业格局》，载冯天瑜主编《人文论丛》（2012年卷），中国社会科学出版社2012年版，第239—243页。

续表

厂名	开办年	地点	业务	厂名	开办年	地点	业务
湖北富池口铜煤矿	1910	阳新	采矿	锦云织布厂	辛亥前	汉口	生产棉布
胡尊记机器厂	1910	汉阳	生产柴油机等	陪德厚织布厂	辛亥前	汉口	生产棉布
吕棉花机器厂	1910	汉阳	修理机具	莫记公司织布厂	辛亥前	汉口	生产棉布
普润毛革厂	1910	汉口	生产皮毛	昌发织布厂	辛亥前	汉口	生产棉布
豆泰蛋厂	1910	汉口	蛋品加工	第一实业制造厂	辛亥前	武昌	生产爱国布、花布
公益蛋厂	1911	汉口	制造蛋粉	务本织业厂	辛亥前	武昌	生产爱国布
宝善米厂	1911	汉阳	碾米	凤昌织业厂	辛亥前	武昌	生产爱国布
谭花机器厂	1911	汉口	修理机具	广顺记玻璃厂	辛亥前	汉阳	生产玻璃
同吉祥织布厂	1911	宜昌	生产棉布	张国源面粉厂	辛亥前	汉口	生产面粉
世丰机器碾米厂	辛亥前	汉口	碾米	阜成面粉厂	辛亥前	汉口	生产面粉
大同煤砖厂	辛亥前	汉阳	生产煤砖	天生银球颜料厂	辛亥前	汉口	生产颜料
源丰榨油厂	辛亥前	汉阳	榨油	宝兴恒服务公司	辛亥前	汉口	未知
永昌榨油厂	辛亥前	汉阳	榨油	大雕砖瓦厂	辛亥前	鄂城	生产砖瓦
德栈榨油厂	辛亥前	汉口	榨油	万丰砖瓦厂	辛亥前	鄂城	生产砖瓦
纽合昌机器厂	辛亥前	汉口	修理机具	汉康印刷局	辛亥前	汉口	印刷
义昌机器厂	辛亥前	汉口	修理机具	工业传习所	辛亥前	武昌	印刷、制墨
顺义昌机器厂	辛亥前	汉口	修理机具				

从上表可以看出，晚清湖北的民营企业绝大多数分布在汉口，除了武昌和汉阳外，其他地区也零星出现，行业部门以轻工业为主。官办工业则分布在汉阳或者武昌，轻重工业并举，以重工业为主；外资企业亦集中在汉口，主要经营砖茶、蛋产品加工等部门。

可以说，1908年之后，湖北民营工业延续了1907年的发展势头，迅猛扩张,成为"后张之洞时代"湖北近代工业发展的一个明显亮点。

第二节 政治体制的初步改革

武汉起义前夕湖北现代化的显著特征,即现代化革新首次触及政治领域。政治体制的初步改革,标志着晚清湖北现代化进入一个崭新阶段。这一时期湖北政治领域的初步现代化表现在诸多方面,如司法体制的变革、警察制度的推行、财政制度的革新等,其中,湖北咨议局的创设和地方自治的开展两项改革效果最为显著,影响亦最为深远。

一 湖北咨议局的设立

有关湖北咨议局的探讨,学术价值显而易见。湖北咨议局创设之后,政治活动极为活跃,议长汤化龙对全国的立宪运动产生重要影响,"因此,对湖北咨议局及其代表人物作微观的个案研究,不仅是湖北地方史研究中不可或缺的环节,而且可望促进和丰富人们对咨议局、立宪派乃至清季立宪运动的整体的宏观研究"①。当前湖北咨议局的研究,已经出现部分学术论文,或者已在相关论文、论著中稍带提及。② 不过,既存的研究成果过于侧重湖北咨议局对立宪运动作用的阐述,忽略了对湖北咨议局机构本身的论述,以至于连某些基本史实都出现纰漏。笔者现以湖北咨议局作为研究对象,试图通过对该机构本身的探讨展现清季湖北政治体制初步现代化的历史进程。

(一)湖北咨议局的筹建

在预备立宪的风潮下,1907 年 9 月 13 日清廷内阁宣示上谕,"著各省督抚均在省会速设咨议局","俾其指陈通省利弊,筹计地方治安,并

---

① 吴剑杰主编:《湖北咨议局文献资料汇编》,武汉大学出版社 1991 年版,前言第 5 页。
② 有关湖北咨议局的专门学术论文主要包括:肖建东《论湖北咨议局从主张立宪到参与武昌首义的转变》,《武汉理工大学学报》(社会科学版)2001 年第 2 期;周积明、胡曦《〈汉口中西报〉与湖北咨议局》,《江汉论坛》2013 年第 5 期等。另外在部分论文中,如吴剑杰《清末湖北立宪党人议政实践》(《历史研究》1991 年第 6 期),或在部分学术著作里,如宋亚平等《辛亥革命前后的湖北经济与社会》(中国社会科学出版社 2011 年版)均有提及。不过,与其他省份咨议局研究相比,湖北咨议局研究显得相对薄弱,如湖南的咨议局研究,已有博士学位论文 1 篇(曹浩明:《清末湖南咨议局研究》,中国政法大学,2011 年),硕士学位论文多篇。

为资政院储材之阶"①。1908年6月24日，宪政编查馆会同资政院奏为拟定各省咨议局章程及按语，并议员选举章程，请旨钦定颁行。该奏折递呈当日，清廷即颁行诏书，"著各督抚迅速举办，实力奉行，自奉到章程之日起，限一年内一律办齐"②。

湖北咨议局的筹建发轫于1907年，时值清廷要求各省督抚在省会筹办咨议局，总督赵尔巽遵旨创设湖北咨议局创办所。不过，由于赵尔巽很快离鄂，真正操持筹建湖北咨议局的疆臣则为陈夔龙。可以说，湖广总督作为湖北省的第一行政负责人，对于咨议局的筹办功不可没，"没有督抚的支持，咨议局很难按时成立"③。

筹建咨议局，陈夔龙认为关键在于调查和选举，"咨议局事属创始，筹办只限一年，而凡百事皆应具备。成立后之善否，实惟筹办时之疏密基之，千条万绪，极为纷繁，而核其要归，莫重于调查、选举两事"④。1908年8月3日，陈夔龙将赵尔巽所设立的咨议局创办所改为筹办处，并委派湖北布政使李岷琛等官员为总办，姚晋圻、汤化龙、夏寿康、张国溶等在籍士绅为参事，率同提调科长、科员筹划办理。

湖北咨议局议员的选举，先由选举人选出若干选举议员人，再由选举议员人投票选出正式议员，"现当初选举之际，一切办法，自以详密为宜，若遽用单选制度，恐拣择未精，不无滥竽悻进之弊，故本条采用复选举法，以示矜慎"⑤。

咨议局议员选举与被选举权利的资格界定，以清廷颁行的《各省咨议局章程》为准绳。

有选举咨议局议员权利的人员既包含本省籍贯者，也可为外省籍贯者，具体条件如表4—3。

---

① 《著各省速设咨议局谕》，载故宫博物院明清档案部编《清末筹备立宪档案史料》（下），中华书局1979年版，第667页。

② 《咨议局及议员选举章程均照所议办理著各督抚限一年内办齐谕》，载故宫博物院明清档案部编《清末筹备立宪档案史料》（下），中华书局1979年版，第683页。

③ 李振武：《清末督抚与咨议局的设立》，《广东社会科学》2012年第2期。

④ 陈夔龙：《庸庵尚书奏议》卷十，沈云龙主编《近代中国史料丛刊》第51辑，文海出版社影印本，1970年，第1042页。

⑤ 《各省咨议局章程》，载故宫博物院明清档案部编《清末筹备立宪档案史料》（下），中华书局1979年版，第673页。

表4—3　　　　　　　　　　咨议局选举人资格

年满25周岁之男子	本省籍贯	曾在本省地方办理学务及其他公益事务满三年以上卓有成绩者
		曾在本国或外国中学堂及与中学同等或中学以上之学堂毕业得有文凭者
		有举贡生员以上出身者
		曾任实缺职官文七品武五品以上未被参革者
		在本省地方有5000元以上之营业资本或不动产者
	外省籍贯	寄居本省10年以上,并在寄居地方有一万元以上之营业资本或不动产者

得被选举为咨议局议员权利的条件有二:之一为本省籍贯或寄居本省年满10年以上之男子,之二是年满30周岁。除此之外,并无其他附加条件,但对某些人员的选举权和被选举权进行了限制,被限制选举权与被选举权的人员如表4—4。

表4—4　　　　　　　　　选举权被选举权之限制与规避

无选举权和被选举权	资格限制	品行悖谬,营私武断者
		曾处监禁以上之刑者
		营业不正当者
		失财产上之信用,被人控实,尚未清结者
		吸食鸦片者
		有心疾者
		身家不清白者
		不识文义者
	身份规避	本省官吏或幕友
		常备军人,及征调期间之续备后备军人
		巡警官吏
		僧道及其他宗教教师
		各学堂肄业生
仅有选举权		现充任小学堂教员者

第四章 武昌起义前夕的湖北现代化进程(1908—1911) / 127

对于这些人员选举权和被选举权的限制,《各省咨议局章程》专门做出说明。特别指出某些人员并非资格欠缺,而是缘于身份规避。其中,针对现任小学教员,采取了保留选举权而停止其被选举权的措施,"小学堂教员职司国民教育,责任繁重,若以被选议员之故,致旷厥职,殊于学务有碍,故仅保留其选举权,而停止其被选举权"①。

湖北咨议局议员的定额,以本省学额总数的5%为准,计80名,又因荆州驻守旗人设专额3名,共计83名。据统计,当时湖北总人口为25590308人,而选民总人数103233人,仅占总人口的0.40%,此数值与全国平均的0.42%较为接近。② 湖北各府选举人数及咨议局议员名额分配,如表4—5。

表4—5　　　湖北各府选举人数及咨议局议员名额分配表③

府别	选举人数	议员分配数	府别	选举人数	议员分配数
武昌	16364	12	宜昌	7273	5
汉阳	10933	8	郧阳	5096	4
黄州	13135	9	荆州	3142	9
德安	11006	8	荆门州	5538	4
安陆	12033	8	施南	4967	3
襄阳	13746	10	合计	103233	80

1909年4月15日,湖北咨议局议员初选以厅州县为单位展开。为了能够顺利举行选举,陈夔龙在咨议局筹办处附设选举研究所,遴选数位在省候补进入选举研究所学习选举事宜,毕业之后分派各厅、州、县为初选司选员,会同初选监督办理初选事务。6月2日,经过初选,103222名人员获得"选举人"权利。6月15日,复选紧随其后。在此期间,陈夔龙又委派鄂籍留日法政专科毕业生分赴各府、直隶厅州襄理复选事务,并饬各府选派调查员,赴管府直隶州宣传辅导,然后各回所属调查。初选和复

---

① 参见《各省咨议局章程》,载故宫博物院明清档案部编《清末筹备立宪档案史料》(下),中华书局1979年版,第673页。
② 参见张朋园《立宪派与辛亥革命》,上海三联书店2004年版,第14页。
③ 数据引自《法令:宪政编查馆等奏拟各省咨议局章程并议员选举章程折(附章程)》,《东方杂志》1908年第5卷第5期。

选的过程中,陈夔龙十分重视选举的宣传工作,"因饬刊白话告示,广为晓谕。一面由襄理员、司选员邀集所属调查员及管理监查员,练习投票开票一切方法,或以讲演,或以接谈,总期僻壤穷乡咸晓然于选举权及被选举权之重要"①。7月31日,各府、直隶州顺利选出83名咨议局议员。正式议员选举之后,省城武昌专门设立议员讲习所,召集当选议员先期来省讲习,以期能够稍资历练。

1909年10月3日,湖北咨议局召开预备会议,遴选正、副议长及其常驻议员17名,候补常驻议员9名。其中,议长吴庆焘,副议长汤化龙、夏寿康、张国溶,常驻议员刘赓藻、吕逵先、周孚、时象晋等。10月14日,湖北咨议局举办开局典礼,湖广总督陈夔龙、湖北提督张彪等文武官员出席,所有人员"北向谢恩",湖北咨议局正式成立。

在陈夔龙的操持之下,湖北咨议局的筹建还算井然有序。但是,也并非一帆风顺。在筹办过程中,陈夔龙缺乏近代宪政意识,强调一切事务应该由官方主导,拒绝在籍士绅的参与,导致士绅代表齐聚黄鹤楼向咨议局筹办处质询抗议,主张"官绅合办"②。在多重压力下,陈夔龙最终不得不与士绅妥协,而官绅之间的关系却由此产生裂痕,其后愈演愈烈。

(二)湖北咨议局的运行

1909年湖北咨议局开局伊始,由于湖广总督陈夔龙扶持的议长吴庆焘无视会议决定擅自插手人事,被迫辞职,随后副议长汤化龙继任。③ 汤化龙接替吴庆焘之后,常驻议员张国溶又被选为副议长,至此,湖北咨议局基本被立宪派士绅所控制。立宪派士绅将咨议局视为参政的合法平台,"他们以咨议局为中心,透过各种提案审查,推动政治、社会改革,同时展开立宪运动,将湖北各社团卷入全国性请愿国会运动的漩涡"④。

湖北咨议局从开局至武昌起义之前,共举行两届常年会议:第一届常年会议共有83名议员出席,提出议案数81个,最终表决通过议案数31个;第二届常年会议共有80名议员出席,提出议案数不详,最终表决通

---

① 陈夔龙:《庸庵尚书奏议》卷十,第11—14页。
② 《大事记:二十四日湖北绅士开质问会》,《东方杂志》1908年第5卷第10期。
③ 参见《鄂绅质问咨议局章程之冲突》,《时报》1908年10月28日。
④ 苏云峰:《中国现代化的区域研究(湖北省卷,1860—1916)》,"中研院"近代史所1987年版,第293页。

第四章 武昌起义前夕的湖北现代化进程(1908—1911) / 129

过议案数 38 个。有关两届会议通过议案详情，如表 4—6。①

表 4—6　　　　　　　　湖北咨议局常年会议决案

第一届常年会议决案			第二届常年会议决案		
提案主体	提案内容	类别	提案主体	提案内容	类别
督院	兴学筹款以广教育案	学务	督院	关于学务之议案	学务
绅民	改良高等农业学堂案	学务	咨议局	规定东西洋留学生经费案	学务
咨议局	改良法政学堂案	学务	绅民	以农工商三讲习所学生一律改归官费案	学务
督院	推广农林以兴实业案	农政	咨议局	禁止洋商在租界以外违约经商案	实业
咨议局	厅州县创农林劝办所规则案	农政	咨议局	保存民矿收复权利以维公益案	实业
督院	兴茶叶以开利源案	农政	咨议局	请专奏注销台子湾水泥厂执照，收明家嘴水泥厂入另招商股接办以保本省权利案	实业
督院	讲求宣防以除水患案	农政	咨议局	请专奏保存矿石分别取消外售合同，维持民矿不许强圈勒索案	实业
咨议局	补助堤工案	农政	咨议局	请准应并销清查炉数实行规复应盐案	实业
咨议局	筹办荒政以纾民困案	农政	咨议局	商办鄂路公司应将官招股款及管局支用之米捐接收合并案	实业
绅民	移民实边案	农政	咨议局	议决铁路派股简章案	实业
督院	规复应盐案	实业	绅民	官纸印刷局专印六种官纸案	实业
绅民	建设公司以维持膏业案	实业	咨议局	整顿统捐案	税政

① 吴剑杰主编：《湖北咨议局文献资料汇编》，武汉大学出版社 1991 年版，第 125—350、469—658 页。

续表

	第一届常年会议决案			第二届常年会议决案	
提案主体	提案内容	类别	提案主体	提案内容	类别
督院	兴矿业以辟利源案	实业	咨议局	议复清剔税契积弊案	税政
咨议局	请奏取消铁路借款草约归还商办以保利权案	实业	咨议局	改良安陆船捐旧章以纾商困案	税政
绅民	铁路劝股方法案	实业	绅民	停止以六厘捐拨充公巡防兵费案	税政
绅民	保全商律以维持商务案	实业	绅民	革除保正裁券积弊案	税政
绅民	清剔孝感县钱粮积弊并拟定办法案	税政	咨议局	请禁革各州县官价购物案	吏治
咨议局	清剔税契钱漕积弊案	税政	咨议局	请严禁私用门丁实行遴委承启官案	吏治
咨议局	照章核减典息以纾民困案	税政	咨议局	质问停止刑讯并未实行案	吏治
咨议局	请提淮盐运商遵章应减款项案	税政	咨议局	请禁送在任官吏伞碑匾案	吏治
绅民	请撤下新河补捐鹅公颈局加抽案	税政	咨议局	请慎简委员以杜弊端案	吏治
绅民	减少黄梅应山县烟酒糖税案	税政	咨议局	严禁违委苛罚案	吏治
绅民	军田估价总书措册案	税政	咨议局	纠举前署襄阳县徐令久绪案	吏治
咨议局	整顿湖北吏治案	吏治	咨议局	纠举前署建始县金令策先案	吏治
咨议局	实行裁汰书役案	吏治	咨议局	纠举前署广济县何令庆涛案	吏治
咨议局	厅州县讼费划一规则案	吏治	咨议局	纠举荆州府斌守俊案	吏治
咨议局	厅州县命案报验规则案	吏治	绅民	东湖县警察勒捐滥刑案	吏治
督院	筹经费以办自治案	自治	督院	关于警务之议案	警务
咨议局	咨议局调查事件请仍不用函询案	行政	督院	关于地方自治之议案	自治

续表

第一届常年会议决案			第二届常年会议决案		
提案主体	提案内容	类别	提案主体	提案内容	类别
绅民	禁止缠足案	社会风气	咨议局	划一筹办厅州县自治缩短成立年限案	自治
咨议局	禁种洋烟案	社会风气	咨议局	请代奏速开国会建议案	政治
			绅民	建议代奏速开国会案	政治
			督院	汉口后湖开河筑路咨询案	民政
			咨议局	筹办积谷宜注重社仓案	社会救济
			绅民	咨商邻省革除折扣本省铜币案	商务
			咨议局	重申种烟禁令案	社会风气
			咨议局	法令公布规则案	行政
			咨议局	请批答水利议决案质问案	行政

湖北咨议局召开的两届常年会议，共表决通过议案69件。69件表决通过的议案中咨议局议员提交41件，数量最多。纵观这些表决通过的议案，内容涵盖实业、学务、吏治、税政、自治、社会风气等多个方面，其中又以吏治、实业和税政最多，从关涉地域来看，虽包含全国性的议题，但多数议案事关湖北本地政务。

湖北咨议局表决通过的议案，要么不被总督批示从而不能产生法律效应，要么批示之后不能有效贯彻实行。各个行政主管衙门对咨议局的议决案敷衍塞责，"均视之为公牍，毫未确实遵办"。某些议决案下发到地方州县之后，"不但不实行，连告示也没有出过"①。即使如此，湖北咨议局议员的一系列参政议政活动值得肯定，"在中国近代民主政治史上则是具

---

① 吴剑杰主编：《湖北咨议局文献资料汇编》，武汉大学出版社1991年版，第403页。

有开创意义的"①。

湖北咨议局筹办期间，已经出现官绅矛盾的苗头。湖北咨议局运行过程中，由于秉承不同的宪政理念，咨议局议员与湖北地方行政官员的矛盾愈发不可调和。1910年湖北咨议局第二次常年会议间，湖北咨议局议长汤化龙、副议长夏寿康等因预算案不获总督批复愤而提出辞呈，迫使督署最终妥协。湖北咨议局与湖广总督的矛盾逐渐演变为士绅群体与中央政府的矛盾，武昌起义之后，"对王朝统治失去信心的咨议局议员们因此就不难与王朝恩断义绝，反戈倒向革命的一方了"②。

（三）湖北咨议局的议员构成

梳理和分析湖北咨议局的议员构成，是判定湖北咨议局这一机构的性质及其作用的重要依据。有关湖北咨议局的议员名录，较早的记载主要为1909年《东方杂志》第6卷第11期之《各省咨议局议员姓名录》和1921年版《湖北通志》卷132，人物志10之《选举表》。《东方杂志》共录有议员86名，《湖北通志》则录议员93名。20世纪70年代以来，部分学者以《湖北通志》为基本史料对湖北咨议局议员群体展开探讨。③ 其中，张朋园《立宪派与辛亥革命·附录一》专门对湖北咨议局议员构成列表分类，是目前最为详尽的论述。④ 笔者现以张朋园《立宪派与辛亥革命·附录一》为蓝本，稍做损益，制定湖北咨议局议员构成如表4—7。

---

① 刘伟：《清末湖北立宪派的政治参与》，《湖北社会科学》1988年第10期。
② 李振武：《清末督抚与咨议局的设立》，《广东社会科学》2012年第2期。
③ 具体参见张朋园《立宪派与辛亥革命》，上海三联书店2013年版，第235—240页；苏云峰《中国现代化的区域研究（湖北省卷，1860—1916）》，"中研院"近代史所1987年版，第287—291页；周锡瑞《改良与革命：辛亥革命在两湖》，杨慎之译，江苏人民出版社2007年版，第122—130页。吴剑杰主编《湖北咨议局文献资料汇编》，武汉大学出版社1991年版，前言第2页。
④ 《湖北通志·选举表》中有关湖北咨议局议员的身份介绍，或仅记录其功名，或只叙其官职背景，两者并非兼述。张朋园在《湖北通志·选举表》的基础之上查阅相关资料拾遗补阙，对议员的功名和官职背景都有详细记述。周锡瑞《改良与革命：辛亥革命在两湖》和苏云峰《中国现代化的区域研究（湖北省卷，1860—1916）》所引用的相关数据均参考张朋园的整理成果，吴剑杰主编《湖北咨议局文献资料汇编》仅是对湖北咨议局议员构成做一简单论述，内容也有纰漏。

表4—7　　　　　　　　　　湖北咨议局议员名录①

职任	姓名	籍贯	功名	新式教育背景	当选前任职背景
议长	汤化龙	蕲水	进士	日本法政大学	法部主事
副议长	夏寿康	黄冈	进士	两湖书院第一期	翰林院编修
副议长	张国溶	蒲圻	进士	日本法政大学	翰林院编修
议员	胡大濂	江夏	举人		
议员	胡汝衡	江夏	岁贡		
议员	吕逵先	江夏	优廪		中书科中书
议员	陈士英	江夏	附生		
议员	金式度	武昌	增生		
议员	郑潢	武昌	廪贡	日本留学	安徽补用道
议员	但祖荫	蒲圻			四川候补直隶州知州
议员	黄文澜	蒲圻	附生		
议员	邓殷源	兴国	举人		
议员	刘文骏	兴国	岁贡		
议员	葛尧丞	通山	附生		分省补用道
议员	刘邦骥	汉川	举人	两湖书院日本成城书院	候选道
议员	周莘	大冶	恩贡		
议员	詹次桓	大冶	附贡		
议员	周兆熊	黄陂	附生		
议员	万昭度	汉阳			安徽候补道
议员	何世谦	汉川			内阁中书
议员	杨国珍	孝感	举人		盐运使
议员	陈宜恺	黄陂			蕲水训导
议员	刘赓藻	黄陂	举人		
议员	黄赞枢	孝感	举人		知府
议员	陶峻	孝感	优贡	日本法政大学	
议员	朱泽霖	黄冈	增生		
议员	胡柏年	沔阳	拔贡		候选主事
议员	鲍惟恺	麻城			二品封职

① 图表主要依据张朋园《立宪派与辛亥革命·附录一》，该附录共录湖北咨议局议员98名，其中1人名字错误。另笔者根据其他史料，又添加屈佩兰1名，共计99名。

续表

职任	姓名	籍贯	功名	新式教育背景	当选前任职背景
议员	余应云	麻城	进士		镇远知县
议员	阮毓崧	黄安			分省知县
议员	姚晋圻	罗田	进士		法部主事
议员	刘寅熙	广济	岁贡		
议员	陈国瓒	蕲州	副贡		
议员	邢璜	黄梅	举人		河南知县
议员	陈培庚	安陆	进士		贵州补用道
议员	杨文澜	安陆	廪生		
议员	王光翰	应城	岁贡		
议员	左质鼎	云梦	岁贡		
议员	李继膺	随州	举人	两湖师范学堂	
议员	张国琪	应山	副贡		
议员	左树瑛	应山	廪生	经心书院	候选州同
议员	叶恒心	应山	附生		
议员	杨家麟	京山			试用训导
议员	涂占鳌	应山	廪贡		
议员	张中融	钟祥	附生	日本法政大学	
议员	胡任林	天门	廪贡		
议员	蔡中爔	京山	优贡		
议员	刘克定	潜江	举人		候选知县
议员	李循墀	天门	附贡		
议员	蓝田	天门	附贡		
议员	周培金	天门	廪生		
议员	卜文焕	襄阳	附生		
议员	吴庆焘	襄阳	进士		江西候补道
议员	孙传烈	襄阳		新式中学	
议员	卫寅宾	枣阳	廪生		
议员	董庆云	南漳	附贡		
议员	谢鸿举	枣阳	举人		山西知县
议员	魏鸿仁	光化	廪生		
议员	邱国翰	枣阳	附生		

第四章　武昌起义前夕的湖北现代化进程(1908—1911) ／ 135

续表

职任	姓名	籍贯	功名	新式教育背景	当选前任职背景
议员	刘元丞	谷城	优贡		（孝廉方正）
议员	赵麟书	郧阳	拔贡		
议员	刘金镛	均州			候选训导
议员	丁庆泰	均州			试用训导
议员	杨清源	房县		日本法政大学	
议员	熊正钧	竹山			候选主事
议员	何其祥	竹溪	廪生		
议员	曹道南	当阳	岁贡		
议员	王润槐	当阳	廪生		
议员	吴楚材	江陵	附生		
议员	胡瑞霖	江陵	附生	日本法政大学	
议员	车斗南	荆门	增生		
议员	陈教奎	远安			候选训导
议员	金麟	（驻防）	附生		
议员	玉海	（驻防）	附生		
议员	禄循	（驻防）	附生		
议员	庚芳	（驻防）			法部主事
议员	董钦墀	监利	举人		内阁中书
议员	张树林	监利	岁贡		
议员	邹永钜	公安	举人		
议员	刘定瑗	松滋			候选知县
议员	时象晋	枝江	副贡		候选教谕
议员	张光耀	石首			江苏试用州判
议员	黄联元	东湖	增贡		
议员	沈明道	东湖	附生	日本宏文师范	
议员	刘起需	宜都	副贡		
议员	谈钺	兴山	拔贡		
议员	沈维周	巴东	附生	日本师范	
议员	郑万瞻	归州	举人	京师大学堂	中书科中书
议员	陈登山	长阳	岁贡	日本法政大学	
议员	晏宗杰	长阳	岁贡		

续表

职任	姓名	籍贯	功名	新式教育背景	当选前任职背景
议员	马象干	长乐	附生		
议员	倪惠渊	利川	优贡		
议员	刘德标	建始			湖北候补都司
议员	刘耕余	咸丰	附生		
议员	密昌墀	夏口	进士		知县、直隶州
议员	张中立	钟祥	廪生	日本法政大学	
议员	唐学瀛	光化	拔贡		
议员	屈佩兰	麻城		两湖总师范、日本宏文学院	
秘书长	石山俨	黄梅		优级师范	

湖北咨议局正式议员 83 名，除此之外还选出候补议员 16 名，故上表统计议员 99 名，其中含议长 1 名，副议长 2 名，秘书长 1 名。

从籍贯分布来看，武昌府、襄阳府、荆州府、黄州府四地议员人数最多，分别为 12 名、10 名、9 名、9 名；郧阳府、施南府最少，分别为 4 名、3 名。① 不过，籍贯上的分布并不能真正代表议员的活动区域，"从别的选区选举出来的许多代表，事实上也都是武汉的居民"②。例如，议长吴庆焘、汤化龙，副议长夏寿康和张国溶，籍贯都非武汉地区，而四人却都长期在武汉地区居住和活动。

若参照张仲礼的划分，将进士、举人、贡生视为上层士绅，生员视为下层士绅，那么毋庸置疑，湖北咨议局的领导权则完全掌握在上层士绅之手。③ 两任议长吴庆焘、汤化龙，副议长夏寿康、张国溶不仅为上层士绅，而且均为进士出身。上表所列 99 名议员中，上层士绅共 54 人，包括 8 名进士，12 名举人，34 名贡生，共占总人数的 54.5%；下层士绅 34

---

① 此处统计数额的对象为正式议员，可参见《附录：各省咨议局议员姓名录》，《东方杂志》1909 年第 6 卷第 11 期。

② [美] 周锡瑞：《改良与革命：辛亥革命在两湖》，杨慎之译，江苏人民出版社 2007 年版，第 115 页。

③ 参见张仲礼《中国绅士——关于其在 19 世纪中国社会中作用的研究》，李荣昌译，上海社会科学院出版社 1991 年版，第 5 页。

名，约占总人数的34.3%；另外11人中，10人不详，1人没有任何功名。① 可见，湖北咨议局议员中，多数为上层士绅，绝大多数拥有传统功名。在传统社会，只有上层士绅方有机会出任地方官员，咨议局中的34名下层士绅似乎表明政治参与的扩大。但是，我们也不能过分解读这种政治参与的扩大，很多下层士绅并非不想在学衔上有更大作为，而是完全丧失了上升机会，正如周锡瑞所言，"假如科举考试不曾废除，省咨议局中的许多生员，就是将会继续追求较高功名的年轻一辈"②。

湖北咨议局的议员，部分拥有新式学堂和留日背景。领导人除首任议长吴庆焘外，第二任议长汤化龙、副议长张国溶曾留学日本法政大学，副议长夏寿康则就读于两湖书院。湖北咨议局议员接受新式教育者共22名，约占总额的22.2%，该比例远高于全国整体水平。③ 之所以如此，主要得益于张之洞督鄂期间大力发展湖北的新式学堂和积极选派留日学生。

履任湖北咨议局职务的上层士绅，不少有在中央或者地方从政的经验。4名正、副议长均担任过政府职官，夏寿康、张国溶曾任翰林院编修，汤化龙曾任法部主事，吴庆焘曾任江西候补道。其他上层绅士，或曾任职地方知县，或正处于候补状态。

有关湖北咨议局人员的年龄，吴剑杰曾指出，83名议员中，年龄最大的68岁，最小的30岁，平均年龄为44.1岁。④ 由于资料的缺乏，笔者在表中并未一一列出。基本可以断定，湖北咨议局大多数议员正处壮年，如议长汤化龙35岁，副议长夏寿康和张国溶分别为38岁和31岁，首任议长吴庆焘则稍长，为53岁。

在这99名省咨议局议员中，商人力量极其微弱，根本没有形成一支独立的政治力量。作为湖北商业的领导者，居住在汉口的巨商，基本被排

---

① 这一比例，与张朋园对全国多数省份咨议局的综合分析数据吻合，张朋园的统计中，上层士绅占54.35%，下层士绅占34.78%，参见张朋园《立宪派与辛亥革命》，上海三联书店2004年版，第23页。
② ［美］周锡瑞：《改良与革命：辛亥革命在两湖》，杨慎之译，江苏人民出版社2007年版，第123页。
③ 张朋园有关这一数据的统计为：接受新式教育共占10.16%，其中本国学堂毕业者3.77%，留日者6.39%，参见张朋园《立宪派与辛亥革命》，上海三联书店2004年版，第25页。
④ 参见吴剑杰主编《湖北咨议局文献资料汇编》，武汉大学出版社1991年版，前言第2页。

除在外。出现这种现象，不仅因为当时商人参政意识薄弱，士绅群体强势垄断，而且缘于咨议局的选举制度。当时驻汉口的英国总领事弗罗赛指出："有条文的限制，在每个县只以本地人口为选民，结果，在汉口（这里的主要商人，都来自广州、宁波和汕头），一些众所周知的、最杰出的人被排斥在候选人之外。"① 从《各省咨议局章程》来看，选举权和被选举权并非仅限于本地籍贯者，外省籍贯若寄居本省10年以上、年满25周岁并拥有一定财产基础的男子拥有选举权，若寄居本省10年以上、年满30周岁则拥有被选举权。弗罗赛论述的前半句，即"条文的限制，在每个县只以本地人口为选民"虽然有误，但由此得出的结论却十分正确。在湖北，财力最为雄厚的商业领袖（主要集中在汉口）多数被排除在咨议局之外。笔者认为，其中缘由应该与省内咨议局名额的分配有关。《各省咨议局章程》虽然不排斥省外人士，但是湖北咨议局的名额是以府为单位进行分配的，而湖北的商业精英地域分布严重失衡，主要集中汉口一地，汉口作为汉阳府之下新成立的"厅"，所能够分配的名额实在有限。

综合以上，湖北咨议局的领导权完全操持于曾经担任过职官的上层士绅之手，绝大多数的议员拥有传统功名，相当比例的议员拥有新式教育背景，多数议员处于中年，主要居住和活动在省城武昌。这种背景，兼具传统性与现代性，"可以确定他们有着相互矛盾的心理状态，既保守，又进取；在保守中求进取，在进取中求保守"②。

（四）湖北咨议局的历史作用

湖北咨议局作为晚清湖北政治初步现代化的产物，反过来影响了湖北政治初步现代化的历史进程。

首先，湖北咨议局于预备立宪的进程中奉旨设立，具有近代地方议会性质，是政治现代化的初步尝试。湖北咨议局曾制定"湖北咨议局议事细则"共126条，涉及议政程序内容43条，形成一套相对完善的制度规范。截至武昌起义爆发，湖北咨议局共举办两次常会，议决提案69件，其中议员提出41件，总督交议11件，绅民陈请17件。虽然所提交的重

---

① 《一九零九年十月的省咨议局》，转引自［美］周锡瑞《改良与革命：辛亥革命在两湖》，杨慎之译，江苏人民出版社2007年版，第126页。

② 张朋园：《立宪派与辛亥革命》，上海三联书店2004年版，第32页。

大议案并未真正贯彻实行，咨议局也并非湖广总督的御用机构，它是清季政治现代化的一次积极创新与尝试，"标志着人民参与管理国家政治生活的正式开始，是政治制度民主化的实际起点"①。全国诸多省咨议局中，湖北咨议局虽不是最优，也为中上等，"以江苏第一，浙江第二，河南第三，湖北、直隶、湖南、安徽、江西、山东诸省在伯仲之间，福建、广东未能评定"②。

其次，湖北咨议局为湖北士绅阶层，特别是在野的上层士绅提供了参与政治的合法舞台，助长了士绅的参政意识，是政治参与扩大的体现。湖北咨议局的设立，"在很大程度上提升了绅士的地位，加强了绅士对政治的参与，更重要的是，咨议局使不曾组织的绅士成为组织化的团体，有力地促进了这种新式绅权的壮大和发展"③。地方士绅以湖北咨议局为平台，对湖北省内的重大政治、经济、社会事务，诸如立宪运动、保路运动等发挥了不可替代的领导作用。把持湖北咨议局的上层士绅与湖北地方政府之间的复杂关系和利益博弈，更是深刻地影响了湖北地方政局的稳定和走向。

再次，湖北咨议局的活动并不限于一省，而是具有全国意义与影响。湖北咨议局的领导人物，如汤化龙、张国溶、夏寿康等人积极参加国会请愿运动，组建"请愿速开国会同志会"，创办《宪政白话报》，主持"宪政研究所"，甚至担任全国立宪运动的主要领导，有力地支持和推动了全国立宪运动的深入。湖北咨议局因此成为"各省咨议局的联络中枢"④，是全国极其活跃的咨议局之一。更为关键的是，湖北咨议局在武昌起义的力量博弈中举足轻重，"湖北咨议局立场的转变对于武昌首义成果的巩固与扩大乃至对于辛亥革命在全国的深入发展起到了非常重要的组织和促进作用"⑤。

---

① 侯宜杰：《二十世纪初中国政治改革风潮》，人民出版社1993年版，第238页。
② ［日］井一三郎：《咨议局开设之状况》，《日本外务省文书（1868—1945）》，转引自张朋园《立宪派与辛亥革命》，上海三联书店2004年版，第32页。
③ 吴佳佳：《预备立宪时期的湖北绅士阶层研究（1906—1911）》，硕士学位论文，华中师范大学，2007年。
④ 吴剑杰：《清末湖北立宪党人的议政实践》，《历史研究》1991年第6期。
⑤ 肖建东：《论湖北咨议局从主张立宪到参与武昌首义的转变》，《武汉理工大学学报》（社会科学版）2001年第2期。

二 地方自治的推行

地方自治的推行是晚清湖北政治制度初步变革的另一重要体现，为预备立宪进程中的一项基础性政治革新，甚至被视作"立宪之根本"①。

清季的地方自治，分为城镇乡地方自治和府厅州县地方自治两个层级。城镇乡层级的自治组织为议事会、董事会和乡董，府厅州县层级则设议事会、参事会和自治委员会。起初，清廷试图从推行府厅州县层级的地方自治入手，然后再开展城镇乡层级的地方自治。②而在其后的具体实践中，却将城镇乡层级的地方自治摆在首位。1908年，宪政编查馆拟定《逐年筹备事宜清单》，对地方自治的推行提出了明确清晰的时间方案。依据该方案，各省地方自治于1915年渐次完善。湖北地方自治的推行，基本遵照《逐年筹备事宜清单》，先后由两任鄂督，即陈夔龙和瑞澂逐项筹办。

1908年2月，陈夔龙在湖北省城武昌设立全省自治局，由藩司、道员、首府和首县分别充任总办、坐办和正、副提调，下辖4个科，每科科长均由法政学堂毕业生担任，并附设调查员养成所和公民养成所。法政学堂附设自治研究班，招收各厅州县"循谨明达"的士绅入班学习。公民养成所，初为武昌、汉阳两府试办自治之预备，"使人民或晓然于职务范围之所在，然后推行遵办，庶不致法立弊生，徒滋纷扰"③。公民养成所后更名为自治研究所，开始为全省培养自治人才，"定额三百名，由各厅州县考送，大县五人，中小县四人，为养成全省地方自治人才之本"④。1909年，《城镇乡自治章程》颁发之后，湖北自治局并归咨议局筹办处，改名全省地方自治筹办处。

---

① 故宫博物院明清档案部编：《清末筹备立宪档案史料》（下），中华书局1979年版，第743页。

② 参见《附编纂官制大臣泽公等为厘定直省官制事致各省督抚电》，《东方杂志》1907年第4年第8期。另外，清代地方行政体制中，"府"只有监督各州县之权，并无实际统辖区域，而清末部分边疆省份新设各府则突破旧制，"府"辖有直接掌管区域，与厅州县无异。考虑于此，清廷则在最开始提出的"厅州县自治"之前加上一个"府"字。

③ 《湖广总督陈夔龙奏湖北第一年筹办宪政情形及第二年预备事项折》，载故宫博物院明清档案部编《清末筹备立宪档案史料》（下），中华书局1979年版，第767—771页。

④ 同上。

从1910年开始，湖北城镇乡层级的地方自治率先推行。1910年年末，15个州县已设立自治公所、议事会及董事会，22个州县已设立议事会，32个州县尚无动静，但至1911年全省这一层级的自治组织均已设立。1911年，湖北加快了厅州县层级的地方自治进程，"上级自治不立，则机关终欠完全"，于是"决宜提前赶办"，"一面咨部商订，一面饬属筹设各属自治公所"，并且要求各州县"限于宣统三年十月以前同时竣事"①。

筹办地方自治，除了地方督抚的部署，湖北士绅阶层也主动参与其中，有效地推动了湖北地方自治的历史进程。1911年湖北城镇乡层级的地方自治共选出1762名代表，议事会议员1331名，董事会职员431名。这1762名代表群体有五方面特征：之一，这部分人多处于30—60岁，正处于壮年阶段。之二，绝大多数拥有传统功名，议事会议员中超过70%，董事会参事中超过65%，但多为下层士绅，拥有高级功名比例较小，无进士出身者。之三，有过新式教育背景的人员仅占总数的2.6%，比例极低。之四，多数为低级官职出身，议事会议员中超过26%，董事会参事中超过31%。之五，出现了商人和普通百姓的身影，其中商人7名，普通百姓3名。② 可以看出，士绅群体，特别是下层士绅群体完全控制了湖北地方的自治组织，是推动清季湖北地方自治运动的主力。商人虽然出现在议事会议员和董事会职员的名单之中，毕竟人数过少，处于士绅群体的领导之下，未形成一个强有力的政治集团。

清廷筹办地方自治，本希望能够以自治辅佐官治，实现自治与官治的有效结合。在具体推行过程中，却出现了自治与官治对立的相反效果，"官治与自治常常处于矛盾冲突之中"③。筹办地方自治的初始，陈夔龙即已认识到此点，他向清廷奏呈湖北地方自治推行情形时指出："各属士民屡有以试办自治为请者，深惟地方自治实与官治有相成而无相妨，然行之

---

① 《湖广总督瑞澂奏湖北第五届筹办宪政情形折》，载故宫博物院明清档案部编《清末筹备立宪档案史料》（下），中华书局1979年版，第816页。
② 参见苏云峰《中国现代化的区域研究（湖北省卷，1860—1916）》，"中研院"近代史所1987年版，第282—284页。
③ 刘伟、苏明强：《清末两级地方自治中的官治与自治模式》，《安徽史学》2015年第3期。

不慎，士庶涉于嚣张，官吏引为疑虑，是转失好恶同民之本旨。"① 从其后的事态发展观察，陈夔龙的疑虑并非虚言。例如建始县自治公所议长刘德标在新旧县令交接时侵夺官权，甚至"亏空学务公款一千余金，赈款四百串，人畏其势无敢过问者"②。1911年武昌起义前夕，湖广总督瑞澂甚至敕令各属地方官员加强对自治的监督，坚决取缔"混淆权限之自治"③。地方自治的实际代表是士绅，而官治的直接操手则是职官，自治与官治对立的实质即为绅官之间矛盾的表征。

苏云峰曾指出，"清季地方自治，实质上是从上而下的运动，目的在减缓革命风暴，强化绅商阶层的辅治地位，以稳固中央统治。"④ 然而，湖北地方自治城镇乡层级刚刚推行完毕，清朝统治便已轰然倒塌。因此，我们无从检验地方自治是否能够达到"减缓革命风暴，强化绅商阶层的辅治地位"，从而实现"稳固中央统治"的目的。不过，毋庸置疑，地方自治的推行，改变了传统地方的权力结构，致使士绅群体实力愈加膨胀。

清代延续前代的地方政治权利构架，州和县为一省最小的行政单位，"在州、县或组成州县的市镇、乡村，都没有自治"⑤。湖北城镇乡地方层级自治的推行，标志着地方行政权力开始下移，州县以下的广大地区开始逐渐纳入政府的治理之中。城镇乡地方自治组织的建立，则为其后乡镇基础政权的创办奠定了坚实的基础。

湖北城镇乡层级地方自治的推行，为士绅群体，特别是下层士绅的权力扩张提供了机会。传统社会中，"士绅既非地方百姓选举的代表，也不是政府任命的代表。他们只不过是凭借自己的特权地位而被（习惯上）接纳为地方社群的代言人而已。但是他们参与政府事务和代表地方社群说话的权利，并没有像西方民选议会那样在法律上正式明确下来。法律并没有规定哪个士绅成员应该被咨询或应被邀请参与行政事务，这些都主要随

---

① 《湖广总督陈夔龙奏湖北第一年筹办宪政情形及第二年预备事项折》，载故宫博物院明清档案部编《清末筹备立宪档案史料》（下），中华书局1979年版，第767—771页。
② 《自治侵夺官治之怪现象》，《申报》1910年9月5日。
③ 《鄂督取缔混淆权限之自治》，《申报》1911年10月9日。
④ 苏云峰：《中国现代化的区域研究（湖北省卷，1860—1916）》，"中研院"近代史所1987年版，第281页。
⑤ 瞿同祖：《清代地方政府》，范忠信等译，法律出版社2006年版，第5页。

州县官员自便。尽管士绅可以，且实际上常常干预（政务），但却没有他们可以用来质疑或否决官员所作决定的合法程序"①。清季随着城镇乡地方自治基层组织的建立，士绅有了一个合法干涉和参与地方事务的正常渠道。通过这一合法渠道，一方面，士绅在地方事务中的作用被限定于一个政治框架之中，以往参与地方事务的随意性和主观性得到改变；另一方面，这也意味着咸同以来士绅势力增强得到政府的认可，士绅群体适时借助地方自治的合法舞台继续发展，实力愈加膨胀。

第三节　革命风潮的涌动

晚清湖北政治现代化进程中，立宪活动轰轰烈烈，有力地支援了全国立宪运动的发展。与之相比，革命风潮则显得相对低调，一直没有得到孙中山等革命领导人应有的重视。然而，历史往往并不如人所料，正是湖北这股暗流涌动的革命风潮，最终导致武昌起义的爆发，从而深刻地影响了整个中国现代化发展的历史轨迹。

一　革命团体的此伏彼起

从某种意义上讲，"革命"在中国自古有之。但是，传统"革命"主要在个人领导之下完成，而近代革命则依靠革命团体发动。革命团体虽属于秘密性质，却迥异于传统的秘密组织，无论是组织方式还是斗争纲领都沾染了鲜明的时代特色，可以认为是现代化的产物。从20世纪初叶开始，湖北的革命组织此伏彼起、前仆后继，为武昌首义的爆发奠定了相对扎实的组织基础。

有关晚清湖北的革命团体的发端，有学者指出并非为1904年成立的科学补习所，而应该向前追溯至1903年5月吴禄贞在武昌花园山设立的秘密机关。花园山秘密组织进行了颇有声色的开创工作，其中很多成员，如刘静庵、胡瑛等成为日后科学补习所的骨干成员，"武昌花园山聚会虽然没有正式的名称和确定的组织形式，但实际上是湖北革命团体的源

---

① 瞿同祖：《清代地方政府》，范忠信等译，法律出版社2006年版，第318页。

头"①。1904年，花园山聚会的骨干成员纷纷离鄂，该革命团体解体。

1904年7月3日，科学补习所成立，"宗旨标明科学，实则掩蔽官府耳目，而以革命排满为密约，推吕大森起草章则"②，它是湖北第一个具有较完备组织形式的革命团体。由于花园山聚会时期奠定的基础，科学补习所与邻省革命组织华兴会联系紧密，1904年10月，因筹备响应湖南的革命运动而被张之洞侦查发现，科学补习所随之取缔，幸运的是，张之洞和梁鼎芬怕牵连自身，对科学补习所成员从轻处置，因而保留了革命的火种。

继科学补习所之后，日知会迅速崛起。日知会本为美国基督教中华圣公会在武昌附设的一个阅报室名称，1905年后，被刘静庵改造为革命团体。1906年2月，"开成立会，到会者百余人。何季达、朱元成、冯特民、孙武等皆有沉痛演说，听众非常感动"③。1907年初，因牵涉萍浏醴起义，日知会骨干成员遭叛徒出卖后被捕，日知会无形中解散。日知会是"湖北革命团体发展进程中的重要一环"④，对其后的革命活动产生深刻影响，辛亥首义中的革命人士，或为曾经的日知会员，如刘复基、孙武、熊秉坤等，或与日知会有重要关系，如吴禄贞、蓝天蔚等。

日知会虽然瓦解，然革命风气已开，湖北相继涌现出许多性质相同的革命小团体，分别为：种族研究会、文学研究社、将校研究团、自治团、兰友社、益智社、武德自治社、柳营诗社、德育社、数学研究会、振武尊心会、义谱社、神州学社、东游预备科、群英会、集贤学社、黄汉光复会、辅仁会、忠汉团、七省联军、武学研究会、安郡公益社、黄冈军界讲习社、群治社、铁血军、日新学社、楚灶、湖北军队同盟会、群治学社、振武学社等。⑤

辛亥革命前夕，湖北最重要的两个革命团体是文学社和共进会，"文

---

① 贺觉非、冯天瑜：《辛亥武昌首义史》，武汉大学出版社2006年版，第67页。
② 湖北省博物馆、武汉市档案馆编：《武昌起义档案资料选编》上卷，湖北人民出版社1981年版，第4页。
③ 李廉方：《辛亥武昌首义记》，湖北通志馆1947年版，第5—6页。
④ 贺觉非、冯天瑜：《辛亥武昌首义史》，武汉大学出版社2006年版，第81页。
⑤ 参见张玉法《清季的革命团体》，北京大学出版社2011年版，第407—408页。

学社和共进社可以说是自1903年以来湖北各革命团体的总其成者"①。1911年1月30日,文学社在振武学社被破坏后继承其衣钵。文学社成立之后,势力迅速扩张,"湖北的革命团体,自科学补习所至文学社可谓一脉相传,但每一新的团体兴起,必有新的革命志士参加,故文学社的声势远超过以前各团体"②。至1911年7月,文学社成员已达5000余人,社员主要是湖北人,主干分子以湖南人居多。同文学社产生分庭之势的是共进会。湖北共进会是东京共进会会员孙武等回鄂发展势力的产物。共进会相比文学社,是全国性的革命组织,并非拘泥于湖北一地;且有明确的革命纲领,与同盟会联系较为密切;领导人主要是留日学生,在军界、会党和学界都颇有势力。从1911年5月,文学社与共进会召开第一次联合大会。两个革命团体之间虽多有龃龉,不过已开始走向联合。

  有学者统计,从1905年至1911年,"湖北一地的革命团体凡33,占总数的26%弱,占华中地区的53%强。武昌革命所以能够成功,从此一统计数字可以略窥端倪"。从整个脉络来看,晚清湖北的革命团体主要有三方面特点。之一,晚清湖北的革命团体充分渗透至新军之中。湖北革命团体初期在军、学两界齐头发展,自日知会破坏之后,经安郡公益社过渡,重心完全转移至军界之中。辛亥革命前夕,"参加文学社的约3000人,参加共进会的约2000人,共约占全军总人数的三分之一以上"③。之二,晚清湖北的革命团体基本上一脉相承,本土性较强。湖北的革命团体,自花园山聚会至文学社一脉相承,此伏彼起。除了后来的共进会之外,其他革命团体本土性较强,外来势力只居辅助地位。之三,晚清湖北的革命团体与湖北教育现代化休戚相关。湖北的革命风气,"初归于教育,特别是留学教育。湖北的学校,著名者有武备、自强、农务三学堂,两湖、经心、江汉三书院。济济多士,思想维新,留日之后,受彼邦民族主义的启迪,更富革命思想。第一、二批留日学生戢翼翚、傅良弼、吴禄贞、刘成禺等,皆倡言革命"④。

---

① 贺觉非、冯天瑜:《辛亥武昌首义史》,武汉大学出版社2006年版,第103页。
② 张玉法:《清季的革命团体》,北京大学出版社2011年版,第442页。
③ 同上书,第499、81页。
④ 同上书,第386页。

二 革命活动的潜滋暗长

上文已知,湖北的革命力量的占全国26%弱,占华中地区53%强,可谓强大。但是,长期以来,湖北的革命活动却显得相对低调,一直处于潜滋暗长之中,直至武昌起义之时方得以爆发。

湖北的革命活动,应追溯于1900年的自立军起义。自立军起义,以知识分子为领导力量,秘密会党为主力,"是两湖地区一个新的、日益自觉的、不满的知识分子所采取的第一次有强烈斗争性的行动"①。1904年2月,科学补习所拟支持华兴会在湖南的起义,"议派吕大森、高建唐往施南,何季达往荆宜,联络会党,宋教仁往长沙接洽"②。伺湖南揭竿而起,"王怒涛任刺张之洞,易本羲任刺张彪,李胜美任率工程营同志先劫火药库,刘大雄则督率前锋营为接应"③。然而,未待科学补习所起事,张之洞已然察觉,迅速将其扼杀在摇篮之中。1906年10月,日知会计划响应萍乡、醴陵起义。起义筹备之际,因叛徒出卖而遭破坏。刘静庵等多名日知会成员被捕,史称"日知会丙午之狱"。1910年冬,温朝钟在川鄂交界区域发动起义,该起义"其规模之大和对清廷的打击之沉重,在辛亥革命前全国各地的反清暴动中,都名列前茅","这次由革命党人温朝钟领导的会党起义,理应在辛亥革命史中占据一席地位"④。

1911年之前湖北的革命活动很难让人与武昌起义联系在一起。周锡瑞这样描述武昌起义之前湖北革命活动的平庸:"有必要强调,除了革命活动相对地集中于新军这一点,在此谈到的反清活动,和其他时候、其他省份的革命活动,并没有明显不同。有许多革命政党的形成和再造,有许多革命领袖的南来和北往,有会议和密探,有侦破和失败,而且,除了长沙风潮而设想的一次起义计划之外,从来没有一个真正发端于革命的暴动预谋,甚至辛亥年春同盟会代表带着广州起义消息到来时,也没有证据表

---

① [美]周锡瑞:《改良与革命:辛亥革命在两湖》,杨慎之译,江苏人民出版社2007年版,第36页。
② 李廉方:《辛亥武昌首义记》,湖北通志馆1947年版,第5页。
③ 湖北省博物馆、武汉市档案馆编:《武昌起义档案资料选编》上卷,湖北人民出版社1981年版,第4页。
④ 贺觉非、冯天瑜:《辛亥武昌首义史》,武汉大学出版社2006年版,第138页。

明,湖南和湖北的革命党人,为了响应起义,做出了什么具体准备。实际情况是,对于广州起义,革命党人一直未作统筹安排。"①

至1911年,当两湖地区的政治氛围发生变化,雄厚的革命力量在长期的压抑和平庸之中突然爆发。

第四节 现代化视域下的武昌起义

有关武昌起义的研究成果,堪称汗牛充栋。总体而言,中外学术界对该问题的探讨相当充分。不过,就笔者所及,从晚清湖北现代化的视角管窥武昌起义,思考晚清湖北现代化与武昌起义之间的关系,并做出相对合理的诠释的著作则较为鲜见。笔者现不揣谫陋,尝试以现代化的视角对武昌起义进行阐述解读。

一 现代化与人民脱节

武昌起义的历史背景错综繁杂,现代化与人民大众生活脱节即是其中重要细节。

在晚清湖北现代化的历史进程中,人民的收入并没有因为现代化的发展而改善,相反,现代化所需要的经济成本,却最终被分摊在普通人民身上。据《湖北财政说明书》载,"1910年以后新增税项或原来已有、而税额骤加的捐税就多达十余种,如盐斤加价、田房契税加捐、火车捐、筹防捐、加抽煤捐、加抽豆饼捐、加抽杂粮牛皮捐、储备捐、两湖赈灾捐、房捕捐、号防团防捐、轮渡捐等"②。以食盐为例,从1884年至1908年,湖北盐斤共加价7次,每次数额最少2文,最多4文。③ 现代化的某些政策,直接损害了人民的切身利益。例如,张之洞为了整顿金融市场和筹措新政经费,大肆发行铜元,引发严重的通货膨胀。1908年,英国驻宜昌领事便指出,"在前十年内,用铜币购买芝麻油、皮棉、小麦、大麦、酒

---

① [美]周锡瑞:《改良与革命:辛亥革命在两湖》,杨慎之译,江苏人民出版社2007年版,第199页。
② 贺觉非、冯天瑜:《辛亥武昌首义史》,武汉大学出版社2006年版,第133页。
③ 参见张仲炘等《湖北通志·经政志八·榷税》卷51,武昌省长公署,民国十年,第1393页。

类、食盐和猪肉,其价格上涨几乎接近了100%"①。

在人民负担加重的同时,天灾又频繁降临。20世纪初,湖北水旱灾情泛滥,1900—1910年,平均每年都有约30个州县受灾。②潜江、钟祥、监利等连年受灾,"灾民有生食野兽之肉者,有握泥果腹致弊者,有掘挖树皮草根以济急者,令人不忍目睹"。在这种情形之下,政府理应减赋济民,重点解决民生问题。此时湖北财政亏空严重,正疲于解决新政所需要的经费,根本无暇顾及民生。多种因素叠加,从张之洞督鄂后期开始,湖北的城乡骚动此起彼伏。饥民时常揭竿而起,甚至将发泄的矛头直指新式学堂。

晚清湖北现代化,新型社会群体,诸如绅商、学生、军人等群体的利益能否得到满足尚且不论,"广大民众生活更得不到保障,民变迭起,革命终于像火山大爆发一样不可避免"③。

二 军事现代化的插曲

张之洞在湖北编练新军,标志着晚清湖北军事现代化的肇始。至1907年,晚清湖北现代化初见成效,建成新军一镇一协,即第八镇和第十一协,总兵力16104人,军官共990人。④袁世凯在校阅陆军会操后称赞道:"湖北一镇,经督臣张之洞苦心孤诣,经营多年,军容盛强,士气健锐,步伐技艺,均已熟练精娴,在东南各省中,实堪首屈一指。"⑤

从主观而言,晚清湖北军事现代化的目的在于强兵,进而拱卫清廷的统治,从客观作用来看,军事现代化的产物湖北新军不仅没有起到维护清廷统治的使命,相反却成了武昌起义的主力,晚清湖北军事现代化实乃催生武昌起义的主要因素之一。之所以如此,以张之洞在湖北军事现代化进程中的多项政策尤为相关。

---

① [美]周锡瑞:《改良与革命:辛亥革命在两湖》,杨慎之译,江苏人民出版社2007年版,第145页。

② 具体参见李文治编《中国近代农业史资料(1840—1911)》第1辑,生活·读书·新知三联书店1957年版,第720—722页。

③ 李细珠:《地方督抚与清末新政——晚清权力格局再研究》,社会科学文献出版社2006年版,第448页。

④ 《清史稿》卷132,第14册,中华书局1977年版,第3946—3947页。

⑤ 袁世凯:《复陈校阅陆军会操详细情形折》,《袁世凯奏议》下册,第1393页。

张之洞编练湖北新军，极其重视军官和士兵的文化素质。军官多出自武备学堂或者为归国的军事留学生，普通士兵中识字占三分之二，同"以勇气胜"的北洋军相比，湖北新军"以学问胜"①。固然，提高军人文化素质是军事现代化的必要条件，却也给清政府带来了政治风险。这些接受过较高教育的军人"多富于知识思想，能了解革命之旨趣"②，不少参加了革命团体，湖北新军一镇一协约 15000 人，"参加文学社的约 3000人，参加共进会的约 2000 人，共约占全军总人数的三分之一以上"。革命党人在湖北新军中的渗透，成效显著。武昌起义的爆发，即是由这些参加革命组织的新军率先发难，正如后人评价，"清季建新军，亦如行宪政，其始虽在巩固清政权，其终则成为清政权的催命符"③。

除了湖北新军多数士兵文化素质较高因而容易接受革命思想之外，晚清湖北军事现代化进程中新军士兵的切实利益不能得到满足，亦是其萌发革命思想的重要原因。当时一个革命军人便指出，"军官都由上级派来，一般当兵的没有升任的希望，即使升迁，也只有极少数人，并且充其量至多到排长地位，绝大多数的士兵，只能终身充当士兵，这种不满的思想，都已埋藏在每个士兵的脑海之中，如果利用这一情况，进行宣传，必定容易深入，收到极大效果。"④ 武昌起义前夕，新军军人薪饷屡遭克扣和不断削减，武汉地区通货膨胀的日益加重，更是加剧了新军的不满和躁动。

另外，张之洞对新军的驻屯问题思虑不周，决策失误。湖北新军的驻屯，大多集中在省会武昌城内，这样的部署弊端尤其明显。其一，驻守省城之内导致军人与社会接触过于频繁，"报纸上对清廷的反复批评，激进的学生活动，复兴中国的普遍热情，帝国主义列强势力在租界地区经常的、令人恼怒的存在（这是一种只能激起爱国青年士兵的正当义愤的存在），都深刻地影响着他们"⑤。其二，大多数新军同驻一地，不能相互制衡，"省会之区建置营房，宜于郭外择一二高原旷野，或背山，或临水，

---

① 刘体仁：《异辞录》卷 4，上海书店出版社 1984 年版，第 48 页。
② 张继煦：《张文襄公治鄂记》，湖北通志馆 1947 年版，第 7 页。
③ 张玉法：《清季的革命团体》，北京大学出版社 2011 年版，第 81—83 页。
④ ［美］周锡瑞：《改良与革命：辛亥革命在两湖》，杨慎之译，江苏人民出版社 2007 年版，第 184 页。
⑤ 同上。

分营驻扎,不宜专驻一处;但取消息灵通,于同袍同泽之中,隐寓相维相制之意。"陈夔龙莅鄂督任,下车伊始,"首以鄂省屯军处所询之",统制张彪、协统黎元洪告之其所统各标营大半集中在武昌城内蛇山附近,陈夔龙顿时"心窃诧之","嗣率同张君等前往查看,所有营房一律仿照西式建置,规模极其崇闳。续查镇营与协营同在一区域,望衡对宇,形势峥嵘。余心更为诧异。省垣繁庶之地,但需警察得力,足以建威销萌。无端聚此赳赳勇士,多则万人,少亦数千人,杂居共处,易滋群哄。万一变生肘腋,为患何可胜言。况此营与彼营,并不同一部分,无端强与合并,意见不免纷歧,接触尤易龃龉,逞私愤而昧公义,诚恐在所不免。不审文襄当日经营构造,何以贸然出此。将欲力加改作,又恐摇动军心。兼之习惯既久,亦虑迁地弗良。展转筹度,无术补救。"①

三 政治现代化的挫折

政治现代化的挫折,主要体现在两个方面。之一是清季湖北政治体制改革进程中,立宪人士政治愿望不能满足,因而在武昌起义中纷纷倒戈,与革命派展开合作。之二为清廷在加强中央集权过程中造成"内外皆轻"② 的危险局面,从而无力应对武昌起义,最终导致政权迅速覆灭。

从根本来讲,官绅利益本为一致,士绅是官僚的后备力量和卸任荣归之后的社会身份,官僚则是士绅向上流动的目标。然而,在清季政治体制现代化革新的进程中,由于秉承不同的政治理念,士绅群体,特别是上层士绅与地方政府之间发生了明显的矛盾。代表士绅利益的湖北咨议局与湖北地方政府发生矛盾的例子比比皆是。特别是当立宪越来越成为遥不可及的梦想时,士绅开始向革命靠拢。1910 年年底,第三次国会请愿活动失败,汤化龙回鄂,"渐与革命党互通声气"③。因此,在武昌起义之爆发后,"对王朝统治失去信心的咨议局议员们因此就不难与王朝恩断义绝,反戈倒向革命的一方了"④。

---

① 陈夔龙:《梦蕉亭杂记》,世界知识出版社 2007 年版,第 220 页。
② 有关清季"内外皆轻"权力格局及其影响,可参见李细珠《地方督抚与清末新政——晚清权力格局再研究》,社会科学文献出版社 2006 年版,第 412—439 页。
③ 张玉法:《清季的立宪团体》,北京大学出版社 2011 年版,第 321 页。
④ 李振武:《清末督抚与咨议局的设立》,《广东社会科学》2012 年第 2 期。

清廷推行中央集权，其实也是中国现代化发展的客观需要。孙立平即指出，建立一个强力、高效、集权的中央政府是后发外生型现代化发展的一个必要条件。① 但是，在当时的历史环境中，"清廷通过新政所企求的中央集权，并没有真正地强化中央政权，同时还失去了对地方的实际控制力"②，从而形成了"内外皆轻"的危险格局。《申报》便对此发表时评，"自中央集权之说中于中央政界之心理，而督抚之权日削，而外省之力日瘠，迄于今几无一款可筹、一事之能办，疆臣愤不能平，则相率托词乞退。呜呼，其流毒之巨如是也"③。以军事为例，清季中央试图加强集权，逐渐收回地方督抚的兵权，新军中"所有军官，多由军咨府、陆军部檄往，不派留学毕业生，不服从督抚调遣节制"④。然而，在地方督抚兵权渐削的同时，中央却没有真正控制新军。武昌起义之时，湖广总督瑞澂深受其害，并且将此作为推责的理由："乃迭据探报，我军大半意存观望，均不得手，统制、协统命令，亦几不行，嗣闻枪声愈逼近署，枪子均从屋瓦飞过。瑞澂署中仅有特别警察一百余人，亲率出外抵御，无如匪分数路来攻，其党极众，其势极猛。"⑤ 其实，在清王朝面临危局之时，多数督抚对于清廷依旧忠心。不过，由于督抚手中无权，面对乱局力不从心，最终也只能眼睁睁地望着清廷坍塌覆灭。

四 湖北现代化的顿挫与中国现代化的推进

何以说武昌起义是湖北现代化的顿挫？

首先，武昌起义是继太平天国运动之后发生在湖北地区的又一次大规模战争，结束了湖北将近50年的和平稳定社会环境。现代化的顺利进展，和平稳定的社会环境是一个重要前提。武昌起义作为一次军事战争，给湖北，特别是武汉地区社会各个阶层带来了血光之灾。在阳夏战争中，清军

---

① 参见孙立平《后发外生型现代化模式剖析》，《中国社会科学》1991年第2期。
② 李细珠：《地方督抚与清末新政——晚清权力格局再研究》，社会科学文献出版社2006年版，第440页。
③ 《时评》，《申报》1910年9月12日。
④ 胡如虹编：《苏舆集》，湖南人民出版社2008年版，第225页。
⑤ 卞孝萱辑：《冈尔昌旧存有关武昌起义的函电》，《近代史资料》1954年第2期，第28页。

血洗汉口,"将汉口一把火烧光,让百万人流离失所,毁坏了价值一亿美元的财产。这种人神共愤的暴行,这种向无辜百姓纵火的可耻行为是史无前例的"①。

具体而言,武昌起义对湖北的商业、工业和政治的发展都造成了巨大的损失。商业方面,"汉口华界老城,除紧邻租界的街区为避免殃及池鱼引起外交纠纷不敢放火,商业不发达的硚口部分贫穷地区不值得放火,汉口传统的商业精华地区被战火悉数摧毁"②。工业方面,汉阳兵工厂在阳夏之役遭到严重破坏,部分厂房坍塌,机器设备半数被毁无法开工。宋炜臣创办既济水电公司在战火中损失150万元,其后被迫借日债来应对残局。汉口4家机器碾米厂仅宝善一家幸存,其他3家皆被毁。纺织四局、汉阳铁厂以及官办各大工厂直至1913年依旧没有从战争的阴影中走出,"多未开工,或未开全厂大工,以致失业者累累"③。政治方面,黎元洪攫取领导地位之后,开始不断打击革命党人士,并迅速向袁世凯靠拢,"武汉地区的首义革命色彩日渐消退,并逐渐成了保守势力的营垒,并最终被北洋军阀势力盘踞"④。

若从短期和局部来观察,武昌起义确实令湖北现代化进程出现顿挫,苏云峰在分析现代化进程从晚清向民国深化时也指出:"民国成立以后,军人当政,党争与战乱频仍,社会不宁,建设事业反而不如清季。因此,辛亥革命的历史意义固必须肯定,然其对湖北社会的短暂震撼与破坏,也是事实。"⑤

战争虽然对湖北社会有种种破坏,若以中国整体来论,它又加速了中国现代化,特别是中国政治现代化的历史进程。武昌起义摧毁了帝制,"辛亥首义虽留下种种未竟之业,然其意义却是不同凡响的,这不仅表现为推翻了其末年已严重阻碍中国前进的清王朝,更在于终结沿袭两千余

---

① [美]约翰·斯图亚特·汤姆森:《北洋之始》,刘丰祥等译,中国青年出版社2002年版,第48页。
② 涂文学、李卫东:《武昌首义与武汉早期现代化》,武汉出版社2011年版,第185页。
③ 《湖北祸乱未已》,《时报》1913年2月14日。
④ 涂文学、李卫东:《武昌首义与武汉早期现代化》,武汉出版社2011年版,第66页。
⑤ 苏云峰:《中国现代化的区域研究(湖北省卷,1860—1916)》,"中研院"近代史所1987年版,第575页。

年、渐成历史桎梏的专制帝制"。与推翻旧制度互为表里,武昌起义又建立起了崭新的政治制度,"尽管共和制的内容有待坐实与提升,辛亥以后的路途也十分崎岖坎坷,国人一再陷入渴求变革而又失望于变革的焦虑之中,然而始终没有放弃对于共和宪政这一政治形态的追求"①。

湖北现代化的顿挫,换来中国现代化向前推进一大步,以局部成就整体,以短暂赢得长久,这亦正是现代化视野之下武昌起义的历史贡献。

---

① 冯天瑜、张笃勤:《辛亥首义史》,湖北人民出版社2011年版,第611、617页。

第 五 章

湖广总督群体与晚清湖北现代化

晚清湖北现代化的历史进程，与身膺疆寄的地方督抚息息相关。作为晚清湖北的最高行政长官，湖广总督如何影响晚清湖北的现代化进程，是深入解读政治与现代化关系的关键点，也是剖析阐释晚清湖北现代化历史的突破点之一。本章以1861年至1911年50年间10位湖广总督作为视点，通过三方面内容探讨论述，试图见微知著，管窥这一群体对晚清湖北现代化的历史作用。

第一节 晚清湖广总督群体的基本情形

湖广总督系湖北、湖南两省总督的简称，全衔为"总督湖北、湖南等地方、提督军务、粮饷兼巡抚事"，正二品，加尚书衔则为从一品，与湖北巡抚同驻武昌。晚清湖广总督被视为要缺，总督人选历来颇受清廷重视。

李细珠指出："清代督抚的任职方式大致有实授、署理与护理三种情形。实授是正式的实缺官；署理一般也是实缺官，但名义上只是代理；护理则不是实缺官，一般只是在原任出缺而继任未到之前的临时性代理，而本任另外有人。"[①] 据笔者统计，从1861年到1911年的50年间，以实授和署理情形履任湖广总督职务的官员共14位，基本情形如表5—1。

[①] 李细珠：《地方督抚与清末新政——晚清权力格局再研究》，社会科学文献出版社2012年版，第38页。

表 5—1　　　　　1861—1911 年湖广总督履历概况①

姓名	生年	籍贯	出身	族籍	任职			离职	
					背景	时间	类别	时间	原因
官文	1798	满洲正白旗	行伍	满	荆州将军	1855年6月11日	任	1867年2月15日	革职
李鸿章	1823	安徽合肥	进士	汉	江苏巡抚	1867年2月15日	任	1870年1月18日	调离
李瀚章	1821	安徽合肥	拔贡	汉	浙江巡抚	1870年1月18日	先署后任	1882年4月26日	忧免
涂宗瀛	1812	安徽六安	进士	汉	湖南巡抚	1882年4月26日	任	1883年6月27日	病免
卞宝第	1824	江苏仪征	举人	汉	湖南巡抚	1883年6月27日	署	1885年4月10日	回任
裕禄	1844	满洲正白旗	监生	满	安徽巡抚	1885年4月10日	先署后任	1889年8月6日	调离
张之洞	1837	直隶南皮	进士	汉	两广总督	1889年8月9日	任	1907年8月10日	升迁
赵尔巽	1844	奉天铁岭	进士	汉	四川总督	1907年8月10日	暂授	1908年3月6日	调离
陈夔龙	1857	贵州贵阳	进士	汉	四川总督	1908年3月6日	任	1909年11月24日	调离
瑞澂	1863	满洲正白旗	例贡	满	江苏巡抚	1909年11月24日	署	1911年10月12日	革职
袁世凯	1859	河南项城	监生	汉	军机大臣	1911年10月14日	任	未到任	

① 资料来自《清史稿》之《疆臣年表》及《列传》，中华书局 1976 年版；萧一山《清代通史》之《清代督抚表》，中华书局 1986 年版；湖北省地方志编纂委员会编《湖北省志·政权志》，湖北人民出版社 1993 年版等。

续表

姓名	生年	籍贯	出身	族籍	任职			离职	
					背景	时间	类别	时间	原因
魏光焘	1837	湖南邵阳	监生	汉	闽浙总督	1911年11月11日	任	未到任	
王士珍	1861	直隶	武备学堂	汉	江北提督	1911年11月2日	署	未到任	
段祺瑞	1865	安徽合肥	武备学堂	汉	第二军总统	1911年11月17日	署	未到任	

除了以实授和署理情形履任湖广总督职务的14位官员外，湖广总督离职和新总督未到任或者总督奉诏进京等不在任时，一般由湖北巡抚护理，1904年湖北巡抚裁撤后，由湖北布政使护理。例如李鸿章1869年2月21日抵任，抵任前两湖总督由湖北巡抚郭柏荫暂护；李瀚章1876年1月5日—1876年10月27日一度改任四川总督，两湖总督由湖北巡抚翁同爵暂护；张之洞1894年10月8日—1896年1月2日奉诏陛见后曾署两江总督一职，两湖总督由湖北巡抚谭继洵暂护，1902年10月7日—1904年4月，再度署理两江总督，两湖总督由湖北巡抚端方暂护。由于护理并非实缺，只是临时性代理，并且一般任职时间较短，属于特殊情形，另外，由于袁世凯、魏光焘、王士珍、段祺瑞并未赴鄂履职，故本书仅以10位实授和署理情形履任湖广总督职务的官员作为统计研究对象，对该群体从多个方面分别展开探讨分析。

一 湖广总督群体的结构分析和人事嬗递

晚清湖广总督的结构分析主要从出身背景、旗汉比例、籍贯分布三个方面进行考察。

清代承袭明制，以科举取士，仕宦极其重视出身。关于仕宦出身，"凡官之出身有八：一曰进士，二曰举人，三曰贡生，四曰荫生，五曰监生，六曰生员，七曰官学生，八曰吏。无出身者，满洲、蒙古、汉军曰闲散，汉曰俊秀。各辨其正杂以分职"①。仕宦出身有正途与异途之分，"定制由科甲及恩、拔、副、岁、优贡生、荫生出身者为正途，余为异途。异途经保举，亦同正途，但不得考选科、道。非科甲正途，不为翰、詹及吏、礼二部官。惟旗员不拘此例……其由异途出身者，汉人非经保举、汉军非经考试，不授京官及正印官，所以别流品、严登进也"②。关于晚清湖广总督的出身背景如表5—2。③

表5—2　　　　　　　　晚清湖广总督的出身背景

出身	正途					异途			合计
	进士	举人	贡生	荫生	官学生	生员	监生	行伍	
人数	5	1	2	0	0	0	1	1	10

据表可见，清末湖广总督中汉族任职者全部出身于正途，异途跻身湖广总督者皆为满人。正途入仕，共8人，占绝对优势，其中进士出身者占一半，共5人，举人和贡生共3人。异途入仕，行伍出身1人，监生1人。行伍出身任湖广总督主要是当时太平天国战事紧急的权宜之计，除此之外，湖广总督皆由文官担任。有清一代，官员是否正途出身对能否出任封疆大吏的地方督抚最为重要，10位湖广总督几乎全部来源于儒家传统熏陶孕育出的文官系统。

清朝统治者以游牧民族入主中原，为巩固政权，最初多用旗人。就督抚之任用而论，清初重要地区如山陕督抚专用满员，至雍正年间始用汉人。清中期以后，汉人履任督抚大员者数量渐多，特别是镇压太平天国、捻、回之乱期间汉人势力迅速崛起，旗人政治地位日趋衰落。关于晚清50年间湖广总督的旗汉比例如表5—3。

---

① 崑冈等：《钦定大清会典》卷7，上海商务印书馆1912年版，第2页。
② 《清史稿》110卷，第12册，中华书局1977年版，第3205页。
③ 资料来自《清史稿》之《疆臣年表》及《列传》，中华书局1976年版；萧一山《清代通史》之《清代督抚表》，中华书局1986年版；湖北省地方志编纂委员会编《湖北省志·政权志》，湖北人民出版社1993年版等。表5—3、5—4、5—5、5—6均源于此。

表 5—3　　　　　晚清 50 年间湖广总督的旗汉比例

族籍	汉人	旗人			合计
		满洲	蒙古	汉军	
人数	7	3	0	0	10

据上表可见，清末湖广总督中满洲旗籍 3 人，占总人数的 30%。清廷剿灭太平天国叛军之后的 2 名旗籍湖广总督任职时间较短，官文被革职之后的大部分时间里主要由汉族官员履任湖广总督一职。太平天国运动之后汉族政治地位迅速提升，满汉实力对比出现新的变化，但不可否认，由于传统优势，满洲贵族仍是地方督抚群体中一支相当重要的政治力量。

清代地方督抚的籍贯分布，除了受旗籍因素的重要影响外，同该地区的文化、政治、军事等因素也密切相关。台湾学者魏秀梅根据统计数据指出，"就籍贯而言，咸丰、同治、光绪三朝湖南人任督抚者较他省为多，此显与湘军之崛起有关。而在各省比例中，江、浙两省始终名列前茅。东南地区物阜民丰，教育较普及，中进士、举人者多，故任督抚者亦多。反之，边远地区，经济贫瘠，教育落后，应科举者甚少，故任督抚者亦少"①。关于清末 50 年间湖广总督的籍贯分布如表 5—4。

表 5—4　　　　　晚清 50 年间湖广总督的籍贯分布

籍贯	旗籍	安徽	江苏	贵州	直隶	奉天	合计
人数	3	3	1	1	1	1	10

据上表可见，晚清 10 位湖广总督籍贯的分布特点同魏秀梅所统计的全国督抚群体籍贯分布数据基本吻合。除了 3 位旗籍出身者外，安徽人数最多，共 3 人，都曾经效力于淮军。与全国其他省份略有不同的是，湖广总督履任者的籍贯无一湖南籍。同湘军一样，淮军亦是清末崛起的另一支重要的地方武装，因此安徽人出任督抚者亦众，其中李鸿章及其胞兄李瀚

---

① 魏秀梅：《从量的观察探讨清季督抚的人事嬗递》，载中华文化复兴运动推行委员会主编《中国史学论文集》第 1 辑，幼狮文化事业公司 1983 年版，第 703—733 页。

章曾先后出任湖广总督，而李瀚章任期更是长达12年之久。

从整体来看，清末50年间10位湖广总督一半以进士出身，深受儒家传统文化的熏陶。1861年后，湖广总督主要由汉人出任，旗人政治地位呈衰落趋势。这一时期湖广总督的籍贯分布，安徽籍最多，主要缘于太平天国期间淮军势力的崛起。

有关晚清湖广总督群体的人事嬗递，笔者主要从任职时间进行考察。清代官员任期无定制，湖广总督亦然，作为湖南与湖北两省最高军事、行政长官，其任职时间可以从侧面观察该区域军政运作情形。然而，督抚作为封疆大吏，如任期较短，政令推行和属员监督都难以尽职；任期太久，易致因循怠惰和结党营私。晚清中央为了能够有效控制地方，防止地方势力做大做强，督抚调动较为频繁，"由嘉庆朝至光绪朝，有任期不到半年者，有任期长达九年以上者，平均总督任期为二至三年，巡抚为一至两年"①。晚清50年间湖广总督的任职时间如表5—5。

表5—5　　　　　　晚清50年间湖广总督的任职时间

任职时间	10年以上	5年以上	4—5年	3—4年	2—3年	1—2年	0.5—1年	0.5年以下
人数	3	0	0	1	1	3	2	0

据上表可见，晚清50年间，共有10人履职湖广总督，平均任期为5年，高于当时全国督抚群体任期的平均值。任职期间为10年和1—2年的人数最多，各3人。有2名履任者时间不到1年，任职时间为2—3年和3—4年各1人。10位湖广总督中官文、李瀚章和张之洞任职时间为10年以上，分别为12年、12年、19年，张之洞出任湖广总督一职时间之长，清代实属罕见。

二　湖广总督与湖北巡抚的关系

湖广总督和湖北巡抚皆为封疆大吏，一省之中行政级别最高的两位政治人物，两者之间的关系直接影响了晚清湖北现代化的历史进程。

---

①　魏秀梅：《从量的观察探讨清季督抚的人事嬗递》，载中华文化复兴运动推行委员会主编《中国史学论文集》第1辑，幼狮文化事业公司1983年版，第703—733页。

湖北巡抚全衔"巡抚湖北等处地方提督军务监理粮饷",从二品,如加兵部侍郎衔,则为正二品。湖北巡抚始置于清顺治元年(1664),称湖广巡抚,驻地武昌;康熙三年(1664),湖广分省,专属湖北巡抚驻武昌。1898年戊戌变法期间,裁撤湖北巡抚,同年十月变法失败后恢复旧制。1904年再次裁撤湖北巡抚,其职事由湖广总督兼理。晚清50年间,共有24人履任湖北巡抚一职,具体情况如表5—6。

表5—6　　　　　　　　晚清50年间湖北巡抚履历表

姓名	生年	籍贯	出身	族籍	任职			离职		备注
					背景	时间	类别	时间	原因	
胡林翼	1812	湖南益阳	进士	汉	湖北布政使司	1855年4月18日	先署,1856年12月25日实授	1861年10月20日	战死	
李续宜	1822	湖南湘乡	行伍	汉	安徽巡抚	1861年9月16日	先署,1861年10月20日实授	1862年1月23日	回安徽巡抚本任	
严树森	不详	四川新繁	举人	汉	河南巡抚	1862年1月23日	任	1864年5月28日	降为道员	
吴昌寿	1810	浙江嘉兴	进士	汉	广东布政使	1864年5月28日	任	1865年4月29日	改授河南巡抚	
郑敦谨	1803	湖南长沙	进士	汉	东河河道总督改授	1865年4月29日	任	1865年12月28日	改授户部右侍郎	
李鹤年	1827	奉天义州	进士	汉	直隶按察使	1865年12月28日	任	1866年3月12日	改授河南巡抚	
曾国荃	1824	湖南湘乡	优贡生	汉	山西巡抚	1866年3月12日	任	1867年11月12日	病免	
郭柏荫	1807	福建侯官人	进士	汉	广西巡抚	1867年11月12日	任	1874年1月31日	病免	
吴元炳	1824	河南固始	进士	汉	湖南布政使	1874年1月31日	任	1874年10月17日	改授安徽巡抚	
翁同爵	1814	江苏常熟	荫生	汉	陕西巡抚	1874年10月17日	任	1877年9月19日	病死	

第五章 湖广总督群体与晚清湖北现代化 / 161

续表

姓名	生年	籍贯	出身	族籍	任职 背景	任职 时间	任职 类别	离职 时间	离职 原因	备注
邵亨豫	1817	江苏常熟	进士	汉	陕西巡抚	1877年9月19日	任	1878年4月11日	改授湖南巡抚	
潘霨	1826	江苏吴县	监生	汉	湖北布政使	1878年4月11日	先署，1878年8月1日实授	1880年3月5日	免	
彭祖贤	1819	江苏长洲	举人	汉	江西布政使	1880年3月5日	任	1885年11月30日	死	
谭钧培	1828	贵州镇远	进士	汉	江苏布政使	1885年11月30日	任	1886年6月2日	改授广东巡抚	
奎斌	1821	蒙古镶白旗	行伍	蒙	直隶布政使	1886年6月3日	任	1889年12月17日	改授都察院都御使	
谭继洵	1823	湖南浏阳	进士	汉	甘肃布政使	1889年12月22日	任	1898年8月30日	湖北巡抚一职裁撤	
曾铄				满	甘肃布政使	1898年10月22日	任	1899年1月17日	革职	
于荫霖	1838进士	吉林榆树	进士	汉	云南布政使	1899年1月18日	任	1900年10月10日	与湖南巡抚互调	
裕长		满洲正白旗		满	湖南巡抚	1900年10月10日	任	1900年11月17日	解职	
景星		满洲正白旗	举人	满	江西巡抚	1900年11月17日	任	1901年2月2日	改授福州将军	
聂缉规	1855	湖南衡山	洋务	汉	江苏布政使	1901年2月2日	任	1901年3月3日	改授江苏巡抚	
于荫霖	进士	吉林榆树	进士	汉	河南巡抚	1901年3月3日	任	1901年4月4日	改授广西巡抚	

续表

姓名	生年	籍贯	出身	族籍	任职 背景	任职 时间	任职 类别	离职 时间	离职 原因	备注
锡良	1853	蒙古镶蓝旗	进士	蒙	山西巡抚	1901年4月5日	任	1901年5月3日	解职	
端方	1861	满洲正白旗		满	护理陕西巡抚	1901年5月3日	任	1904年5月25日	署江苏巡抚	1904年12月12日湖北巡抚一职裁撤

可见，湖北巡抚的平均任职时间更短于湖广总督的任期。在这种情况下，一任湖广总督要与几任湖北巡抚共事，特别是张之洞，督鄂达19年，其间更换了10任巡抚。与湖广总督共事的湖北巡抚更换过快，必然增加两者之间相互磨合的时间，从而影响行政效能。另外，24位湖北巡抚中，除极少数之外，多为守成庸碌之辈，牵制有余，协作不足。张之洞的学生张继煦便指出，"公同时与处之巡抚，若谭继洵、于荫霖，或为承平之官僚，或守腐旧而惮改作，皆不能有所助力"①。

从制度设计上，湖广总督统辖湖北、湖南两省军事，专重具制，湖北巡抚总理湖北民事，专治吏制。该制度的思虑，可谓深远，"以江海奥区、沿江重地，非督抚并立，不足震慑非常"，遇危难之时，"但使有一人得力，即于大局裨益良多；若督抚具得其人，其收效当更宏远"②。从后来的政局发展来看，在重要之区同城分设总督和巡抚并非毫无道理。武昌起义之所以成功，与湖广总督瑞澂的临阵脱逃有直接关系，若此时湖北巡抚没有裁撤，并由"得力"之人出任，或许清廷不会顷刻坍塌。

制度设计虽好，实际情形却不尽如人意。首先，湖北巡抚依例归湖北

---

① 张继煦：《张文襄公治鄂记》，湖北通志馆1947年版，第2页。
② 第一历史档案馆编：《光绪宣统两朝上谕档》第24册，广西师范大学出版社1996年版，第482—483页。

总督节制，这往往会造成湖广总督一人专权，"巡抚无敢自专者，于是一切大政悉听总督主持"①。例如，张之洞督鄂期间，办事专断，甚至署任两江总督之时也插手鄂省人事。② 更重要的是，湖广总督和湖北巡抚虽然各有职守，职权却有重叠之处，从而难免发生龃龉。晚清50年间，湖广总督与湖北巡抚相互倾轧之事屡见不鲜。

总体而言，若湖广总督与湖北巡抚之间关系良好，则能有效促进晚清湖北现代化的历史进程。湖北巡抚胡林翼能够在湖北有所作为，在于"当官文在湖北，事事听林翼所为"，两人之间的和谐关系是湖北稳定与发展的政治基础。张之洞虽时常与部分湖北巡抚发生龃龉，但毕竟是强势总督，深受慈禧圣眷，可以强势推行己意，这也是其推行湖北新政的政治前提。相反，若湖广总督与湖北巡抚交恶，则不利于晚清湖北现代化的进程。胡林翼去世之后，官文与湖北巡抚严树森不合，将其弹劾降职，而其后严树森的继任者又参劾官文。③ 总督与巡抚之间相互倾轧，合作不能融洽，何谈对湖北地方的积极建设。

第二节 湖广总督群体在晚清湖北现代化进程中的作为

晚清10位湖广总督全面开启和主导了湖北的早期现代化事业，对湖北的现代化历程产生深刻影响。

一 张之洞与晚清湖北现代化

1909年深秋，病榻中的张之洞与"某大员畅谈一切，并自述生平"，"笑曰"："余历任两湖，于军政学务颇立基础，其一切办理新政有得有失，虽不免有虚耗度支之举，而耿耿寸衷，实堪自问。"④

此时张之洞已日薄西山，这段自我评价很有可能真实地发自内

---

① 刘锦藻：《清朝续文献通考》卷132，职官18，上海商务印书馆1934年版，第8915页。
② 具体参见茅海建《戊戌变法的另面："张之洞档案"阅读笔记》，上海古籍出版社2014年版，第392—393页脚注部分。
③ 《清史稿》卷388，第38册，中华书局1977年版，第11716页。
④ 《张文襄不忘路政之遗言》，《申报》1909年10月17日。

心。这段话所反映出的信息基本可以延伸囊括张之洞在晚清湖北现代化进程中的大部分历史作为，下文将就此展开探讨，并以"后见之明"予以评判。

张之洞自认其在湖北新政中于"军政学务"方面成效较大，"颇立基础"。对于此点，苏云峰在研究湖北早期现代化的结论中也曾提到，"湖北在清末廿年间，政治、经济与社会均有相当的进步"，"这要归功于张之洞等政治领导阶层的决心与努力"，其中"教育与军事改革的成就尤为显著"①。

（一）张之洞对晚清湖北军事现代化贡献颇大，但武昌起义仅是湖北军事现代化的插曲，而非结果

湖北军队在张之洞督鄂前后，确实发生了有如天壤之别的变化。

张之洞在整顿湖北军务之前，"鄂中营制，至光绪中年而弊极矣。官弁以虚额蚀饷为事，习于趋跄迎送。兵卒兼营贸易，惟月一应卯。即有操练，亦虚应故事而已"②。至1907年，湖北以张之洞从两江带回的500人的洋操护军营为基础，竟然编练新军一镇一协，即第八镇和第十一协，总兵力16104人，军官共990人。③ 袁世凯在校阅陆军会操后对湖北新军大加赞扬："在东南各省中，实堪首屈一指。"④ 张之洞对此亦颇感自豪，"湖北自丙申以后，即尽摒弃旧习，以西法练兵，故今日湖北陆军，东、西人来观者，皆言甲于各省"⑤。

湖北新军固然堪称"首屈一指"，但实则暗藏巨大隐患。

隐患之首，便是湖北新军的忠诚度。清廷在全国编练新军的目的是维护其统治，军队对政府的忠诚度必定应该为考核主政者编练新军成效的重要指标。而此正是张之洞编练湖北新军的软肋。清季，革命党在湖北新军中的渗透程度极深，"参加文学社的约3000人，参加共进会的约2000人，

---

① 苏云峰：《中国现代化的区域研究（湖北省卷，1860—1916）》，"中研院"近代史所1987年版，第575页。
② 张继煦：《张文襄公治鄂记》，湖北通志馆1947年版，第24页。
③ 数据参见《清史稿》卷132，第14册，中华书局1977年版，第3946—3947页。
④ 袁世凯：《复陈校阅陆军会操详细情形折》，载《袁世凯奏议》下册，第1393页。
⑤ 《张之洞全集》第十二册，武汉出版社2008年版，第513页。

共约占全军总人数的三分之一以上"①。

隐患之二，是湖北新军的驻屯问题。湖北新军的驻屯，大多集中在省会武昌城内，这样部署的弊端尤甚。驻守省城之内，导致军人与社会接触过于频繁，"报纸上对清廷的反复批评，激进的学生活动，复兴中国的普遍热情，帝国主义列强势力在租界地区经常的、令人恼怒的存在（这是一种只能激起爱国青年士兵的正当义愤的存在），都深刻地影响着他们。"②同时，大多数新军共驻一地，不能相互制衡，"省会之区建置营房，宜于郭外择一二高原旷野，或背山，或临水，分营驻扎，不宜专驻一处；但取消息灵通，于同袍同泽之中，隐寓相维相制之意。"另外，省城武昌实乃繁华之地，仅需警察足以维护治安，"无端聚此赳赳勇士，多则万人，少亦数千人，杂居共处，易滋群哄。万一变生肘腋，为患何可胜言。况此营与彼营，并不同一部分，无端强与合并，意见不免纷歧，接触尤易龃龉，逞私愤而昧公义，诚恐在所不免。"③

在张之洞离鄂两年之后的1909年，张之洞自认其在湖北军政方面"颇立基础"，显然合情合理，亦算客观。毋庸置疑，仅以军事现代化来讲，张之洞所编练的湖北新军在武器装备、军事制度、文化素养等方面均一定程度实现了近代转型，完全可以称为典范。

武昌起义虽与晚清湖北现代化有部分关系，但两者之间并非必然关系，武昌起义并非晚清湖北军事现代化的必然结果。因为若单从现代化的视点来比较，北洋新军就不能说比湖北新军现代化的程度低，却没有湖北新军中出现的诸多"乱象"。例如，湖北新军中革命思想泛滥，参加革命组织的官兵比比皆是，而北洋新军则基本没有这种现象，革命党根本就无法打入北洋新军之中。

武昌起义的爆发，恐怕与张之洞个人关系更深。

革命党深入渗透湖北新军中，可谓张之洞一手造成。虽然这与湖北新军士兵文化素质普遍较高有一定关系，但更与张之洞既青睐任用留日军校

---

① 张玉法：《清季的革命团体》，北京大学出版社2011年版，第81页。
② ［美］周锡瑞：《改良与革命：辛亥革命在两湖》，杨慎之译，江苏人民出版社2007年版，第184页。
③ 陈夔龙：《梦蕉亭杂记》，世界知识出版社2007年版，第220页。

生,同时又纵容,甚至提拔有革命思想的军官诸如吴禄贞有关。湖北新军的驻屯部署问题,亦是张之洞的失误。以至于继任鄂督对此诧异之余,"不审文襄当日经营构造,何以贸然出此。将欲力加改作,又恐摇动军心。兼之习惯既久,亦虑迁地弗良。展转筹度,无术补救"①。张之洞以"清流"起家,不似李鸿章等以军功立本,这或许是张之洞在该问题失误的缘由所在。

(二) 张之洞开启湖北教育现代化的历史进程,加速政治现代化进程

张之洞多次担任学政之职,又以"儒臣"闻世,文化教育建设不仅是其所长,亦正是其特殊情怀所在。有学者即认为,"张之洞是清季诸督抚中,少数有见识,有担当,能不断求变之一人,亦是最重视教育一人"②。

张之洞启动了晚清湖北教育的近代转型。仅就学校教育来言:一方面对传统教育机构,诸如江汉书院、经心书院等进行大胆改革,并创办全国最有影响之一的新式书院两湖书院;另一方面则在武昌积极开办新式学堂,先后创办算学学堂、矿务学堂、自强学堂、湖北武备学堂、湖北农务学堂、湖北工艺学堂、湖北师范学堂、两湖总师范学堂、女子师范学堂等。其他方面,诸如留学教育、图书馆建设等前文已详加介绍,兹不赘述。

张之洞"学务"方面对湖北的影响,远超过其在军事方面的贡献。苏云峰在全面梳理张之洞与湖北教育改革之后,也认为"湖北的教育改革,是相当成功的","成功的因素很多,但最主要是政治领导人的因素"③。首先,此举一改湖北以往教育文化落后的局面,并培养出了不少各行业的精英。明清两代,湖北文化已呈衰败态势。《国朝汉学师承记》著录汉学家40余人,湖北学人无一人入选;《清史稿·儒林传》,湖北学人仅有两人入选;《清儒学案》,湖北仅有一位学人列为专案,三人入合传。④ 张之洞督鄂之后,"湖北及武汉的文化与学术在经历了长达数百年

---

① 陈夔龙:《梦蕉亭杂记》,世界知识出版社2007年版,第220页。
② 苏云峰:《张之洞与湖北教育改革》,"中研院"近代史所1972年版,第227页。
③ 同上书,第227页。
④ 参见雷平《清代湖北"学者无闻"原因探讨》,《光明日报》2009年6月30日。

的沉寂之后终于在20世纪重新崛起,'惟楚有才,于斯为盛'又一次成为令人骄傲的现实"①。清末民初的多位文化名人或者革命志士,如王葆心、熊十力、王亚南、唐才常、张知本、吴禄贞、黄侃、李四光、闻一多等均出自张之洞创建的新式学堂或者改制书院。其次,张之洞改变了华中地区的文化教育格局,奠定了武昌华中地区教育中心的地位,"武汉一跃而为全国教育改革的中心区、模范区,成为武汉教育史上最辉煌的时期"②,此为武汉地区前所未有的殊荣。湖北新政的多数成就早已烟消云散,教育领域的硕果却延续至今,恩泽当代。

晚清湖北教育的近代转型,又促进了政治现代化的历史进程。

由于清季湖北教育的现代化,湖北士绅群体2万余名士绅接受了新式学堂教育或者留学教育。这部分接受再教育的新士绅有效地介入晚清湖北政治机构的改革之中,是咨议局和地方自治组织的参与主体,同时还积极支持全国立宪运动的发展,作用波及整个中国的政治现代化进程。

另外,湖北教育的现代化,亦对武昌起义产生了重要作用,"湖北的革命风气,初归于教育,特别是留学教育。湖北的学校,著名者有武备、自强、农务三学堂,两湖、经心、江汉三书院。济济多士,思想维新,留日之后,受彼邦民族主义的启迪,更富革命思想。第一、二批留日学生戢翼翚、傅良弼、吴禄贞、刘成禺等,皆倡言革命"③。

(三) 京汉铁路是张之洞在晚清湖北现代化进程中极重要的贡献

张之洞湖北新政的诸多创举中,对晚清湖北现代化作用深刻,并真正恩泽后世的除了教育,莫过于建成京汉铁路。

张之洞督鄂达19年,在晚清政局中,能长久任职于一地的封疆大吏实属罕见。究其原因,"盖公之调鄂,以主张修京汉铁路也。京汉铁路至光绪三十一年九月始完成验收,此事他人不愿为,且不能为,又替人之

---

① 涂文学:《"湖北新政"与近代武汉的崛起》,《江汉大学学报》(社会科学版)2010年第1期。
② 皮明庥:《张之洞在武汉的兴教新政》,载冯天瑜、陈锋主编《张之洞与中国近代化》,中国社会科学出版社2010年版,第465页。
③ 张玉法:《清季的革命团体》,北京大学出版社2011年版,第386页。

难，清廷亦深知之"①。

京汉铁路从提议到建设，均与张之洞息息相关。甚至可以说，若没有张之洞，京汉铁路也不会于晚清诞生。

以往汉口仅是水路航运的枢纽，其影响沿江河方向延伸。京汉铁路贯通，汉口的陆路辐射范围迅速扩展，并产生立竿见影之效果。日本驻汉口领事水野幸吉便指出，汉口成为东方芝加哥，"明显由前不久京汉铁路开通所助成"②。中国的观察者也认为汉口贸易额激增，"较前几大一倍，伟然占全国通商口岸之第二位，皆此铁路之力"③。

京汉铁路的修建完成，湖北形成"水陆联动"的交通枢纽。这种格局同时也带动了汉口近代城市的发展，"近代汉口第一批马路如歆生路、大智路、火车站前马路、何家路、小华景街马路等均介于租界与铁路之间，呈南北走向，与铁路和租界呈垂直形状，清晰地显示出铁路兴起后水陆联动对汉口区域的推动。"④

（四）从官办工业来探讨张之洞的"虚耗度支之举"

"虚耗度支之举"，是时人及后人诘责张之洞湖北新政的重要一条，清史稿亦曾评价张之洞"莅官所至，比有兴作。务宏大，不问费多寡"⑤。

诚如斯言，张之洞在晚清湖北的诸多作为中，"虚耗度支之举"确实举不胜举。其中，又以官办工业最甚。

汉阳铁厂自张之洞筹办以来，一直处于巨额亏损之中。1896年，张之洞被迫将汉阳铁厂交由盛宣怀实施官督商办。盛宣怀接手后，虽采取多种措施，诸如致力招徕商本、开发萍乡煤矿等，但仍不能改变汉阳铁厂巨亏的困境。张之洞创办纺织四局，开始之时效益显著。然而，由于官督商办的桎梏，纺织四局很快在外商的挤压下败下阵来。历经几次整顿，并无明显改观的情况下，张之洞渐有招商承办之意，"官办终无大起色，似宜及早招商。初年租价不妨从轻，随后酌量递加，当易成议"。湖北枪炮厂

---

① 张继煦：《张文襄公治鄂记》，湖北通志馆1947年版，第31页。
② ［日］水野幸吉：《中国中部的事情：汉口》，武德庆译，武汉出版社2014年版，第1页。
③ 张寿波：《最近汉口工商业一斑》，上海商务印书馆1911年版。
④ 皮明庥等：《武汉通史·晚清卷》，武汉出版社2006年版，第280页。
⑤《清史稿》卷436，第41册，中华书局1977年版，第12380页。

曾一度发展至顶峰，随即便因经费、生产管理等问题呈现衰落趋势，甚至陷入危机。至 1908 年，湖北兵工厂原料消耗殆尽，经费问题更无着落，面临停产困境。

张之洞念起这些"虚耗度支之举"，竟表现出了"耿耿寸衷，实堪自问"的无愧态度。

这与张之洞"筹巨款、办大事"的思想紧密相连。其实，"虚耗度支之举"开风气之先，也并非没有道理。以官办工业来看，"夫民可与乐成，难与谋始。张氏能不避其难，而好为其难，此种魄力，实足以开一时之风气，而树工艺之基础"。后人在 30 年后仍认为，"当三十年前，能预测现今商战之潮流，急谋中流之砥柱，筚路蓝缕，惨淡经营，以作为武汉工业之先导，厥惟张文襄公之洞之功。虽张氏好大喜功，博而不精，然其独照几先，气魄雄厚，有足称焉"①。

然而，"虚耗度支"开风气之先固然可取，但"虚耗度支"必须有度。一旦"虚耗度支"超过了最高限度，所开之风气不仅可能随时消散，甚至会背上沉重的财政包袱。

湖北税收在全国虽属中等，因张之洞的"虚耗度支之举"，"鄂中各款，皆系随筹随用，向无存储，往往寅支卯粮"②。至张之洞离鄂之时，财政亏空之外，另欠华洋各款 240 万两。湖北地方财政濒临崩溃，其继任督抚不得不向外国力量借债周转。陈夔龙对此言道："张文襄公督鄂垂二十年，百废俱举，规模宏肆。第鄂系中省，财赋只有此数，取锱铢而用泥沙，不无积盛难继之虑。"③ 在此种境况之下，"各疆吏皆慑于鄂亏空之巨，头绪之纷繁，不愿作茧自缚"。虽然"虚耗度支"官办工业一时"足以耸动中外之视听"，确实能够"开风气、拔头筹"。但终因无法也不能延续，很快烟消云散，"仅余残破之建筑物，供后人凭吊"④。

因此，没有限度的"虚耗度支"，既是张之洞的"其一切办理新政有

---

① 《武汉三镇之现在及其将来》，《东方杂志》1924 年第 21 卷第 5 号。
② 《张之洞全集》第十一册，武汉出版社 2008 年版，第 164 页。
③ 陈夔龙：《梦蕉亭杂记》，世界知识出版社 2007 年版，第 220 页。
④ 张继煦：《张文襄公治鄂记》，湖北通志馆 1947 年版，第 3、7 页。

得有失"中的"一失",也是阻碍晚清湖北现代化良性发展的重要因素。

需要指出,论述评价张之洞对晚清湖北现代化的贡献时,要把握一定的尺度,"过度夸大张之洞的作用固然肤浅偏颇,但完全否认这种因素也有失于客观"①。

二 其他湖广总督与晚清湖北现代化

晚清10位湖广总督中,张之洞对湖北现代的影响最深、贡献最大。但是,张之洞的恢宏手笔并非意味着其他湖广总督没有对晚清湖北现代化的历史进程产生重要作用。

(一)张之洞督鄂之前6任湖广总督与晚清湖北现代化

张之洞督鄂之前,共有6人履任湖广总督,分别是官文、李鸿章、李瀚章、涂宗瀛、卞宝第、裕禄,其中官文、李瀚章任职时间最久,均为12年。

1. 官文与晚清湖北现代化

官文督鄂12年中,胡林翼任湖北巡抚7年,官文在鄂的多项政策,实则操自胡林翼之手,"武昌既复,林翼威望日起,官文自知不及,思假以为重,林翼益推诚相结纳,于是吏治、财政、军事悉听林翼主持,官文画诺而已"②。因此,从某种程度上来讲,官文仅是胡林翼的代表而已,探讨湖广总督官文对晚清现代化的影响即是阐述湖北巡抚胡林翼在晚清湖北现代化进程中的作为。③

湖北巡抚胡林翼抚鄂7年,军功卓越,政绩显赫。曾国藩高度评价了胡林翼在湖北的成就,"将天下第一破烂之鄂,变为天下第一富强之省"④,《清史稿》指出,胡林翼抚鄂,"不数年,足食足兵,东南大局,隐然以湖北为之枢"⑤。《湖北通史·晚清卷》也评论道,"胡林翼在湖北7年的所作所为,使其得与曾国藩、左宗棠诸人并称为'中兴名臣',湖

---

① 陈锋、张笃勤主编:《张之洞与武汉早期现代化》,中国社会科学出版社2003年版,第332页。
② 《清史稿》卷388,第38册,中华书局1977年版,第11714页。
③ 在绝大多数情况下,若督抚同城,则大权一般由总督把持,巡抚几同虚设。胡林翼抚鄂时,情况恰恰相反,官文"事事听林翼所为",仅"画诺而已"。
④ 曾国藩:《复胡宫保》,载《曾文正公全集·书札》卷10,传忠书局光绪二年版,第33页。
⑤ 《清史稿》卷388,第38册,中华书局1977年版,第11714页。

北的旧秩序主要经胡林翼之手以恢复"①。

可见，在戡定太平天国叛乱、恢复湖北旧秩序方面，胡林翼的历史作为基本上得到了一致肯定。

然而，关于胡林翼与晚清湖北现代化，或者说是与洋务运动的关系，各人意见并不统一。张继煦在民国时期便认为："清咸丰时，胡林翼抚鄂，自谓造成一崭新湖北。若与公比较，胡当地方残破之余，理财练兵，使湖北变而富强。东征各军，倚此以削平大难。而减漕积谷，鄂人尤歌颂其宪政，然其究在一时。公固私塾林翼者也，而值历史所未见之世变，排除万难，为鄂兴百世之利。所谓崭新湖北，盖在此而不在彼。"② 今人高钟等在论文《狂飙下的修补——胡林翼抚鄂刍论》中赞誉了胡林翼对晚清湖北现代化的作用，认为胡林翼在湖北的作为是张之洞湖北新政的"富强之基"③。

对于高钟等的意见，有学者提出了异议，"姑且不论30年后张之洞'督鄂'之初吏治腐败、财政困窘、人才匮乏的种种实际状况，即以胡林翼抚鄂当时的举措和为政作风而言，也是'损地补天'，即损害作为社会和国家基础的人民大众，修复腐朽的王朝统治，可以说是典型的'虐民'苛政，故在当时就遭到了有'民本位'思想的湖北士人的批评"，该学者进而指出，"胡氏不仅不是'洋务'运动的发端者，也很难说是'经世实学'的倡导者，而是一个复古主义者"④。

那么胡林翼是否深刻地影响了晚清湖北的现代化进程，若答案是肯定的，则又是如何影响这一历史进程的？

笔者认为，胡林翼深刻影响了晚清湖北现代化的历史进程。

首先，从最基本的层面，胡林翼成功镇压了太平天国叛乱，稳定了湖北的政局，为晚清湖北现代化提供了一个相对安稳有利的社会环境，这一点不可辩驳。

其次，胡林翼在湖北的历史作为，培育了晚清湖北现代化某些重要的

---

① 罗福惠：《湖北通史·晚清卷》，华中师范大学出版社1999年版，第88页。
② 张继煦：《张文襄公治鄂记》，湖北通志馆1947年版，第2页。
③ 高钟、罗萍：《狂飙下的修补——胡林翼抚鄂刍论》，《湖北师范学院学报》1995年第1期。
④ 罗福惠：《也评胡林翼抚鄂》，《中南民大学学报》（人文社会科学版）2006年第1期。

历史基因，深刻地影响了晚清湖北现代化的发展道路。我们不能因为胡林翼同曾国藩一样动辄奢谈"天理"，就认为他不是一个"经世实学"的倡导者，从主观动机而言，即便胡林翼确实是"一个复古主义者"，但是，在当时"数千年未有之大变局"的历史环境下，胡林翼为实现"恢复旧秩序"的目的，适时采取了诸多不同于旧时代的新举措，而恰恰正是这些新举措本身，而非经过这些新举措而积累的物质基础，在客观上奠定了晚清湖北现代化的某些历史基因。胡林翼抚鄂期间，在财政、吏治、军事等方面都进行了一系列同以往迥异的改革，这些改革手段基本上为后来者，特别是张之洞继承，从这个意义来讲，胡林翼应该称得上"洋务"运动发端者的老师。

仔细思虑，张之洞在湖北新政期间在筹措经费、整顿吏治等多方面的手段和方法可谓和胡林翼一脉相承，以致张之洞自己都说，"后生多学前贤畏，时局更新大节同"。不同的是两人的主观动机，胡林翼为了挽救动乱时局，张之洞在于洋务富强。因此，我们不能因为30年后张之洞至鄂之时湖北"吏治腐败、财政困窘、人才匮乏的种种实际状况"来评价胡林翼对晚清湖北现代化的作用不深，胡林翼的历史遗产最重要的应该是制度样板。以胡林翼创办的"盐茶牙厘局"为例，该机构从胡林翼到张之洞的几十年间，从功能到任职人员一直存在某种继承关系。

其实，换种思维来说，张之洞离鄂之时，"吏治腐败、财政困窘、人才匮乏的种种实际状况"不是一样没有根本改观？另外，在一个数千年未有之变局中，一个"复古主义者"怎么可能会取得如此巨大的事功？仅仅依靠个人手腕恐怕远远不够，因时而变、顺时而为应该亦是其重要因素之一。而胡林翼的因时而变、顺时而为又为后来者提供了可供参考和利用的基础。

官文督鄂12年，除了"虚己推诚"，坐享胡林翼之功外，其对晚清湖北现代化的另一个重要贡献在于极力奏陈并参与新式关税机构江汉关的创办。江汉关的设立不仅是晚清汉口开埠后湖北商贸发展的必然要求，更是清廷、海关总税务司和湖北地方三方之间相互博弈之后形成的利益契合点。在三方利益博弈的过程中，若没有官文的多次斡旋，湖北地方的各种权益显然不能充分保障。这一新型关税机构的筹建设立，对晚清湖北现代化历史进程的客观促进作用巨大。

2. 李鸿章、李瀚章、涂宗瀛、卞宝第、裕禄与晚清湖北现代化

从 1867 年官文去职至 1889 年张之洞督鄂 20 余年间，共有 5 人履任湖广总督一职。在这 5 人中，李瀚章督鄂最久，"前后四至，皆与弟鸿章更迭受代，其母累年不移武昌官所，人以为荣"①。其他 4 人在鄂时间均较短，特别是涂宗瀛和卞宝第，均不到 2 年。

这一时期，湖北社会一方面试图努力从太平天国战乱中重新恢复，另一方面由于汉口的开埠，湖北商业贸易在中外力量的共同冲击下出现了转型。如果从这种既需恢复又要转型的视角观察 5 位湖广总督的历史作为，他们虽然没有宏大的建设，却基本顺应了这一阶段湖北经济的转型，客观上推动了湖北商业的发展。

1878 年，兵部侍郎袁保恒提出湖北川盐加价，用以赈济河南灾情。此举被李瀚章回绝，李瀚章指出川盐"本无余利"，"若再加征钱文，必至无力贩运，课税虚悬，饷源立涸，碍难举办"②。同年，李瀚章强烈反对在武昌县樊口修建闸坝，一个重要原因便在于保护商业，进而获取商业税源，"又沿湖市镇林立，该口帆樯上下，百货流通，厘收最旺。口门一堵，舟楫皆停，课于何出"③？1884 年，卞宝第反对将湖北厘金调拨福建海防，"嗣兵兴日久，一捐再捐，其势已成强弩之末"④。同年，清廷又计划加收汉口茶税，卞宝第坚决阻止该行为，"裕课首在恤商，必使商有盈余，斯市面方有起色，税厘可望旺收"⑤。19 世纪 80 年代中期以后，当汉口的茶市出现危机时，卞宝第又多次奏请朝廷，希望能够减免茶税。⑥

以湖广总督为首的地方官员之所以在一定程度上保护商业，"由于国家复杂的财政网络越来越依靠商业，而且官员们也认识到贸易对社会各阶层均有十分重要的意义，湖北省与地方官府对待商业领域的态度也就不可

---

① 《清史稿》卷 388，第 38 册，中华书局 1977 年版，第 12494 页。
② 李经畲等编：《合肥李勤恪公政书》卷 8，《川盐厘税碍难加增片》，沈云龙主编：《近代中国史料丛刊第十五辑》，文海出版社印行，1973 年，第 744 页。
③ 李经畲等编：《合肥李勤恪公政书》卷 8，《樊口创建石闸复陈历办情形折》。
④ 卞宝第：《卞制军奏议》卷 6，清光绪二十年刻本，第 3—5 页。
⑤ 卞宝第：《卞制军奏议》卷 5，清光绪二十年刻本，第 45—47 页。
⑥ 参见卞宝第《卞制军奏议》卷 6，清光绪二十年刻本，第 5 页。

能是敌视了"①。另外,在探讨晚清湖北现代化进程中的湖广总督群体时,我们不能简单地将张之洞以外的总督斥为庸吏,"其实,有些领导人之所以碌碌无为,不一定就是其本人胆略小、能力差、水平低的原因,而很可能是他想干事和能成事的历史阶段性条件不成熟的缘故"②。就李瀚章而言,其督鄂12年,似乎并无建树。这或许与他自身性格有关,"瀚章性简静,更事久,习知民情伪,务与休息"③。但是,李瀚章并非完全平庸,以光绪年间武昌县樊口闸坝之争为例,其眼光不只囿于樊口一地,"实系乎全省之水利,东南之大势"④,对此,张之洞也承认李瀚章的主张优于彭玉麟的建议。⑤

(二)最后三任湖广总督与晚清湖北现代化

张之洞离鄂之后,共有3人履任湖广总督,分别是赵尔巽、陈夔龙和瑞澂,虽然3人在职仅有短短的4年时间,却对晚清湖北现代化的历史走向影响颇深。

最后三任湖广总督对晚清湖北现代化的作用,主要表现在两个方面:其一,三人如何对待张之洞的湖北新政,能否继续将张氏的各项政策继续推行下去;其二,三人处于晚清湖北现代化的深化发展期,即政治现代化的初始阶段,三人的历史作为如何影响这一进程的发展。

1. 最后三任湖广总督与张之洞湖北新政

张之洞赴京,面临的首要问题即是后任者能否继承其在湖北新政中的各项政策。

在张之洞眼里,接替他的下任湖广总督赵尔巽不仅不能继承其衣钵,而且将其湖北新政一并推翻。

陈夔龙的《梦蕉亭杂记》中记载了张之洞与袁世凯之间的这样一段

---

① [美]罗威廉:《汉口:一个中国城市的商业和社会(1796—1889)》,江溶、鲁西奇译,中国人民大学出版社2005年版,第244页。
② 宋亚平等:《辛亥革命前后的湖北经济与社会》,中国社会科学出版社2011年版,前言第3页。
③ 《清史稿》卷388,第38册,中华书局1977年版,第12494页。
④ 李经畲等编:《合肥李勤恪公政书》卷8,《樊口创建石闸复陈历办情形折》。
⑤ 参见张之洞《樊口闸坝私议》,载光绪《武昌县志·水利志》卷2。有关樊口闸坝之争,参见杨国安《樊口闸坝之争:晚清水利工程中的利益纷争与地方秩序》,《中国农史》2011年第3期。

对话:"讵文襄到后,项城亦来。甫入座,文襄拂然对项城曰:君言我所办湖北新政,后任绝不敢改作。试观今日鄂督所陈奏各节,其意何居住?且其奏调各员,均非其选,不衅将我廿余年苦心经营缔造诸政策,一力推翻。意极愤愤。项城婉言代某制军疏通,以余行将过鄂,嘱传语某制军,谓文襄所办兴学、练兵、理财、用人各大端,极宜萧规曹随,不可妄形更易。"①

从这段对话可以透露出,张之洞离鄂赴京之后,新任鄂督赵尔巽一改前任各项政策,张之洞"意极愤愤",极为不满。

兹时,张之洞刚刚入阁拜相,权力正隆,既然对赵尔巽的行为不满,自然就有将其更换之意。张之洞看上的继任者,正是《梦蕉亭杂记》的作者陈夔龙。

那么,陈夔龙是否愿意接替鄂督呢?

就在张之洞与袁世凯谈论赵尔巽在鄂改弦更张之举时,陈夔龙便已料到张之洞可能属意于他,但是陈夔龙显然不愿意蹚此"浑水",对出任川督的兴趣远远超过鄂督,"余送之门外,暗忖似此情形,某制军必难终鄂任。文襄今日来寓,有事面商,或恐意将属我。第闻该省财政枯窘,债台高筑,较川省财力之丰富,不啻天渊,岂可以此易彼","翼日,恐文襄再来絮烦,匆匆乘京汉火车而去"②。

然而,虽然陈夔龙内心不愿赴鄂,毕竟没有选择权。经张之洞的政治运作,陈夔龙不得不赴鄂就任总督。待陈夔龙履任鄂督的翌年,本有机会调两江任职,却又被张之洞阻拦,张之洞对他言道:"方今时势,鄂省据天下上游,轮船铁路,四通八达,较南北洋尤为重要,不宜轻易总督。"③直至张之洞去世,陈夔龙方才能够随心调离湖北,赴他地任职。

张之洞有心陈夔龙接替鄂督,希望陈夔龙能够延续其湖北新政的历史生命,陈夔龙却无意于张氏之托,仅督鄂两年,便一走了之。

张之洞为何中意陈夔龙?笔者通过对《梦蕉亭杂记》和《庸庵尚书奏议》的阅读,认为陈夔龙进取或许不足,但守成绰绰有余,是为能吏,

---

① 陈夔龙:《梦蕉亭杂记》,世界知识出版社2007年版,第247页。
② 同上书,第247页。
③ 同上书,第248页。

他在鄂督任上最少能够按照张之洞原有的路线继续执行，而不会像赵尔巽一样将张氏湖北新政一力推倒，令张之洞"意极愤愤"。只可惜陈夔龙无意于湖北新政，不到两年就离鄂而去，再继任瑞澂能力不足，不仅没有把张之洞的湖北新政继续推行，而且在武昌起义前后处置乖方，无法从容应对乱局，甚至临阵脱逃，直接导致清廷政权的坍塌瓦解。

可见，晚清湖北现代化在张之洞离鄂之后即遭遇挫折。张之洞之后的三任总督或因为喜好改弦更张，如赵尔巽；或无意于在湖北做出一番事业，如陈夔龙；或没有能力应对各种复杂政局，如瑞澂，终将张之洞一生之心血付诸东流，"随时演进，数十年间，文化衰落，凡百退转，仅余残破之建筑物，供后人凭吊"①。陈夔龙亦曾无奈地感叹，"军兴以后，南皮张文襄公服官最久，于省垣分建丝、麻、纱布各厂，以塞漏卮而扩利源。并建甲、乙、丙、丁四栈，奄有碣石招贤、平津东阁遗意。汉阳立铁厂、兵工厂，规模尤为雄阔。惜但能举起大纲，承办者不尽得人，至有美哉犹憾之叹，然一个臣之遗泽远矣。余承乏二载，萧规在望，有愧曹随"②。

2. 最后三任总督与晚清湖北政治现代化

张之洞离鄂之后，由于政局的发展，晚清湖北现代化开始进入一个崭新阶段，主要表现为政治的现代化革新与转型。最后三任湖广总督，赵尔巽履职较短，真正参与晚清湖北政治现代化进程的为陈夔龙和瑞澂二人。

湖北咨议局的筹建，即是在陈夔龙的操持下完成的。陈夔龙作为湖北省的第一行政负责人，对于咨议局的筹办功不可没，可以说，"没有督抚的支持，咨议局很难按时成立"③。但是，陈夔龙思想较为保守，"盖自视为保守一派，而不赞成并时之号为时髦督抚一流，争藉所谓新政以出风头者也"④。虽然主持创设咨议局，推动了晚清湖北的政治体制改革，却在筹建过程中一味强调官方主导，屡与士绅发生矛盾，从而致使官绅交恶，为武昌起义士绅投向革命埋下伏笔。

---

① 张继煦：《张文襄公治鄂记》，湖北通志馆1947年版，第7页。
② 陈夔龙：《梦蕉亭杂记》，世界知识出版社2007年版，第220页。
③ 李振武：《清末督抚与咨议局的设立》，《广东社会科学》2012年第2期。
④ 徐一士：《一士类稿·谈陈夔龙》，载荣孟源、章伯锋编《近代稗海》第2辑，四川人民出版社1985年版，第185页。

与陈夔龙思想保守不同，末任湖广总督瑞澂思想较为开放。瑞澂最初在上海道任职，"尤专意警政，建总局，廓分区，设学堂，练马巡，中外交颂岂其能"。其后抚苏，"朝廷筹备立宪，瑞澂希风指，凡置警、兴学、设咨议局、立审检厅，一切皆治办。名流如张謇辈咸与交欢，而懿亲载泽方用事，则又为其姻娅，声势骎骎出南北洋上"①。瑞澂督鄂后，亦积极支持鄂省绅商组织的国会请愿运动，曾令"各团请愿人闻谕鼓掌如雷，三呼万岁"②。

瑞澂既对宪政颇感兴趣，又与立宪党人交欢，同时还有办理宪政的实际经验，本应在晚清湖北的政治革新有所作为。但是，瑞澂虽有"骎骎出南北洋"的声势，政治手腕和胆识气魄均欠火候。武昌起义之前防控不力，武昌起义之中应对乖方，甚至于衙内挖洞而逃，"三百年来弃城之速，瑞澂首区一指矣"③。瑞澂的逃跑给清廷的统治带来了毁灭性的灾难。孙中山便曾指出，武昌起义的成果跟瑞澂有直接关系，"武昌之成功，乃成于意外，其主因则在瑞澂一逃；倘瑞澂不逃，则张彪断不走，而彼之统驭必不失，秩序必不乱也"④。

正是因为瑞澂弃城逃亡，自此共和制度替代君主制，不仅晚清湖北的政治现代化，乃至中国的政治现代化，都进入一个全新阶段。从这个角度来看，瑞澂对晚清湖北政治现代化的作用，不可谓不深。

第三节　从湖广总督群体看晚清湖北现代化的历史经验

从湖广总督群体看晚清湖北现代化的历史经验，主要有以下三个方面。

一　适时推动政治体制的创新

督抚制度作为一项重要的政治制度，自明代创设以来，经清初调整发

---

① 《清史稿》卷471，第42册，中华书局1977年版，第12813页。
② 《申报》1910年11月19日。
③ 《恽毓鼎澄斋日记》第2册，浙江古籍出版社2004年版，第552页。
④ 《孙中山全集》第6卷，中华书局1985年版，第243页。

展而日臻完善。该制度虽然在较长时期内充分地显示了其优越性,但随着历史的不断推进亦于清季弊端渐露。从晚清湖广总督群体来看,督抚制度的弊端主要有二:之一是同城督抚之间的相互掣肘,牵制有余,共济不足;之二为中央集权之下督抚权力有限,想有为而不能有所为。

晚清50年间武昌城内共有湖广总督10位,湖北巡抚24位。10位湖广总督中,张之洞督鄂时间最久,共19年,在任职期间共有10人担任湖北巡抚。与湖北巡抚同城共事,张之洞并未因此得到一贤良得力助手,"公同时与处之巡抚,若谭继洵、于荫霖,或为承平之官僚,或守腐旧而惮改作,皆不能有所助力"①。相反,由于张之洞办事专断,常常与湖北巡抚发生龃龉。例如,谭继洵与张之洞政治思想迥异,对张之洞的改革主张多不附和,也不支持声援,时任湖北按察使的陈宝箴不得不经常调解二人关系。② 不过,张之洞属于强势总督,深得慈禧太后的恩宠,即使与共事巡抚发生矛盾,也基本能够控制局面,使其主持的湖北新政能够较为顺利地推行下去。除了张之洞之外,湖广总督与湖北巡抚相互倾轧、局面失控的现象则屡见不鲜。1853年,湖广总督吴文镕与湖北巡抚崇纶因军事方针异见相争不下,分别上奏朝廷参劾对方,最后吴文镕战死,崇纶遭革职。1864年,湖广总督官文与湖北巡抚严树森不合,官文参劾严树森并导致其降职;其后严树森的继任者曾国荃又参劾官文,督抚之间相互倾轧,终不能融洽合作。③ 对于督抚同城的弊端,郭嵩焘一针见血,"督抚同城即贤者求不得有为,中材因以自废"④。薛福成指出"一城之中主大政者二人,志不齐,权不一,其实不得不出于争。著督抚二人皆有不肖,则互相容隐以便私图,仍难收牵制之益"⑤。清政府对此亦有所警觉,光绪末年裁湖北、广东、云南三省巡抚,分别由湖广、两广、云贵三个总督兼管。⑥

---

① 张继煦:《张文襄公治鄂记》,湖北通志馆1947年版,第2页。
② 有关张之洞与谭继洵的龃龉摩擦,可参见茅海建《戊戌变法的另面:"张之洞档案"阅读笔记》,上海古籍出版社2014年版,第392—393页。
③ 《清史稿》卷388,第38册,中华书局1977年版,第11716页。
④ 刘锦藻:《清朝续文献通考》卷132,上海商务印书馆1934年版,第8915页。
⑤ 同上书,第8916页。
⑥ 同上书,第8918页。

除了同城督抚掣肘，清季督抚制度的弊端也表现为督抚的权力有限，很多时候即使想有所作为，却又无能为力。咸丰之后，地方督抚权力呈现出膨胀势头，"渐渐地势倾中央"①。但是，清廷一定程度上放任地方督抚的权力扩张仅是权宜之计，中央集权运转体制并未完全失灵。时人张继煦便明确指出，"洪杨乱后，疆吏多以功高者居之，或议其季世为外重，实不尽然。对于疆吏，一纸朝下，夕即就道，官吏一命以上，皆由中选。财权军权，季世尤以一切归中央控制。外省有所兴作，必先奏请而后能举办。奏销案部中又多方挑拨，故疆吏多以不作一事为固位之方"②。张继煦所说诚非虚言，张之洞气势恢宏的湖北新政，不仅仅只是地方督抚权力有限膨胀的表现，反而更能从侧面证明中央集权依旧有效运行。若没有得到清廷的首肯及支持，张之洞的湖北新政也不可能得以实施。清廷对张之洞在湖北的放任，则是防止李鸿章和袁世凯的北洋实力过度膨胀的均衡之策。因此，一旦这种均衡策略失去价值，湖广总督即使想有所作为，恐怕也窒碍难行。

钱穆指出，"某一制度之消失，也绝不是无端忽然地消失了，它必有流变，早在此项制度消失之前，已有此项制度的后影，渐渐地在变质"③。督抚制度虽然渊源有自，并且在某个历史阶段发挥了一定的积极作用，但在清季已经弊端凸显。种种迹象预示此制度必须随着历史环境的变迁适时进行创新，否则便会阻碍历史的进步。

二 逐步提高省级政府的行政效能

晚清中国现代化的肇始和发展主要来自地方督抚，然后逐步得到中央承认并且推动全国，地方督抚在相当程度上影响支配着中央的政策和方针。从晚清湖广总督群体的经验来看，提高省级政府的行政效能对中国现代化的发展十分重要。

提高省级政府的行政效能，首先应该建设一个机构简洁、行政效率高

---

① 罗尔纲：《清季兵为将有的起源》，载《中国近代史论丛·政治》第二辑第五册，正中书局1963年，第85页。
② 张继煦：《张文襄公治鄂记》，湖北通志馆1947年版，第1页。
③ 钱穆：《中国历代政治得失》，生活·读书·新知三联书店2005年版，前言第2页。

的省级政府机构。晚清督抚有别于中央政府，依明制不设杂属官，没有臃肿庞大的官僚机构，"湖广总督衙门书吏定员为20人"①。为了处理日常行政，湖广总督衙门一般延请幕友协助处理公文案牍，并根据现实的需要灵活设置新机构，从而减少了行政权力内耗。

首脑人物的个人能力与省级政府的行政效能息息相关。晚清湖北现代化的发展主要源于几位气魄恢宏、视野开阔的总督，其中张之洞贡献最大。除了湖广总督的能力气魄之外，其属下官吏的才干亦十分重要。然而，经科举铨选的官吏往往不能适应新时代的需求。张之洞督鄂期间，"襄治者为司道，亦多碌碌无所短长，奉令唯谨而已"，"公尝自言楚事之棘手，亦日难一日，新样难题甚多，而帮手甚少。又曰，司道会议心志每不能齐，名目甚多，实际了无把握。盖当时铨选之权，操自中枢，不能辟僚属以自助"②。为了破解这个难题，张之洞着力推行文案委员制，"他帮助发展的连锁派生制挑战清朝古老的人事管理制度；委用制是超越了吏部外补制度和回避制度而创造出来的一种带有流动性的官僚招募模式"③。

省级政府颁行的政令规章，最终必须依靠下级政府的推行，因此，省级以下政府的执行力度严重制约着省级政府的行政效能。从晚清湖北社会的情形观察，省级政府对下级政府的监管已经处于某种程度上的失控。以张之洞处理光绪十七年（1891）的宜昌教案为例，"宜昌地方官员在核心问题上屡次欺瞒，所禀电文'各种情节殊多，支离难信'"，"张之洞即使从宜昌之外委派官员监督调查，最后的结果也只是一种欺上瞒下的权宜之计和无奈变通"④。再比如，20世纪初由湖北省咨议局通过的议决案虽然经过总督批示同意，但下发到地方州县之后，"不但不实行，连告示也没有出过"⑤。

另外，省级政府的行政效能同湖广总督的任期相关。张之洞在湖北之

---

① 湖北省地方志编纂委员会：《湖北省志·政权志》，湖北人民出版社1993年版，第36页。

② 张继煦：《张文襄公治鄂记》，湖北通志馆1947年版，第2页。

③ ［美］尹圣柱：《张之洞文案委员制在晚清官僚结构改革上的地位及其意义》，载陈锋、张笃勤主编《张之洞与武汉早期现代化》，中国社会科学出版社2003年版，第111页。

④ 常城：《偶然突发还是蓄意密谋：光绪十七年宜昌教案成因考》，《三峡大学学报》（人文社会科学版）2015年第4期。

⑤ 吴剑杰主编：《湖北咨议局文献资料汇编》，武汉大学出版社1991年版，第403页。

所以能够有所作为,"不能不谓为久任之效"①。与张之洞能够长期膺寄疆臣相似,李鸿章任直隶总督达 25,左宗棠任陕甘总督 13 年,刘坤一任两江总督和丁宝桢任四川总督均 9 年,他们对该区域早期现代化的发展都有所作为。相反,10 位湖广总督中,除了官文、李瀚章和张之洞外,多数总督频繁调动,有 5 人的任期在 2 年以下。任期时间短,政令推行和属官监督都难以尽职,既不利于政策的稳定,又使督抚疲于奔命,从而难有所为,甚至阻碍了晚清湖北现代化的进展。

三 妥善处理中央与地方的关系

如何处理中央与地方的关系,关涉晚清湖北现代化能否顺利进行,及其发展的程度水平。

晚清湖北现代化能够取得恢宏的成就,首先即得益于早期湖北地方与清廷的良好关系。慈禧晚年,曾有意支持张之洞在湖北的作为,"张之洞之所以能够甩开胳膊推行'湖北新政',除开自己的能力之外,与朝廷当时刻意抑制李鸿章、袁世凯等北方派系而特别支持他在湖北'开创局面'是有着密切关系的"②。

然而,地方督抚作为本区域内最高军事行政长官,"由于权力的扩展,督抚也会形成自己的既得利益,形成与这些权力结合的地方利益",而"这些既得利益一旦形成,又会反过来成为加强督抚权力的地方砝码",同时"督抚们会形成一种维护权力、争取更多权力的自觉意识,并由此带来与中央的矛盾与抗争"③。

20 世纪初,随着清廷大力推行改革,双方关系渐趋紧张,湖广总督群体与中央之间的利益冲突时有发生,双方关系渐趋紧张。1905 年中央限制各省铜元铸数,湖广总督张之洞上折反对,称"恐市面因之牵动",奏请"暂免限制之处"④;同年练兵处要求各省"划一营制"的规定,张

---

① 张继煦:《张文襄公治鄂记》,湖北通志馆 1947 年版,第 3 页。
② 宋亚平等:《辛亥革命前后的湖北经济与社会》,中国社会科学出版社 2011 年版,前言第 3 页。
③ 刘伟:《晚清督抚政治——中央与地方关系研究》,湖北教育出版社 2003 年,第 357 页。
④ 中国人民银行总行参事室编:《中国近代货币史资料》第 1 辑,下册,中华书局 1964 年版,第 954—956 页。

之洞又以"练兵处章程尚未奏准通行"为由,就湖北军队营制,"先行酌拟章程,及早开练"①。1910年清廷进行官制改革,湖广总督瑞澂联合各省督抚,致电中央"盖形式不备,地方行政尚难属与中央","当划清中央与地方行政之权限,使其(督抚)负完全之责任"②。当中央要求收回地方督抚人事权和兵权时,瑞澂亦奏陈中央,"如督抚事事受制于部臣,并无节制调遣之权,亦暂归于消灭,是部臣保住一之虚名也,而地方受无穷之实祸"③。

辛亥革命的爆发及清廷的覆灭,从某种意义上讲,便是中央与地方关系失衡错位的结果。清季新政,中央有意加强集权,试图扭转晚清地方督抚权势膨胀的趋势。然而,在这一进程中,由于政策不当,"中央与地方权威一并流失,中央无法控制地方,地方无法效忠中央","武昌起义前夕,正是地方督抚权力明显削弱,而清廷集权尚未强固之时,在此权力转换临界的关键时刻,革命爆发,无疑是对清王朝的致命一击"④。

---

① 朱寿朋:《光绪朝东华录》,中华书局1985年版,第5295页。
② 中国第一历史档案馆:《清末筹备立宪档案史料补遗》,《历史档案》1993年第3期。
③ 赵尔巽等编:《宣统政记》卷55,中华书局1987年版,总第996页。
④ 李细珠:《地方督抚与清末新政——晚清权力格局再研究》,社会科学文献出版社2006年版,第410页。

第 六 章

商人群体与晚清湖北现代化

晚清的商人群体，既包含了传统的买卖人，也囊括了刚刚诞生的制造商、运输商等新兴阶层，"凡从事实业活动的人几乎在近代都被称为商人"[①]。晚清湖北商人群体的崛起，本身就与现代化息息相关。这个壮大的社会群体呈现出鲜明的时代特征，并且以其前辈从未有过的新姿态登上了历史舞台，社会地位、社会影响不断提升，引起各界的广泛瞩目。为了能够发出更强的声音，湖北商人群体不仅更新了传统的商会组织，而且组建了近代新型的商会，无论是经济现代化、政治现代化还是社会生活近代转型，都活跃着他们的身影。

第一节 晚清湖北商人群体的近代嬗变

在晚清湖北现代化的冲击之下，商人群体这个古老的社会群体日益焕发出新的生机。新生机的到来，又促发这个群体的崛起，使之成为晚清湖北社会中不可忽视的社会力量。

一 新兴商人阶层的出现

晚清湖北现代化进程中，商人群体出现近代分化，诞生了迥异于以往的新兴阶层，使晚清湖北商人群体呈现出鲜明的时代特征。

（一）贸易近代嬗变的产物：买办阶层的形成

晚清湖北出现的新兴商人阶层，首推买办阶层。

---

① 朱英：《近代中国商人与社会》，湖北教育出版社2002年版，前言第1页。

汉口开埠之后，以汉口为中心的湖北中外贸易日趋繁荣。一方面，湖北的土特产商品，如茶叶、牛皮、桐油、豆类等大宗产品出口国外；另一方面，国外的某些商品也开始涌入汉口，如玩具、工具、铅笔、肥皂等，"已成为一般商店的商品"①。随着外贸的繁荣，买办的经济业务不断扩大，逐渐发展形成相对独立的代理商。

早期的汉口买办阶层，几乎是清一色的广东籍商人，后来宁波商人和本地商人成功地挈入其中。②辛亥革命前，汉、宜、沙地区共有洋行约152家，其中"在汉工厂达四十多家，洋行一百三十多家，银行亦不下十家，形成了一个为数不下五百人的买办队伍"③。买办商人阶层虽然人数有限，资本却异常雄厚，"从1861年到1911年这50年间武汉地区进口贸易总值粗略估算为27亿关两左右，这笔巨额财富几乎全部经过买办之手，从低估计经纪费用，以5%计算，这50年间，汉口买办阶层共获利润达1.35亿关税两"④。

买办阶层具有明显的双重身份和典型的过渡性特点，"一方面，他们受雇于外国资本家，收取丰厚的佣金和回扣，替外国资本主义的经济渗透穿针引线，搭桥铺路，具有明显的寄生性；另一方面，他们又同中国固有的商业机构保持密切联系，独立投资于商业或新式工业，保持着经济上的相对独立性。"⑤

买办商人阶层的形成，是晚清湖北贸易近代嬗变的产物，不仅充分体现了晚清湖北商人群体的时代特征，也意味着晚清湖北的商业经济开始逐渐纳入到世界市场体系之中。

（二）绅与商的结合：绅商阶层的出现

晚清湖北商人另一个新兴商人阶层，则是绅商阶层。

虽然明清之际，绅与商之间已经出现了合流的迹象，但两者之间的真

---

① 姚贤镐编：《中国近代对外贸易史资料》第三册，中华书局1962年版，第1105页。
② 参见《十九世纪各口洋行买办简表》，载聂宝璋《中国买办资产阶级的发生》，中国社会科学出版社1979年版，第160—178页。
③ 皮明庥：《武汉首义中的武汉商会、商团》，载《纪念辛亥革命七十周年学术讨论会论文集（上）》，中华书局1983年版，第324页。
④ 冯天瑜、张笃勤：《辛亥首义史》，湖北人民出版社2011年版，第63页。
⑤ 马敏：《过渡形态：中国早期资产阶级构成之谜》，华中师范大学出版社2011年版，第87页。

正结合，则始于晚清。湖北绅商阶层的构成，是一种双向对流。一类是由商而绅，"目前由商而官者不胜枚举。某局总办家资数十万，其官由候选道也，而其出身固不失生意中人"①。这一类商人在湖北绅商阶层中比重较大，如刘歆生有"候选道"职衔，蔡辅卿为"花翎候选道"，宋炜臣先捐得"候补道"，又获"二品顶戴"等。另一类是由绅入商，在传统社会中，绅与商之间有严格的界限。士是四民之首，"以牟利为宗旨的商业活动从不视作绅士的恰当职业"②。但是，这一局面显然在晚清被改变，尤其是甲午战后由绅入商者屡见不鲜，如道台程祖福创办大冶水泥厂，生员吕逵经营典当行、韩鉴开办火柴厂等。

有关晚清湖北绅商的数量，马敏根据1908年和1909年所编制的《农工商部统计表》和民国政府农商部于民国初年刊印的第一次和第二次《农商统计表》粗略地统计出1912年全国共有绅商22008人，湖北有绅商463人，占全国绅商总人数的2.10%，处于中下水平，不仅远低于沿海的广东（3527人，16.03%）、江苏（2578人，11.71%）、浙江（2384人，10.83%）和直隶（1799人，8.17%），甚至也不如内陆的四川（1841人，8.37%）、江西（1617人，7.35%）和河南（977人，4.44%）。③

至1912年，湖北的绅商阶层仅有463人，而1909年，湖北商人仅汉口一地的人数便超过5万人。④ 单从人数来看，绅商在商人群体中所占的比例极低。然而，人数的有限并非意味着力量的单薄。

张仲礼曾指出，"在19世纪后期，绅士通过经商获得的年收入估计为11360万两银子。这仅仅是一个大约数字。然而，不管我们的估计达到何种精确程度，中国的主要商业显然在很大程度上掌握在绅士手中"⑤。张仲礼此处所言的"绅士"，包括因捐纳而跻身此行列的异途士绅，其

---

① 《再论保护商属》，《申报》光绪九年十月初四日。
② 张仲礼：《中国绅士的收入——〈中国绅士〉续篇》，费成康、王寅通译，上海社会科学院出版社2001年版，第146页。
③ 参见马敏《官商之间：社会剧变中的近代绅商》，华中师范大学出版社2003年版，第103—104页。
④ 参见《湖北警务公所第一次统计书》，转引自罗福惠《湖北通史·晚清卷》，华中师范大学出版社1999年版，第402页。
⑤ 张仲礼：《中国绅士的收入——〈中国绅士〉续篇》，费成康、王寅通译，上海社会科学院出版社2001年版，第194页。

实,也就是"绅商"。无论"中国的主要商业显然在很大程度上掌握在绅士手中"这个结论是否完全符合湖北区域的具体情况,但是毋庸置疑,湖北的上层商人确实几乎全部为绅商,他们对湖北商界的影响能力举足轻重。但是,绅商从本质上仍然属于商人,不能因为商人以捐纳获得虚衔而否认了其商人属性,晚清湖北的商会完全由获得虚衔的商人领导,而非由纯粹的士绅所控制,"因此,以所谓兼有职衔、功名、封典否定商会领导人和成员的商人社会属性,确认商会为绅士把持,其理由是很不充分的"①。

由于身处绅商之间,这部分比例极小的绅商在社会生活中异常活跃。绅商"上通官府,下达工商,集权、钱于一身,把持着最重要的社会组织——商会,具有不可低估的社会活动能量"②。以近代新型商会汉口商务总会为例,民国之前的四届总协理、会长是清一色的绅商出身,详见表6—1。

表6—1　　　　　汉口商务总会前四届总协理③

姓名	届别及职务	籍贯	职衔	营业
卢鸿沧	一、三届总理	浙江鄞县	江苏补用道	汉口交通银行经理
刘歆生	一届协理	湖北夏口	候选道	东方汇理银行经理
齐相琴	二届总理	湖北汉阳	花翎盐运使衔	大清银行经理
汪炳生	二届协理	浙江镇海	花翎运同衔选用同知	太记洋油行行东
蔡辅卿	二届协理、四届总理	湖北咸宁	花翎候选道	蔡同泰参燕号号东
孙涤甫	四届协理	浙江山阴	花翎盐运使衔	采章绸缎号号东

晚清湖北绅商的合流,反映出晚清湖北社会阶级关系剧烈变动和调整。这种社会关系的变动和调整,既是晚清湖北政局发展的需要,如胡林

---

① 朱英:《辛亥革命时期新式商人社团研究》,中国人民大学出版社1991年版,第86页。
② 马敏:《官商之间:社会剧变中的近代绅商》,华中师范大学出版社2003年版,第103页。
③ 资料源自武汉地方志办公室、武汉图书馆编:《民国夏口县志校注》下册,武汉出版社2010年版,第252页。

翼、张之洞等为筹措经费大开捐纳之门，也是晚清湖北现代化深入推进的客观要求。

二 商人群体的整体崛起

随着晚清湖北现代化历史进程的推进，商人群体开始崛起，迅速成长为一支不可忽视的社会力量，进而深刻影响了传统社会结构的近代嬗变。晚清湖北商人群体的崛起，主要表现在以下三个方面。

首先是商人群体经济实力的膨胀。商业繁荣是商人实力扩张的前提，晚清湖北商人经济实力的膨胀，缘于晚清湖北商业，特别是商业中心汉口对外贸易的蓬勃发展。开埠之后，汉口迅速崛起，"不但恢复了其作为中国国内中心大港及转运中心的地位，也与国际市场紧密相连，成为国际市场不可或缺的重要一关"①，至 20 世纪初，汉口一地贸易额达 1.3 万亿两，仅次于上海。作为湖北的经济中心，汉口的商业辐射整个湖北省，它的繁荣也必定带动省内其他地区商业的发展，从而导致湖北商人群体经济实力膨胀。

在国内贸易恢复和对外贸易发展的双重刺激下，经营传统行业的商人群体无论人数还是资本都迅速膨胀。例如，汉口开埠后，随着俄国对汉口茶叶需求的日趋增加，湖北的茶行蜂拥而起，至 1886 年已达到 300 家左右，远超过开埠前的茶行数量。② 据 1909 年《湖北警务公所第一次统计书》统计，仅汉口一地的商人群体便超过 5 万人，其中较大商贾 1660 户，小商户 10503 户。③ 从资金规模上看，清季汉口八大行的年贸易额高达 1.06 亿两，其中粮食行的贸易额最高，达 3700 万两。④ 同时，有别于传统的新兴商人阶层开始出现并初显规模，显著地壮大了商人群体的整体实力。这部分商人或者资本雄厚，或者政治影响力强，实力不容小觑。

其次，晚清湖北商人群体的崛起，体现在商人社会地位的提高。中国

---

① 吕一群：《晚清汉口贸易的发展及其效应》，博士学位论文，华中师范大学，2009 年。
② 《茶市纪闻》，《申报》光绪十三年三月二十六日。
③ 参见《湖北警务公所第一次统计书》，转引自罗福惠《湖北通史·晚清卷》，华中师范大学出版社1999 年版，第 402 页。
④ 参见武汉地方志办公室、武汉图书馆编：《民国夏口县志校注》下册，武汉出版社 2010 年版，第 112 页。

传统社会中，政府长期奉行重农抑商的政策，商人地位卑微，处于四民之末。明代，随着商品经济的发展，士商合流、传统四民观出现了动摇的现象，但是，正如朱英所言，不能对明代商人价值观的整合及其影响估量过高，"其论述中所征引的史料，出自商人本身者并不多，因而是否能够直接反映商人的新价值观值得进一步考察。退一步说，即使是反映了商人的新价值观，是否具有普遍性也须仔细斟酌"①。商人社会地位的提高，实则始于晚清。

商人社会地位提高的表现之一，即为传统"贱商"的习俗转变为"重商誉商"的风气。郑观应的《盛世危言》指出，"今之世界，一商务竞争之世界。商务盛之国则强，商务衰之国则弱"②。张之洞督鄂期间，也多次强调商业的重要性，如"商务盛则交涉得手，国势自振"，"商务乃今日之要政"③等。同时，张之洞还制定和实施了诸多惠商政策，创办汉口商务局、两湖劝业场等，鼓舞湖北商人同外商展开商战。可以说，"近代之商突破了封建社会以'六政为纲'（吏、刑、户、兵、礼、工）的政务格局，开始在国家政务中占有了重要地位"④。在这种风气之下，商人群体经历了由末而本、由末而首的上升性运动过程，由曾经受人轻鄙的贱民，摇身一变成为肩负国家强盛使命的翘楚。商人社会地位提高的另一标志，则是绅商阶层的出现。绅原为四民之首，备受尊崇，而商忝居四民之末，饱受轻蔑，两者存在难以逾越的社会鸿沟。晚清两者能够结合，便是商人社会地位提高的力证。商人也因此扫除了千年来的自卑心理，对自己的社会地位有了新的认识，乃至刘歆生满怀自豪感地对黎元洪言道："都督创造了民国，我则创造了汉口。"⑤

第三，晚清湖北商人群体的崛起，还表现在近代商会的诞生。商会是商人力量的凝聚，"湖北商人阶层由自在阶层走向自为阶层的根本标志就在于其主体意识的觉醒，而商会这个近代资产阶级性质的社团的诞生正是

---

① 朱英：《近代中国商人与社会》，湖北教育出版社2002年版，第9页。
② 《郑观应集》下册，上海人民出版社1988年版，第622、623页。
③ 《张之洞全集》第三册，武汉出版社2008年版，第55页。
④ 王先明：《近代绅士：一个封建阶层的历史命运》，天津人民出版社1997年版，第195页。
⑤ 陈师：《汉口地皮大王刘祥始末》，载皮明庥等编《武汉近代（辛亥革命前）经济史料》，武汉地方志编纂办公室印行1981年版，第253页。

这种主体意识觉醒的体现"①。1907年汉口商务总会率先成立，其后，武昌、沙市、襄阳、樊城等其他商埠商会相继创设。湖北各地商会成立之后，号召并引领商人积极投身到各种抵制美货、立宪运动、保路运动等社会活动中。至20世纪初，"即清末短短不及十年的时间内，商会、商团等为数众多的新式商人社团相继成立，长期处于四民之末的商人也跃居成为城市社会生活中不可缺少的重要力量，几乎在各个领域都可以明显感受到商人的势力和影响"②。除了省域内各商会的联合，湖北商会还积极加强同其他省份商会的沟通交流。如1910年，武昌商务总会因对政府提倡剪发政策表示不满，从而通电联合各省商务分会要求政府妥善处理③；1911年初，汉口商务总会选派会员2人，参加各省商团的赴日考察。④

第二节　晚清湖北商人组织的现代化转型

晚清湖北商人组织的现代化转型，是商人群体在现代化进程中的一个积极反应。在转型过程中，主要呈现出两条路径：之一，在自身内在发展和外部现代化冲击的双重作用下，传统商人组织出现了迥异于以往的近代因素；之二，由于清廷的极力推动，直接催生了近代新型的商会组织，但这一新型商人组织亦被打上了深深的传统烙印。这两条路径并非泾渭分明，而是相互交叉与重叠，充分体现晚清时代背景下传统性与现代性之间的对立和统一。

一　晚清湖北传统商人组织的萌新

湖北自古为商业繁盛之地，各种商人组织，如行、帮、会馆、会所等鳞次栉比，并且十分活跃。晚清以降，在内外力量的交织作用下，湖北的

---

① 高钟：《从"士农工商"到"绅商学军"——清末湖北社会结构之裂变》，《湖北师范学院学报》（哲学社会科学版）2003年第4期。
② 朱英：《辛亥革命时期新式商人社团研究》，中国人民大学出版社1991年版，第21页。
③ 参见《商界又有反对剪发者》，《时报》1910年10月14日。
④ 参见《中国游历商团定于九月间起程》，《时报》1911年8月25日。

传统商人组织开始出现近代嬗变。

在探讨晚清湖北传统商人组织近代嬗变之前,首先需要阐述传统商人组织的"传统性"。晚清湖北传统商人组织的"传统性"主要表现在地缘性和业缘性方面。

在传统社会中,同乡是商人结合的重要因素,同乡会对于流寓他乡的商人具有不可抗拒的吸引力。会馆是典型的地域组织,虽然它并不完全都是商业组织,但大多与商业有关。特别是在商业地区,会馆几乎全部都是商业组织。如在汉口,"所有地缘组织建立的根本推动力,是贸易"①。有学者统计,湖北以地缘结合的会馆共有342所,仅汉口一地即有176所。②这一数字可能远低于以地缘为组织原则的商人组织的实际数量,因为除了典型地缘组织会馆之外,"不少'会所'亦具有显著地域性,实与会馆并无大区别"③。同业是传统商人组织的另一重要组织原则。同业商人组织基本上分两种,一种为纯粹的同一种商品的商人组织,另一种是既经营同一种商品又来自同一地域的商人组织。一般而言,既经营同一种商品又来自同一地域的同业组织较为普遍,如汉口经营药材的同业行会,从地域上细分为汉邦、江西帮和浙帮等,这种组织形式是市场上多数商品普遍走向地方专业化的结果。除了这两大基本特征,传统商人组织还有一些其他的特征,如传统的商人组织在慈善方面的独特功能与作用;传统商人组织与政府之间的关系松弛等。

在晚清湖北现代化的进程中,传统的商人组织出现了明显的革新,一定程度上突破了传统性的束缚。

首先,逐渐突破地缘和业缘的限制,组织原则上由封闭性逐渐向开放性转变。罗威廉以汉口的商人组织作为研究对象,通过分析指出了其在晚清的四种趋势:"(1)在新建立的行会中,越来越倾向于以'同业'取代'同乡'作为吸纳成员的标准;(2)在现存行会中,成员的标准放松了,在地缘与同业方面都放宽了限制;(3)越来越频繁地合成为复合式行业

---

① [美]罗威廉:《汉口:一个中国城市的商业和社会(1796—1889)》,江溶、鲁西奇译,中国人民大学出版社2005年版,第318页。

② 参见宋亚平《辛亥革命前后的湖北经济与社会》,中国社会科学出版社2011年版,第137页。

③ 何炳棣:《中国会馆史论》,学生书局1966年版,第42页。

组织；(4) 同样，合并为复合式地缘组织也变得更为经常。"① 这四种趋势中，除了第一种表明狭隘的乡土观念日渐淡薄之外，其他三种都标志着传统商人组织逐渐趋开放，由排他性走向包容性。

其次，传统商人组织开始逐渐参与到世界商品市场的竞争之中。传统商人组织根植于传统的商业市场范围，主要为区域性市场或者国内市场。汉口开埠之后，对外贸易迅速发展，湖北逐渐卷入到全球市场之中。在新时代的挑战下，传统商人组织通过联合与整合，开始以独立的姿态来处理对外贸易中的利益纠纷。如汉口的茶叶公所在19世纪60年代之后，时常需要花更大的精力代表茶行整体的利益同外商进行斡旋。

再次，传统商人组织的成员，特别是领袖人物，热衷于投资近代工业。例如，汉口洋广货业行会董事宋炜臣，投资兴办了著名的既济水电厂、扬子机器厂等其他近代工业企业；棉布、烟土业行会董事韦紫封，组建应昌公司承租张之洞创办的纺织四局等。这一革新以近代工业的诞生和发展为基础，具有明显的时代特征。虞和平认为，这种转变促使行会会员的资产阶级化，有效地推动了传统行会的近代化。②

湖北省内经济发展不均衡，受外力冲击力度各异，因此，各区域传统商人组织的革新程度不一，某些区域商人组织变化较为显著，某些区域则并不明显。总体来说，汉口作为湖北的商业中心和通商口岸，其传统商人组织最多，受外部力量的冲击最强，变化亦最大。

新时代下，尽管传统商人组织进行了适时调整，呈现出了不少近代因素，但是，从本质上依然属于旧制度下的产物，"随着环境的渐次变化，弊害亦相继发生，而以列强帝国主义侵入以来为尤甚"③。在这样的历史背景下，近代新型的商人组织应运而生。

二 近代新型商人组织的诞生

虽然湖北传统商人组织在晚清出现了近代嬗变，但是由于深深扎根于

---

① [美] 罗威廉：《汉口：一个中国城市的商业和社会（1796—1889）》，江溶、鲁西奇译，中国人民大学出版社2005年版，第345页。
② 参见虞和平《鸦片战争后通商口岸行会的近代化》，《历史研究》1991年第6期。
③ 全汉升：《中国行会制度史》，食货出版社1978年版，第201页。

传统商业土壤，其组织模式和内在功能并不能完全适应湖北现代化发展的需要，近代新型的商人组织应运而生。近代新型商人组织主要指由商人创办的商会、商团、自治会、市民公社等社团，"在近代中国林林总总的商人社团中，商会诞生最早，而且最为普及，影响也最大"①。

晚清湖北商会的诞生，得益于清廷的直接推动。20世纪初，清廷已充分认识到商务的重要性，开始摒弃重本抑末的传统政策，"通商惠工，为古今经国之要政。自积习相沿，视工商为末务，国计民生，日益贫弱，未始不因此乎此。亟应变通尽利，加意讲求"②。1903年9月，清廷设置商部，旋即颁发一系列振兴商务的法令。1904年初，商部又积极劝谕商人创办近代新型商会，进而振兴商业，"今日当务之急，非设立商会不为功"③。

早在1898年，张之洞委派王秉恩为汉口商务总局总办，复邀各商帮选董事24人，分董36人，"于是汉口商人有会议之处，开各省风气之先"④。但是，汉口商务局是地道的官办机构，衙门积习过重，根本无法起到振兴商业的作用。1902年，汉口又创设商业会议公所和商会公所，也并非近代新型的商人组织，只能"看作从商务局向商会的过渡"⑤。

1907年11月，晚清湖北第一个近代新型商人组织汉口商务总会成立，"公举熟悉商情，众望素不孚者为总协理，禀报农商部加扎任用。而商务总局亦即裁撤，所有全镇商务事宜，均归商会办理"⑥。1909年武昌商务总会成立，其后各商埠商会分会相继设立，逐渐替代了传统商人组织的地位。至1912年，湖北共有商会19个，会董463名，会员数5953人。⑦

晚清湖北近代新型商会之所以为"新"，主要表现在以下两个方面。之一，晚清湖北商会是法人社团，这是区别于传统商人组织的重要特征。商会是依据清政府的有关法规设定的，由政府批准，组织制度较为严密，

---

① 朱英：《辛亥革命时期新式商人社团研究》，中国人民大学出版社1991年版，第53页。
② 朱寿朋：《光绪朝东华录》第五册，中华书局1958年版，第5013页。
③ 《商部劝办商会谕帖》，《东方杂志》1904年第1卷第2期。
④ 张仲炘等：《湖北通志》，武昌省长公署，民国十年，第1465页。
⑤ 章开沅：《辛亥革命与近代社会》，天津人民出版社1985年版，第105页。
⑥ 武汉地方志办公室、武汉图书馆编：《民国夏口县志校注》，武汉出版社2010年版，第251页。
⑦ 参见王笛《关于清末商会统计的商榷》，载《中国近代经济史研究资料》第7辑。

机构也相对完备，具有完整的规章制度，必须依据法律规定的权利、义务开展活动等。晚清湖北商会的成立，"从此不再是以个人或落后的行帮形象，而是以新式社团法人的姿态与官府或其他社会势力相周旋"①。之二，晚清湖北商会完全打破了地域和行业的束缚，具有明显的开放性。湖北传统商业组织，如八大行之间畛域分明，壁垒严森，各行之间并没有建立密切的联系。而近代新型商会绝大多数会员来自不同行业和不同地域，是商人在振兴商业的目的下自愿组成的。与传统商人组织相比，"两者之间的近代开放性和中世纪封闭性形成了鲜明对比"②。

商会的领导权，主要掌握在绅商之手。以汉口商务总会为例，民国之前的四届总协理、会长是清一色的绅商出身。③ 绅商从本质上仍然属于商人，以经营商业为主业。不能因为商人以捐纳获得虚衔从而否认了其商人属性，晚清湖北的商会完全由获得虚衔的商人领导，而非由纯粹的士绅所控制。另外，有学者指出，汉口商会"以行帮为单位选出帮董组成，所以商会成员较少。在辛亥革命之前，成员不足二百"④。朱英对此反驳，"清末商会除会员外，另外还有会友和名誉会员"，之所以认为汉口商会会员较少，"即是忽略了会员之下还有为数更多的会友也属商会成员"⑤。总体来看，晚清湖北的新型商会，拥有数量相当可观的会员。

除了商会之外，湖北还有其他的新式商人组织，诸如商团。1907年后，汉口亦出现了以商人为主体、按街区组织的保安会20余个。1911年4月，汉口各个保安会联合组织了汉口各团联合会，"为研究消防、联络感情之总机关"⑥。武昌起义后，汉口各团联合会组建为商团，"维持秩序，借以辅助官力所不及"⑦。汉口商团虽然并不隶属于商会，拥有组织

---

① 章开沅：《辛亥革命与近代社会》，天津人民出版社1985年版，第181页。
② 朱英：《辛亥革命时期新式商人社团研究》，中国人民大学出版社1991年版，第279页。
③ 参见武汉地方志办公室、武汉图书馆编《民国夏口县志校注》上册，武汉出版社2010年版，第252页。
④ 皮明庥：《武昌起义中的武汉商会和商团》，《历史研究》1982年第1期。
⑤ 朱英：《辛亥革命时期新式商人社团研究》，中国人民大学出版社1991年版，第60页。
⑥ 武汉地方志办公室、武汉图书馆编：《民国夏口县志校注》上册，武汉出版社2010年版，第240页。
⑦ 湖北省博物馆、武汉市档案馆编：《武昌起义档案资料选编》（上卷），湖北人民出版社1981年版，第243页。

上的独立性，但是完全听从商会指挥，可视作商会的外围组织。

正如湖北传统商人组织在晚清出现近代因素一样，湖北近代新型的商人组织也沾染了浓厚的传统色彩。传统商人组织与近代新型商会之间，形成了相互渗透的关系。近代新型商会成立之后，并没有很快同传统商人组织截然分开，相反，在其初期的发展过程中完全以传统商人组织为基本成员和基层组织。如汉口商务总会成立之初，65个成员行会几乎囊括了所有传统行会组织。沙市商会完全以传统商人组织十三帮为衣钵，会长以川帮会首彭雨新一身二任，会董多为十三帮会首兼任，"由于贴近农村社会，因而更多地保留了传统色彩"①。

第三节　商人群体在晚清湖北现代化进程中的作用

晚清湖北商人群体的分化和崛起，是现代化和其他诸因素合力推动的结果。这种结果形成之后，对晚清湖北的现代化历程产生深刻影响，主要表现在经济现代化、政治现代化和社会生活嬗变等方面。

一　商人群体在晚清湖北经济现代化进程中的作为

晚清湖北的经济现代化，肇始于汉口开埠，其后历经50年的推进，已发生显著变革，"在工业、矿业、商业、交通等重要交通领域中，已从无到有，由少到多，由粗到精，并逐渐形成一个体系，为民元之后经济建设，奠定了一个良好的基础"②。作为经济现代化参与者商人群体，对晚清湖北的经济现代化产生了最直接的历史作用。

商人群体创办的近代民族工业，是继外国工业、官办工业之外的另一支工业力量。商人投资近代工业始于甲午战争之后，至辛亥革命前夕，湖

---

① 徐凯希：《略论近代荆沙商人团体的发展和演变》，《荆州师范学院学报》（社会科学版）2003年第4期。沙市十三帮，指山陕帮、安徽帮、四川帮、湖南帮、浙江帮、黄州帮、广东帮、福建帮、河南帮、汉阳帮、武昌帮、江西帮、南京帮。

② 苏云峰：《中国现代化的区域研究（湖北省卷，1860—1916）》，"中研院"近代史所1987年版，第459页。

北地区商人群体共创办 143 家民族企业。① 这 143 家民族企业中，包含 7 家由商人承办之官营企业，分别为 1896 年由盛宣怀承办的汉阳铁厂，1902 年由韦紫封等人承办之湖北纺织四局，1908 年由吴干臣承办的湖北模范工厂，1911 年由梁炳农承办的湖北针钉厂。

湖北商人群体中，热衷于投资创办近代工业的主要为买办商人阶层和绅商阶层。特别是买办商人阶层，"凭借着与外商的密切联系，又具有一般中小资产阶级难以获得的积累资本的条件，汉口买办阶层中的许多人，顺应时代潮流的发展，纷纷投资创办近代企业"②，对晚清湖北近代工业的产生和发展贡献最大。

以大买办宋炜臣为例，自 1897 年始宋炜臣共在汉口创办 5 家近代工厂，分别为燮昌火柴厂、华胜军服厂、既济水电公司、扬子机器制造厂和汉阳铁厂砖厂。这 5 家近代工厂，以燮昌火柴厂和既济水电公司最为著名。燮昌火柴厂创办于 1897 年，初期除排梗机 38 部外，其余工序依靠人工完成，梗片等购自上海，轴木、硫黄、纸板则来自日本。③ 由于经营得当，燮昌火柴厂几年时间即打破了以往外国商品的垄断，基本上占领了湖北和附近省份的市场。水野幸吉的《中国中部的事情：汉口》便提到："目前所生产的是硫黄火柴，由于硫黄火柴适合地方民政的需要，加之质量良好、有销售特权，为此，市场稳固，销路通畅。目前我日本的火柴制造业逐步被逐出市场，湖南、河南的火柴业或火柴市场几乎被燮昌公司所独占。"④ 1906 年，宋炜臣联合其他商人呈请筹办水电公司，得到张之洞的有力支持，"筹拨官款三十万元，作为股本"，同时给予该公司"专利权"⑤。既济水电公司不仅是湖北民族水电工业的肇始，同时也是汉口市政建设近代化的重要标志之一。⑥

商人群体在晚清湖北经济现代化中的作为，也体现在商业现代化、交

---

① 参见任放《近代两湖地区的工业格局》，载武汉大学编《人文论丛》（2012 年卷），第 238—240 页。
② 宋亚平等：《辛亥革命前后的湖北经济与社会》，中国社会科学出版社 2011 年版，第 62 页。
③ 彭效：《武汉自办工业之状况》，《中华实业界》1914 年第 10 期。
④ ［日］水野幸吉：《中国中部的事情：汉口》，武德庆译，武汉出版社 2014 年版，第 55 页。
⑤ 《创办水电公司》，《江西官报》1906 年第 22 期。
⑥ 参见袁北星《客商与汉口近代化》，湖北人民出版社 2013 年版，第 288 页。

通现代化和金融现代化等领域。

在商业领域，商人群体创办了新式公司和商会。自1902年湖北出现了汉口既济水电公司，"以后，各种公司陆续设立，迄宣统三年，至少已设公司21家，共有资本2千1百余万两"①。其中除了湖北水泥厂设于大冶、合利亨公司设于沙市、施鹤森林股份有限公司设于恩施、均益车业股份有限公司设于宜昌之外，其他新式公司均创办于汉口或者武昌。1909年近代新型商会汉口商务总会成立，其后武昌、沙市、宜昌商会相继成立。至1912年，湖北共有商会19个，会董463名，会员5953人。② 除了直接创办近代新型公司和商会，传统商业组织也开始逐渐向现代化过渡。如1890年黄志成在汉口创办的拆货店，雇用专门的经理、协理负责管理业务，其他雇员也有明确的分工，并一律实行工资制度，在经营方法上，实行内、外分柜，"为了防止漏洞，每本发货簿还逐页盖了骑缝印"③。在交通领域，辛亥革命前夕，湖北的商人群体共创办民营轮船公司14家，其中，"利记公司、厚记公司专营武汉地区的轮渡业务，首开武汉近代轮渡之先河"④。虽然民营轮船公司规模普遍较小，以内河航运为主，总体实力与轮船招商局和航运公司不可同日而语，但已经成为民族航运业中不可小觑的第三支力量。在金融领域，湖北商人群体所设立的传统金融机构在外资银行的刺激下，不断萌发出一些适应贸易需求的新变化，如信用借贷、发行庄票、本地划归、异地汇兑等。⑤ 同时与外国银行展开积极合作，从而参与到晚清湖北迅速发展的中外贸易大潮之中，成为其中的重要一环，加速了湖北金融业现代化的整体发展进程。

二 商人群体对晚清湖北政治现代化进程的影响

传统商人群体基本不问政事，被摒弃于主流政治生活之外，"除株守

---

① 苏云峰：《中国现代化的区域研究（湖北省卷，1860—1916）》，"中研院"近代史所1987年版，第405—406页。
② 王笛：《关于清末商会统计的商榷》，《中国近代经济史研究资料》第7辑，上海社会科学院出版社1987年版。
③ 中国人民政治协商会议武汉市委员会文史资料研究会编：《武汉工商经济史料》第1辑，内部发行，1983年，第108页。
④ 任放：《近代两湖地区的交通格局》，《史学月刊》2014年第2期。
⑤ 参见石莹《清代前期汉口金融业的发展》，《中国经济史研究》2010年第4期。

故业，计较锱铢外，无他思想"①。晚清以降，商人群体的政治意识渐趋觉醒，并且开始参与政治活动，逐渐成为晚清湖北政治现代化进程中一支不可忽视的社会力量，深刻地影响了这一历史进程的发展轨迹。

商人群体的政治诉求，主要通过少数代表进行表达，"占大多数的不问政治的资产者的政治利益，主要是由另外一部分对政治有某种兴趣和比较积极的资产者代表和反映出来的，他们主要是一些商会领导人和骨干分子。他们虽然始终是资本家阶级中的少数人，但往往比较有影响，处于领导地位，有比较强的号召力和组织能力，因而对资产者的政治活动通常有决定性的影响。因此，他们是资本家阶级的政治代表"②。在近代新型商会成立之前，晚清湖北商人群体多以传统商业组织同业会所、会馆、行帮等为表达政治诉求的依托。这一时期，湖北商人群体奉行"在商言商"的信条，焦点在于"商政"，基本不涉及与商没有直接关系的"纯政治"。

19世纪末20世纪初，随着晚清湖北政治现代化的推进，一系列近代新型社会组织和政治机构相继建立，湖北商人群体亦日趋活跃。1907年晚清湖北近代新型商人组织商会诞生之后，商人群体的政治意愿主要通过新型商会表达。1910年10月4日，武昌商务总会对政府提倡易服政策表示不满，"敝省当业、绸业、帽业、衣业各商帮颇行惶惑，缘我国一旦易服则朝野上下群趋重于洋装，外国呢绒、毡纱等货必将竞运来华推广销路，而我衣冠绸缎皆成为废物，此大宗损失，且保以堪窃恐影响所及竟酿成全国商店衰竭经济恐慌之现象"，从而通电联合各省商务分会要求政府妥善处理。③ 1910年10月8日，老河口商务分会派代表赴省城武昌控告光化县地方官员强行拨六厘捐五千两充作巡防营兵费，"当时分会怵势惧祸，勉强认定每年拨兵费银五千两。商民见分内之款横被强拨，纷纷集议，咸归咎于分会办事不力。今分会外受公论诘责，内苦款项困难，屡欲停办，经多次开会讨论。兵费为国家税款，商会乃地方公款，以国家兵费取之地方，既背商情，且失政体"④。

---

① 吴家勋、李兴华编：《梁启超选集》，上海人民出版社1984年版，第578页。
② 张亦工、徐思彦：《20世纪初期资本家阶级的政治文化与政治行为方式初探》，《近代史研究》1992年第2期。
③ 《鄂省亦起断发易服之恐慌》，《申报》1910年10月4日。
④ 吴剑杰主编：《湖北咨议局文献资料汇编》，武汉大学出版社1991年版，第544页。

近代湖北新型商会创设之后，商人群体除了对"商政"发声，同时还通过与士绅群体联盟，逐渐沾染涉及"纯政治"。高钟指出，"过渡社会形态使湖北商人阶层自我意识虽有所觉醒，但并不成熟，因而认同新士绅双重文化优势和'以秩序求进步'的政治主张，甘作新士绅之骥尾，实现了功名与财富的联盟"①。将商人群体比作"骥尾"，一定程度上忽略了商人群体的主体意识。与其言湖北商人群体"甘做新士绅之骥尾"，不如说两个社会群体的平等联合更为合适。一方面，湖北的上层士绅群体依靠商人群体及其商人社团的财力和声势，来实现自己的某些政治企图。第一次国会请愿后，立宪派总结失败的重要原因即是没有取得商界的广泛支持，"今日世界无不以工商业为立国之根本，夫商人一跃而居国中最重要之地位，则国中政治之得失，自与商人有特别利害之关系，故吾国今日国会请愿之事，尤应以联络商界为中坚"②。因此，在此后的政治活动中，士绅群体尤其注意争取商人群体的声援。另一方面，湖北的商人群体反过来充分利用湖北上层士绅阶层所取得的政治威望，来表达商人群体的利益诉求。例如，1909年和1910年的湖北咨议局通过的69项议案中，多项议案提出了振兴实业的要求。同时，从诸多事件，如省咨议局支持新兴资产阶层抗议政府对国营造纸厂的不合理优待，大冶籍议员强烈要求放开私人开矿等，均可以明显看出，湖北士绅群体中的上层士绅主要代表要求商人群体中某些阶层的政治利益。

商人群体与士绅群体的结盟，不仅对晚清湖北政治体制的初步改革，诸如立宪运动等产生了影响，而且对武昌起义后政局的发展产生重要作用。

武昌起义爆发后，武汉地区的商人群体迅速涌进军政府。1911年10月10日晚，湖广总督瑞澂赴汉口商会"央请设法"，汉口商会总理蔡辅卿以"各团保安会只可放火，不可用武装相抗"③ 为由予以拒绝。11日民军开至汉口，汉口商民燃鞭炮夹道欢迎。其后，汉口商人群体不仅筹措

---

① 高钟：《文化激荡中的政府导向与社会裂变：1853—1911年的湖北》，华中师范大学出版社1998年版，第199页。
② 《代表团敬告各省商会请联合请愿书》，载《广东咨议局编查录》（下卷），铅印本，广州中山大学图书馆藏。
③ 中国史学会主编：《辛亥革命》第5册，上海人民出版社1956年版，第192页。

巨资资助民军，甚至组织商团直接参与到对清军的战争中。可以说，"在武昌起义时期，武汉民族资产阶级及武汉商会、商团对革命采取了支持的态度，表现了炽烈的政治积极性"①。正是这种炽烈的积极性，有力地推动了武昌起义的发展，对晚清湖北及其整个中国的政治现代化产生了重要影响。

除了武汉地区的商人群体，湖北其他地区的商人群体亦多支持武昌起义。武昌起义爆发后，沙市商会迅速与有关人士招募500余人组织守望会，维护社会基本秩序，民军占领沙市之后，"不仅出面犒酒劳军，又在民军与荆州驻防八旗之间竭力斡旋，参加双方谈判，劝说清军放下武器，开城投降，为了荆沙和平光复及荆州古城免遭战火破坏发挥了积极作用"②。

三　商人群体与晚清湖北社会嬗变

商人群体不仅深刻地影响了晚清湖北经济、政治的现代化进程，而且还推动了晚清湖北社会近代的嬗变。

晚清商人群体的近代分化和崛起，引发了湖北社会结构的裂变。传统社会中，"士农工商"的四民定位，基本上成为一成不变的模式。在晚清湖北社会结构的裂变过程中，"打破固有结构序列并排挤'农本'而争得'四民之首'地位的力量是曾居'四民之末'的'商'"③。在晚清剧烈的变动中，"商"经历了由末而本、由末而首的上升性运动过程，商人群体脱颖而出成为晚清湖北社会的主导力量之一。在这一过程中，整个社会结构开始解构，"其阶层结构由垂直型单向流动的'士农工商'，裂变为平行型双向流动的'绅商学军'"④。阶层结构流动模式的变化，则成为影响晚清湖北现代化多个领域的重要因素之一。

晚清商人群体在经济现代化中的诸多作为，有效地加速了湖北的城市化进程。晚清湖北的城市化水平，自汉口开埠之后迅速提高，"根据Roman

---

① 皮明庥：《武昌起义中的武汉商会和商团》，《历史研究》1982年第1期。
② 徐凯希：《略论近代荆沙商人团体的发展和演变》，《荆州师范学院学报》（社会科学版）2003年第4期。
③ 王先明：《近代绅士：一个封建阶层的历史命运》，天津人民出版社1997年版，第195页。
④ 高钟：《从"士农工商"到"绅商学军"——清末湖北社会结构之裂变》，《湖北师范学院学报》（哲学社会科学版）2003年第4期。

的研究，在1850年时，湖北城市人口仅占全省人口的3.3%，廿世纪初增为6.5%。但据湖北宣统三年（1911）地方自治人口调查以及日人的调查资料统计，此时全省城市人口已提高到12.69%，十年间增加近一倍"①。湖北处于水路交通要地，自古商旅辐辏，境内有多处商业重镇，商业发展是湖北城市人口膨胀的重要引擎。而商业的发展，与商人群体的参与密不可分。同时，晚清商人群体还诱致湖北的一批传统市镇向近代都市转型。最明显的例子莫过于汉口，晚清50年间汉口从"天下四聚"之一的传统市镇逐渐转型为"东方的芝加哥"都市。近代城市兴起和发展的动因主要缘于商业的繁荣，因此，商人群体的推动无疑是传统市镇成功转型的重要因素之一。

晚清商人群体还明显影响了湖北社会生活的衣、食、住、行、娱等多个方面。例如，宋炜臣的既济水电厂成立，改变了汉口居民以往多使用煤油灯的历史，从此在日常生活中享受到了近代科技发展的成果。既济水厂完工后，汉口成为全国首先使用自来水的地区之一，"吾国近时创办电灯之处颇亦不乏，惟自来水殊不多。观上海虽有此，其规模迥不若汉口也"②。娱乐方面，商人群体相继将公园、跑马场、剧院、舞厅等西方近代公共娱乐设施引入城市，近代戏院逐渐替代传统的茶楼、会馆，成为都市市民的主要休闲场所，"从根本上动摇了中国民众传统的娱乐观念和文化消费行为方式"③。

从总体来看，我们不能高估商人群体对晚清湖北社会嬗变的作用。因为，社会嬗变的速度远远滞后于经济、政治等领域，湖北社会在晚清的嬗变本身就处于较低层面，"在民国六年（1917）以前还没有走入现代社会的堂奥，但若干层面的变迁是显而易见的。惟就变迁的广度言，仅限武汉及宜沙等少数地区，而且不够深远。至于广大的农村，可以说没有变化，必须等到北伐，或者抗战胜利以后，才发生变迁"④。

---

① 苏云峰：《中国现代化的区域研究（湖北省卷，1860—1916）》，"中研院"近代史所1987年版，第520页。

② 武汉地方志办公室、武汉图书馆编：《民国夏口县志校注》下册，武汉出版社2010年版，第240页。

③ 傅才武：《近代化进程中的汉口文化娱乐业（1861—1949）——以汉口为主体的中国娱乐业近代化道路的历史考察》，博士学位论文，华中师范大学，2004年。

④ 苏云峰：《中国现代化的区域研究（湖北省卷，1860—1916）》，"中研院"近代史所1987年版，第464页。

第 七 章

士绅群体与晚清湖北现代化

晚清湖北现代化的进程中，士绅群体不仅是现代化的冲击对象，同时也是现代化的参与者，某种程度上决定了晚清湖北现代化的历史走向。本章第一节，主要论述晚清湖北现代化对士绅的冲击，着重探讨在这一冲击下士绅群体出现的近代分化。其后，则从几个方面具体阐释分析士绅群体对晚清现代化的反作用。

第一节 晚清湖北现代化对士绅群体的冲击

晚清以降，湖北现代化的肇始与发展对士绅群体产生了重大冲击。在此历史性冲击之下，湖北的士绅群体出现近代蜕化，逐渐开始从一个整体向多元化流动，从传统向近代过渡。

一 晚清湖北士绅群体的基本境况

在深入探讨晚清湖北现代化对士绅群体的冲击之前，需要对这一时期士绅群体的整体情形有一基本了解。

（一）晚清湖北士绅群体的数量评估

晚清时期湖北的士绅群体大约有多少人？

士绅群体包含"正途"出身和"异途"出身两类，其中"正途"出身的士绅是士绅群体中最重要的部分。清廷通过考试的频次及其学额的调节，基本控制了士绅的总数和地域分布。据张仲礼的估算，太平天国起义之前湖北的文生员学额为 1087 个，太平天国起义后因捐输永广学额增加

427个，为1543个；太平天国起义前武生员学额占文生员总数的85%，太平天国起义之后武生员学额约占文生员总数的88%；若将士绅的生涯平均为33年，三年两次文院试，一次武院试，则湖北的文生员总数应是学额的21倍，武生员学额的10倍，两者相加，基本可以推算，太平天国起义前湖北生员总数约为32067个，太平天国起义之后生员总数为46997个，前后约增长了47%。①

太平天国起义后湖北"正途"士绅数额，苏云峰也有过推算，与张仲礼的估计数额略有出入。苏云峰指出太平天国起义之后（1860年到1905年之间）湖北的士绅总数为4.8万余人。该数据的统计基础为湖北这一时期生员学额为1577人，46年共录得生员47310人；又根据《湖北通志》记载，46年间湖北共有进士257人，举人1368人；生员人数与举人数相加，共得4.8万余人。② 正如吴佳佳所言，苏云峰的计算确实不够准确，计算方法严重有误。③ 首先，苏云峰以46年为限，时间过长，忽视了当时士绅的平均寿命。其次，苏云峰没有计算武生员的数量，将文生员数量视为全部生员数量的总和。最后，苏云峰不应将生员数和举人数相加，因为举人本身即从生员而来。从估算结果来言，苏云峰与张仲礼两人的数据虽然仅仅相差1000人，但明显看出张仲礼的计算方法相对合理。基本可以认定，太平天国起义之前，湖北"正途"士绅约为3.2万个；太平天国起义之后，大概应为4.7万人。

对于"异途"出身的士绅人数，整个19世纪前半期全国的数量都在稳定下降，从道光朝最初五年至清朝最后五年全国捐监生人数的平均下降幅度超过50%，而湖北省的下降幅度又超过全国的平均水平。④ 据张仲礼的统计，至太平天国前的1850年（即道光三十年），湖北的捐监生总数

---

① 参见张仲礼《中国绅士——关于其在19世纪中国社会中作用的研究》，李荣昌译，上海社会科学院出版社1991年版，第86页、第92页、第98页。

② 参见苏云峰《中国现代化的区域研究（湖北省卷，1860—1916）》，"中研院"近代史研究所1987年版，第466页。

③ 参见吴佳佳《预备立宪时期的湖北绅士阶层研究（1906—1911）》，硕士学位论文，华中师范大学，2007年。

④ 参见张仲礼《中国绅士——关于其在19世纪中国社会中作用的研究》，李荣昌译，上海社会科学院出版社1991年版，第106—107页。

约为 19960 人。①

太平天国起义之后，中国的捐监制度发生重大变革，以往由中央控制捐照的权力下移。地方督抚为了解决军需财政困难，大行捐纳之风，"市井牙侩，仆隶人等，无不各有官阶，一时有官多民少之谣"②。19 世纪后半期的监生数量迅速膨胀，全国增长总数 40 余万，包括擢升为其他士绅身份在内，全国共有监生数量达 534000 人。

笔者按照太平天国起义之后全国"异途"士绅在士绅群体的大概比例（张仲礼统计为 37%）推算，这一时期湖北的"异途"士绅群体的总数大约应为 2.8 万人。

将"正途"士绅的数额和"异途"士绅的数额相加，便为晚清湖北士绅群体的大概数额。太平天国起义之前的数额较为精确，为 52027 人，太平天国起义之后相对粗略，估计为 7.5 万人。在太平天国起义之前，湖北士绅群体约占本省人口总数的 0.9%，太平天国起义之后，湖北士绅群体约占本省人口总数的 1.1%，基本处于全国的平均水平。③

（二）晚清湖北士绅群体的特征

晚清湖北的士绅群体，既赓续了该群体一贯的基本特征，也沾染了鲜明的时代印迹。

湖北士绅群体一贯的基本特征，表现在诸多方面。士绅介于官、民之间，既是皇权的延伸，也是地方利益的代表，其身份的获取，多数因为通过科举考试而得到学品和学衔，部分则缘于捐纳而得到功名。通过科举，即"正途"出身的士绅是上层官吏的最主要来源。士绅群体的分布，始终遍布整个湖北省，在每个府厅州县都保持适当的数额。其中，鄂东文风最盛，黄州、武昌、汉阳三府所出上层士绅最多，1862—1904 年三地的人数分别为 449 人、386 人和 342 人，三府上层士绅数量之和占湖北全省的 86%。④ 这一群体享有广泛的社会、经济、法律等特权，其地位远优越

---

① 参见张仲礼《中国绅士——关于其在 19 世纪中国社会中作用的研究》，李荣昌译，上海社会科学院出版社 1991 年版，第 154—155 页。
② 沈守之：《借巢笔记》，《人文月刊》1936 年第 9 期。
③ 参见张仲礼《中国绅士——关于其在 19 世纪中国社会中作用的研究》，李荣昌译，上海社会科学院出版社 1991 年版，第 113 页。
④ 参见张仲炘等《湖北通志·选举志》，武昌省长公署，民国十年，第 129—132 页。

于平民。正因为此，士绅之间形成了一种较强的凝聚力，"他们有一种阶级意识或一种集团归属感。他们相互认同为侪类，并具有相近的态度、兴趣和价值观（尤其是儒家的价值观），他们自认为有别于其他社会成员"①。清代的县官在一地的平均任职周期极短，其处理地方事务必须依赖士绅的协助方能顺利完成。士绅群体则以保护地方、振兴地方为己任。绅与官之间则形成了一种既合作又冲突的矛盾关系，"一般说来，这些绅士总是与政府合作的，因为这样符合他们自己的利益，也因为他们头脑里充满的是官方思想，这主要是科举制度的结果"，但是同时，"它的力量对中央政府的权力始终是个潜在的威胁"②。

除了以上一些基本特征，随着晚清湖北社会出现剧烈变动，湖北士绅群体也沾染了鲜明的时代印迹。

首先，从咸同开始，士绅群体的力量渐呈膨胀之势。晚清湖北士绅群体的数量，在太平天国起义前后出现了明显的变化。咸丰之前，湖北士绅群体约为5.2万人，而咸同后至1905年科举废除之时，湖北士绅总量增至7.5万人，增长幅度超过全国平均水平。除了士绅总量的增加，湖北士绅群体力量的膨胀更体现为绅权的扩张。就传统乡村社会的权力结构来看，绅权并非唯一，"'绅权'的张扬是中国社会跨入近代历史的一个时代内容"③。笔者认为，晚清湖北绅权的扩张主要有两次机遇。其一，太平天国起义期间，士绅群体将其所控制的团练逐渐演变为一种准基层行政组织。镇压太平天国起义的过程中，胡林翼便感叹道，"自寇乱以来，地方公事，官不能离绅士而有为"，而至光绪年间，湖北沔阳知县更是指出，"官不过绅监印而已"④。其二，预备立宪时期，湖北士绅借助咨议局和地方自治两个平台，合法地参与地方事务的管理之中。上层士绅完全把持了省咨议局，下层士绅则操控地方自治组织，绅权在清季达到顶峰。

同时，也是最重要的，在湖北现代化的冲击下，湖北的士绅群体出现

---

① 瞿同祖：《清代地方政府》，范忠信等译，法律出版社2006年版，第276页。
② 参见张仲礼《中国绅士——关于其在19世纪中国社会中作用的研究》，李荣昌译，上海社会科学院出版社1991年版，第71页。
③ 杨国安：《明清两湖地区基层与乡村社会研究》，武汉大学出版社2004年版，第311页。
④ 转引自王先明《晚清士绅基层社会地位的历史变动》，《历史研究》1996年第1期。

了近代分化。如果说晚清湖北士绅总量的增加、绅权的扩张等主要缘自本土因素的作用,那么湖北士绅群体的近代分化,则更多地来自外部因素的冲击。特别是从张之洞督鄂开始,湖北社会各个方面发生了剧烈变迁。在此历史转折点上,某些士绅迅速适应变化跻身上流,一些士绅则无奈地被时代所遗弃。至1905年,随着科举制度的废除,士绅的社会来源被切断,士绅群体开始走向历史尽头,"而新教育制度培养出的已是在社会上'自由浮动'的现代知识分子"①。

有关湖北的士绅群体的近代分化,涉及内容较多,下面将具体探讨。

二 晚清湖北士绅群体的近代分化

晚清湖北士绅群体的近代分化,表现在城乡分化、职业分化和政治派别分化三个方面。由于冲击力度较强,清季士绅群体的内部差异,甚至可能大于士绅群体与其他群体的差异。

(一)城乡分化

历经晚清湖北现代化的冲击,特别是在教育现代化的作用下,部分士绅涌入城市,特别是省城武昌,并且不再归乡,而部分士绅则坚持传统生活方式,固守乡土,从而逐渐分化为"城市的士绅"和"乡村的士绅"。

传统社会中,绝大多数士绅在乡村耕种读书,通过科举考试获取功名,若能出仕则移居城市,之后在候缺、丁忧或者致仕的情况下又多半叶落归乡,从而形成了城乡之间的流动循环。士绅群体,从某种程度上讲即为城乡之间的中介。晚清湖北新政,张之洞所创办的数十所新式学堂大多位于省城武昌。已获得功名的士绅若想进入新式学堂接受再教育,只能涌入省城。据苏云峰的统计,晚清20年间湖北接受再教育的士绅最少有2万余人,约占全部士绅的43%。②很多士绅为了去新式学堂镀金,甚至不惜变卖家产,如黄冈的张炳南"家仅中资,乃变卖产业,率其子海涛,

---

① 罗志田:《近代中国社会权势的转移:知识分子的边缘化与边缘知识分子的兴起》,《开放时代》1999年第4期。
② 参见苏云峰《中国现代化的区域研究(湖北省卷,1860—1916)》,"中研院"历史研究所1987年版,第471页。此数据被多篇学术论著引用,但笔者认为此数据计算有误,将会在下文详细阐释。

在武昌正卫街租一室"①，秀才蔡寄鸥为了能够完成两湖总师范学堂的学业，"父所遗之九亩薄田，一家人资以为活着，已贷去其五"②。士绅从新式学堂毕业之后，很多又从事仅于城市才存在的新式教育、新式工商业、新闻等相关行业，因而举家迁往城市，"汇成一股乡绅城市化的洪流"③。以往，由乡村到城市最后再回乡村的循环基本断裂。

除了接受再教育的2万余人之外，湖北还存在数量更多没有接受再教育的士绅。这部分士绅没有接受再教育，或者由于年纪较大不愿走出乡野，或许因为思想顽固不能适应新的变化，亦可能因为家贫无力负担城市的生活。但有一点毋庸置疑，在当时的历史潮流中，特别是科举废除之后，士绅向上流动的途径完全阻断，这部分没有接受再教育的士绅一定程度上被边缘化，其中的多数人只有按照传统方式固守乡村，沦为所谓的"旧乡绅"。

士绅群体的城乡分化，对湖北的地方社会产生重要影响。选择进入城市的士绅，往往是士绅群体中较为年轻、通达明理，抑或举人及其以上的上层士绅，这部分基本可称为士绅中的精英群体；而留在本乡的士绅多数则为年纪较大的下层士绅。士绅群体中的精英寄居城市，意味着资金的外流，这些资金有部分投资近代工商业，从而促使传统郡县城市模式向现代新型城市化转变，然而，这同时意味着乡村经济因此而日益萎缩。另外，士绅群体的城乡分化也使乡村社会秩序产生不稳定因素，有学者便指出："城乡分离使社会情形更趋复杂，读书人既然留居城市不像以前那样返乡，乡绅的社会来源遂逐渐改变。乡绅中读书人比例的降低意味着道义的约束日减，而出现所谓'土豪劣绅'的可能性转增，这是乡村社会秩序动荡的一个重要原因。"④

（二）职业分化

对于传统士绅，出仕为官即为读书应考的目的和职业方向所在。读

---

① 罗福惠、萧怡编：《居正文集》（上），华中师范大学出版社1989年版，第19页。
② 蔡寄鸥：《四十年来闻见录》，震旦民报社1932年版，第12页。
③ 高钟：《文化激荡中的政府导向与社会裂变：1853—1911年的湖北》，华中师范大学出版社1998年版，第189页。
④ 罗志田：《近代中国社会权势的转移：知识分子的边缘化与边缘知识分子的兴起》，《开放时代》1999年第4期。

书、应考、中第、出仕、致仕,基本勾勒了传统士绅理想的人生轨迹。但是,科举应考生涯常常是一个漫长旅程。有学者估算各级科举考试中榜的平均年龄,"生员约为 24 岁,举人约 30 岁,进士约 35 岁",由此可见,"对一个幸运者来说,从生员升至进士,平均要花十年以上的时间应考"①。张謇也曾提道,"综吾少壮之日月,宛转消磨于有司之试而应其求,盖三十有五年"②。其实,沉湎科举最终有所作为,亦属于幸运者,多数士绅渴望步入上层士绅行列,却终身考试不售。

晚清湖北社会的巨变,改变了士绅群体传统的职业状态。新旧过渡时代,士绅的职业改变了传统社会的单向流动,出现多元流动,但以政治、教育和军事为主。首先,依旧是以政治为业,却又区别于过去。以往,士绅若想出仕,必须获取举人或者以上学衔,同时依照清代的回避制度,即使出仕也只能远走外省。而在清季,尤其是预备立宪时期,不仅士绅可以在本省参政议政,下层士绅亦取得了参与政治的机遇。湖北咨议局和地方自治组织中,绝大多数为士绅出身。湖北咨议局的 99 名议员中,上层士绅共 54 人,包括 8 名进士,12 名举人,34 名贡生,共占总人数的 54.5%;下层士绅 34 名,约占总人数的 34.3%。湖北城镇乡自治组织的 1331 名议事会议员中,70% 以上为士绅;431 名董事会职员中,65% 以上为士绅。其次,由于张之洞在湖北努力兴办近代教育,吸引不少士绅投身其中。晚清湖北士绅群体中有 2 万余人接受了再教育,这 2 万余人中,"约有 40% 从事教育工作","除去一部分到邻省任教外,大部分均分布在湖北各地学堂"③。这部分在学堂任职的士绅已不同于传统书院或者私塾的先生,他们受雇于政府,多数离开了家乡,逐步向近代知识分子群体演变。最后,传统社会中被边缘化的军人成为晚清湖北士绅积极参与的新职业。湖北士绅投笔从戎,既是清季中国历史剧变的客观需求,也与张之洞编练新军的指导思想息息相关。那些接受再教育的士绅中不少人选择了武备学堂或者赴日学习军事,学成之后纷纷充任各级军官。部分没有接受再

---

① 张仲礼:《中国绅士——关于其在 19 世纪中国社会中作用的研究》,李荣昌译,上海社会科学院出版社 1991 年版,第 174 页。
② 《今后之教育问题》,《国闻周报》第 9 卷第 28 期。
③ 苏云峰:《中国现代化的区域研究(湖北省卷,1860—1916)》,"中研院"近代史所 1987 年版,第 474 页。

教育的下层士绅也将投军作为出路之一，1905 年在黄陂所招募的新兵 96 人中，有廪生 12 人，秀才 24 人①。正因为此，湖北新军军官和士兵的普遍文化素质较高，"以学问胜"②。

除了以上三种职业，湖北士绅群体也从事其他多种职业，例如经商。但是，晚清湖北的士绅群体，多在政法、军事、教育等部门有所作为，以商为职业者无论是数量还是实力均有限，"除了吕逵先之外，没有一个有影响的绅商人物出现于湖北近代舞台"③。

(三) 政治派别分化

士绅群体作为社会的特权集团，他们的权力来自传统的政治秩序，整个阶层也应为崇儒忠君的中坚分子。而至清季，湖北士绅的政治信仰明显分化，出现了试图挑战、改变传统政治秩序的立宪思想和革命思想。信仰迥异的士绅开始逐渐分归不同政治团体，他们之间甚至针锋相对，互相攻讦。

立宪和革命两个阵营里，以主张立宪的士绅最有实力，他们多为上层士绅，在一定程度上也得到了清廷的认可。1909 年成立的湖北咨议局堪称立宪士绅的舞台，自汤化龙替代吴庆焘出任议长之后，该机构完全被主张立宪的上层士绅控制。在主张立宪的上层士绅的领导之下，湖北咨议局的活动并不止于一省，有力地声援和推动了全国立宪运动的深入，也因此成为"各省咨议局的联络中枢"④。

湖北萌发革命思想的士绅，多数为新式学堂和军队中的下层士绅，也有极少数的上层士绅，这些士绅开始或许倾向于改革，"在实行一个省的改良运动的尝试遭到挫折以后，转而采用暴力推翻政治制度，就这样经历着一条从改良走向革命的道路"⑤。1900 年湖北自立军起义便是 1898 年改良失败的反作用，起义的领导人均为接受过再教育的士绅。唐才常出身贡

---

① 参见中国人民政治协商会议湖北委员会编《辛亥首义回忆录》第 1 辑，湖北人民出版社 1979 年版，第 70 页。
② 刘体仁：《异辞录》卷 4，上海书店出版社 1984 年版，第 48 页。
③ 高钟：《文化激荡中的政府导向与社会裂变：1853—1911 年的湖北》，华中师范大学出版社 1998 年版，第 195 页。
④ 吴剑杰：《清末湖北立宪党人的议政实践》，《历史研究》1991 年第 6 期。
⑤ [美] 周锡瑞：《改良与革命：辛亥革命在两湖》，杨慎之译，江苏人民出版社 2007 年版，第 39 页。

生，曾在长沙和武汉就读新式学堂。吴禄贞为秀才，后留学日本学习军事。湖北新军军官中士绅比例较大，第八镇军官共 686 人，士绅出身的 497 人，占 72%；第二十一协军官 133 人，士绅出身的 73 人，占 55%。① 由于士绅群体本身的特质，"他们的知识和不满情绪，使他们容易倾向革命，也使他们成为革命运动的领导人"②。

综上所述，在晚清湖北现代化的冲击之下，晚清湖北士绅群体的流动不再局限于传统由绅到官的单向格局，而是呈现多元分化的趋向。"他们或许仍属于同一阶层，但已与原来的'士绅阶层'不同了。"③ 至 20 世纪初，科举制的废除切断了士绅群体的来源，已趋没落的士绅群体终于成为一个历史的范畴。

第二节 士绅群体在晚清湖北现代化进程中的政治参与

士绅群体对晚清湖北现代化的最大影响，莫过于政治现代化领域。晚清湖北的士绅群体不仅有效地介入晚清湖北政治机构的初步改革，是咨议局和地方自治组织的参与主体，同时还积极支持全国立宪运动的发展，作用波及整个中国的政治现代化进程。

一 士绅群体与晚清湖北的政治现代化

晚清湖北政治现代化的进程中，湖广总督作为地方行政的负责人，在最初阶段发挥导向性作用。湖广总督对于湖北政治现代化的历史作为，或许并非其心愿所向，而是在清廷压力下的无奈之举，如陈夔龙一方面对清季的预备立宪颇有微词，却又不得不施行清廷颁发的政令。从这一角度来讲，最后两任湖广总督陈夔龙和瑞澂并非无能。"没有督抚的支持，咨议

---

① 高钟：《文化激荡中的政府导向与社会裂变：1853—1911 年的湖北》，华中师范大学出版社 1998 年版，第 209 页。
② 张玉法：《清季的革命团体》，北京大学出版社 2009 年版，第 166 页。
③ 苏云峰：《中国现代化的区域研究（湖北省卷，1860—1916）》，"中研院"近代史所 1987 年版，第 486 页。

局很难按时成立"①。湖北地方自治的筹办中，若无陈夔龙和瑞澂的积极部署，也不可能提前完成城镇乡的自治选举。

地方督署虽然在湖北政治现代化的初期发挥重要的导向性作用，但真正的参与主体实则湖北的士绅群体。以下通过湖北士绅在咨议局和地方自治中的作为对此展开论述。

清廷设立各省咨议局，本来仅希冀创办一个民意征询机构，从而避免革命和应对立宪派的强烈呼声。咨议之名，"则似备员顾问，仅为一二长官之辅佐，而非使为全体人民之代表"②。部分报刊甚至直接抨击其阳为"立宪名义，阴行专制之伎俩而已"③。陈夔龙深谙清廷的意图，从湖北咨议局的筹办到运行，都努力将其控制在督署的掌控之下。湖北咨议局筹办之初，各项事务均由在任官员包办，士绅群体被排挤在外。对此，湖北的上层士绅并没有选择沉默。其代表齐聚黄鹤楼，以《各省咨议局章程》中"慎选公正明达官绅创办其事"一则向咨议局筹办处质询抗议，要求"官绅合办"，最终致使督署妥协。④ 在咨议局领导选举中，陈夔龙扶持保守的进士吴庆焘为议长。吴庆焘年纪较大，没有新式教育背景，思想保守，典型的旧官僚做派。任职不久，吴庆焘因罔顾咨议局用人程序，擅自安插私人，在咨议局中多数议员的压力下无奈辞职，湖北咨议局遂完全被开明的上层士绅所控制。⑤ 咨议局开局议事后，湖北士绅群体异常珍惜参政的机会，遵照《各省咨议局章程》及《湖北咨议局细则》，两次常务会议共表决通过议案69项，内容涵盖实业、学务、吏治、税政、自治、社会风气等多个方面。当咨议局与督署发生冲突时，咨议局议员据理力争，绝不妥协，体现出较高的政治素养。虽然湖北上层士绅所控制的咨议局并未产生多少影响，各个行政主管衙门对于咨议局的议案敷衍塞责，均视之为公牍，毫未确实遵办。某些议决案下发到地方州县之后，"不但不实行，连告示也没有出过"⑥。但是，湖北开明的上层士绅"却因此而取得

---

① 李振武：《清末督抚与咨议局的设立》，《广东社会科学》2012年第2期。
② 《对于各省设立咨议局之意见》，《申报》1907年10月13日。
③ 白衣：《立宪近论》，《时报》1907年2月21日。
④ 《大事记·二十四日湖北绅士开质问会》，《东方杂志》1908年第5卷第10期。
⑤ 参见《湖北政界近闻志要》，《时报》1910年1月9日。
⑥ 吴剑杰主编：《湖北咨议局文献资料汇编》，武汉大学出版社1991年版，第403页。

了大体上按照代议制原则和程序参与地方政治生活的实践经验,并扩大了他们在社会上的影响"①。

1908年湖北筹办地方自治的过程中,不仅上层士绅响应督署的号召,下层士绅更是积极参与其中,整个士绅群体有效地加快了湖北地方自治的历史进程。上层士绅,特别是拥有新式教育背景的咨议局议员,是地方自治的重要推手。1910年9月24日,咨议局专门提交《划一筹办厅州县自治缩短成立年限案》,该提案指出,"若以城镇乡为先声,而后及于厅州县,自下而上枝枝节节为筹画,事倍而功只得其半,甚非计之得者。故欲促自治之成立,非缩短厅州县自治成立年限不得也"②。为此,湖北上层士绅致力于培训地方自治人才,创办《湖北地方自治研究会杂志》《宪政白话报》等宣传刊物,大力鼓吹地方自治的意义,高呼"宪政国会为国家根本解决之问题,而自治则解决根本之根本"③。而作为湖北地方自治的直接参与者,下层士绅更是积极响应,将地方自治的推行视为拓展力量的机会,其身影出现于湖北各个议事会和董事会之中。随着湖北各层级地方自治的初步完成,下层士绅拥有了合法干涉和参与地方事务的正常渠道,其在基层地方的权力愈加膨胀。

可见,整个士绅群体,无论是居住于武昌的上层士绅,还是散居乡野的下层士绅,都积极参与到晚清湖北政治现代化的历史进程之中。天下兴亡之际,投身政治以救亡图存本身即是士绅群体传统性的一个重要体现。士绅群体从客观上推动了清季湖北政治的革新,深刻地影响了湖北的政局发展。武昌起义后,以咨议局议员为主的上层士绅成为一支不可忽视的政治力量,凭借其在清季的政治活动,重新充斥于新政权的多个重要部门。另外,有清一代,实现严格的回避制度,地方政务完全由流官治理,士绅若想从政必须远走他省。士绅虽在本地保有一定的政治权势,但毕竟是一种非正式的形式,也受到地方政府的限制。清季士绅群体在晚清现代化进程中的政治参与打破了先前中央与地方的力量均衡。省咨议局、地方自治

---

① 吴剑杰:《清末湖北立宪党人的议政实践》,《历史研究》1991年第6期。
② 《划一筹办厅州县自治缩短成立年限案》,载吴剑杰主编《湖北咨议局文献资料汇编》,武汉大学出版社1991年版,第611—626页。
③ 吕嘉荣:《叙言》,《湖北地方自治研究会杂志》第1年第1号。

组织为士绅在本地扩张权势提供了方便和平台,在"本省人办本省事"的口号下,中央权力式微,地方势力迅速崛起。

二 湖北士绅群体与晚清立宪运动

清季,湖北士绅并非只在本省一隅的政治革新中有所作为,他们将政治目光投向了全国。

1906年7月13日,慈禧以光绪名义颁发上谕,明确宣示:"时处今日,惟有及时详晰甄核,仿行宪政,大权统于朝廷,庶政公诸舆论,以立国家万年有道之基。"① 此举标志着清廷预备立宪的开端。之后5年间,为了推动清廷预备立宪的深入发展,全国各省绅商纷纷组织立宪社团,并先后组织三次大规模的"国会请愿活动"。在此阶段,湖北士绅的行为可圈可点,有力地影响了全国政治现代化的历史进程。

1909年湖北咨议局成立之前,第一次国会请愿运动业已爆发,由于没有形成一个强大的领导核心,湖北士绅的初期表现并不突出。1908年6月,其他多省均派代表进京请愿,湖南等省甚至已经第二次派代表赴京,湖北却迟迟无动静。7月5日《汉口中西报》便对此表示强烈不解:"当此群起请求开国会之时,正所谓千钧一发之机,而我湖北人何寂寂若是?"② 随后,该报又陆续发文对湖北就此问题的无作为进行批评。直至8月2日,湖北终于有所行动。可以明显看出,湖北在立宪运动的初始,"未能出现有影响力、有号召力的领袖,所推举出来起草国会请愿书的卢弼,以及赴京请愿代表吴星陔,均以各种理由加以推辞,显示出其软弱的一面"③。

1909年9月1日湖北咨议局的设立,为湖北士绅支持全国立宪运动积聚了核心力量。特别是咨议局开局议事不久副议长汤化龙替代吴庆焘,被推举为议长,"使湖北咨议局得以完全处于具有新知的立宪派控制下"④。同年,副议长张国溶在省城武昌主持创办的湖北宪政筹备会,

---

① 第一历史档案馆编:《光绪宣统两朝上谕档》第32册,广西师范大学出版社1996年版,第128页。
② 《汉口中西报》1908年7月5日。
③ 周积明、胡曦:《从两则重要史料看清季湖北立宪运动》,《光明日报》2012年8月23日。
④ 黄德发:《汤化龙立宪活动述论》,《江汉论坛》1987年第10期。

成为湖北支持全国立宪运动的主要阵地。在湖北咨议局上层开明士绅，如汤化龙、张国溶的领导下，湖北在全国立宪运动中的重要地位逐渐突显。

1910年4月，湖北"请愿国会同志会"成立，并选举张国溶为干事长。在张国溶的领导下，"湖北成为请愿国会的急先锋"①。第二次请愿失败之后，请愿国会同志会于6月6日发起第三次请愿，汤化龙、胡瑞霖、陈登山均发表演说，接着汤化龙和张国溶赴京参加各省咨议局联合会。②7月6日，国会请愿代表组织的各省咨议局联合会正式成立，汤化龙任主席。各省咨议局联合会成立后，旋即开展第三次国会请愿运动。为了配合第三次国会请愿运动，湖北士绅组织武汉地区各团体"共约四千余人"，高举"红字黄质之'请速开国会'旗二面"，"至督辕后，即排队于大堂廊下，由各团体代表内推举十人，着衣冠，面谒瑞督"，为近几年来规模最大的一次集会。1910年年底，第三次国会请愿活动失败，汤化龙回鄂，"渐与革命党互通声气"③。

晚清湖北士绅参政治现代化的进程中，无论是设立咨议局、推行地方自治，还是支持全国的立宪运动，都出现了明显的官绅矛盾。例如，1910年湖北咨议局议长汤化龙、副议长夏寿康等因预算案不获总督批复愤而提出辞呈，迫使督署最终妥协④；1911年湖广总督瑞澂敕令各属地方官员加强对地方士绅自治的监督，坚决取缔"混淆权限之自治"⑤。士绅是官僚的后备力量和卸任荣归之后的社会身份，官僚与士绅两者的权力都源自传统的政治秩序，"尽管有正式权力和非正式权力的差别，实际上是同一权力集团在控制社会。这个权力集团在公共领域表现为官吏，在私人领域表现为士绅"⑥。正是由于绅士和官僚的这种关系，有学者指出士绅群体的上层虽然趋向进取，有心起而改革，但是"改革是在现状下为之，是有限度的改革，以不动摇社会的稳定性为原则"，"他们绝不革命；革命会

---

① 张玉法：《清季的立宪团体》，北京大学出版社2011年版，第272页。
② 参见《汉口发起三续请愿国会详志》，《时报》1910年6月11日。
③ 张玉法：《清季的立宪团体》，北京大学出版社2011年版，第321页。
④ 参见《湖北绅民请愿明年召集国会问题》，《时报》1910年11月20日。
⑤ 《鄂督取缔混淆权限之自治》，《申报》1911年10月9日。
⑥ 瞿同祖：《清代地方政府》，范忠信等译，法律出版社2006年版，第267页。

动摇既有的社会基础,会影响他们的既得利益,这是绅士阶级所畏惧的"①。笔者认为,士绅的身份固然限制了其与传统社会一刀两断的决心和勇气,但是,我们不能因士绅的阶级性而判断其"绝不革命"。湖北的革命活动早于湖北的立宪运动,革命活动的领导者,如唐才常、吴禄贞不也是士绅阶层吗?武昌起义后,士绅阶层的举动至少能证明其对革命的不反对态度。之所以如此,主要由于在晚清湖北现代化的进程中,本试图要求改革的士绅阶层并没有真正实现其改革的愿望,相反,由于秉承不同的政治理念,"私人领域"的士绅与"公共领域"的官吏矛盾逐渐不可调和,最终使两者分道扬镳。

三 转型时期湖北士绅群体的政治诉求

最后,我们需要探讨,转型时期湖北士绅群体的政治诉求是什么,抑或士绅群体在晚清湖北现代化进程中代表了谁的政治利益?我们可能脱口而出,士绅群体毫无疑问代表了其自身的政治利益。那么士绅群体自身的政治利益又是什么呢?这个看似简单的问题其实并不简单。

笔者在第一节提到,在晚清现代化的冲击之下士绅群体本身已出现了近代分化,从一个整体向多元化流动。苏云峰也曾指出,"他们或许仍属于同一阶层,但已和原来的'士绅阶层'不同了"②。其实,已和原来的"士绅阶层"不同了的清季"士绅阶层",其内部的差异,甚至可能大于士绅群体与其他群体的差异。

因此,20世纪初,这个自身分化并且内部差异显著的士绅群体已经很难再像传统时代一样完整地代表某个集团的政治利益。士绅群体的内部分流,致使士绅群体内部不同的士绅阶层代表了不同集团的政治利益。笔者认为,士绅群体的上层以省咨议局为平台代表了城市新兴改良派的政治利益,下层则以地方自治组织为工具代表传统地主和宗族的政治诉求。

---

① 张朋园:《立宪派的阶级背景》,载金冲及编《辛亥革命研究论文集》下册,生活·读书·新知三联书店2011年版,第783页。
② 苏云峰:《中国现代化的区域研究(湖北省卷,1860—1916)》,"中研院"历史研究所1987年版,第486页。

士绅群体的上层，主要是指那些集中在城市，特别是省城武昌，拥有举人及以上功名，并且大多数接受了国内新式学堂教育或者留学教育的士绅。这部分士绅，后来多被称为"立宪派"士绅。

上层士绅是湖北咨议局的绝对领导者。湖北咨议局的99名议员中，上层士绅共54人，包括8名进士，12名举人，34名贡生，共占总人数的54.5%，几位议长和副议长是清一色的进士出身，全部生活居住于武汉地区，除了仅任职数天的吴庆焘外，其他人都拥有新式教育背景。

张朋园对咨议局议员出身进行分析，"可以确定其绅士阶级及资产阶级的身份"①。此言笔者不敢苟同。依据同样的史料，笔者只能得出咨议局议员的士绅阶级身份，却无法得出其资产阶级的身份。相反，据某些资料显示，绝大多数普通咨议局议员的职业实为学堂教员。而湖北真正的商人领袖，如宋炜臣、刘歆生等则完全被排斥在咨议局之外。此时湖北商人群体虽然经济实力雄厚，政治方面却鲜有作为，未能"像其欧美前辈和沿海同侪那样，成为整个社会的领导和重心所在"②。

湖北咨议局议员虽然鲜有"资产阶级"身份，却并不意味着上层士绅没有与城市新兴资产阶层建立起密切的关系，上层士绅不能通过咨议局来代表城市新兴资产阶层的利益。正如周锡瑞所言，"很多议员是教育工作者这个事实，并不证明咨议局仅仅反映了一个新的、原儒家知识界的阶级利益，——这同美国国会议员以律师为主这个事实一样，并不说明美国的国会，就只反映了职业法律界的利益"③。

1909年和1910年的湖北咨议局通过的69项议案中，多项议案提出了振兴实业的要求。同时，从诸多事件，如省咨议局支持新兴资产阶层抗议政府对国营造纸厂的不合理优待，大冶籍议员强烈要求放开私人开矿等，均可以明显看出，湖北士绅群体中的上层士绅主要代表要求改良的上

---

① 张朋园：《立宪派的阶级背景》，载金冲及选编《辛亥革命研究论文集》下册，生活·读书·新知三联书店2011年版，第786页。
② 高钟：《文化激荡中的政府导向与社会裂变：1853—1911年的湖北》，华中师范大学出版社1998年版，第193页。
③ ［美］周锡瑞：《改良与革命：辛亥革命在两湖》，杨慎之译，江苏人民出版社2007年版，第127页。

层城市新兴资产阶层的政治利益。①

不过，以上阐述的仅是士绅群体上层所代表的政治利益和反映的政治诉求，而散居在广大乡村的下层士绅情况又不相同。

明清时期的湖北乡村，低级士绅为社会的核心力量。② 这部分士绅，基本是传统性的延续，主要代表本地地主和宗族的政治利益，与上层士绅所代表的具有改良倾向的城市新兴资产阶级的利益迥然不同。在太平天国起义中，下层士绅通过团练势力大增，"自寇乱以来，地方公事，官不能离绅士而有为"。清季预备立宪时期，下层士绅又延续了19世纪60年代以来绅权膨胀的趋势，操控地方自治组织，绅权渐臻顶峰。乡村地主和宗族的政治利益和政治诉求也因乡村下层士绅的膨胀，而得到充分表达。

晚清湖北的现代化进程，极化效应显著，扩散效应不彰，大部分乡村所受冲击有限。士绅群体内部不同阶层代表了不同集团的政治利益，亦正是清季湖北现代化进程多层次性的具体表现。

第三节　士绅群体与晚清湖北教育现代化

清季湖北士绅群体区别于传统士绅群体的最大特征，为全省2万余名士绅除了拥有科举功名外还接受了新式学堂教育或者留学教育。显然，这个鲜明的时代特征本身即是晚清湖北教育现代化的结果。经过教育现代化的再塑造，这部分所谓的"新士绅"反过来又加快了湖北教育现代化的历史进程。

一　晚清湖北教育现代化对士绅群体的改造

湖北教育现代化具体表现，莫过于新式教育体系的建立，而教育机构则是新式教育体系中的物质载体。湖北新式教育机构创办之初，入学新生

---

① 参见《民立报》1910年10月30日；《民立报》1911年1月14日。
② 参见杨国安《明清两湖地区基层组织与乡村社会研究》，武汉大学出版社2004年版，第294页。

一般只从年轻士绅之中遴选,如两湖书院要求学生为廪增附生或者举贡生,湖北武备学堂要求学生为文武举贡生,文普通中学堂要求学生为生员等。这便为湖北的士绅群体提供了接受再教育的机会。① 有关晚清湖北20年间(1890—1911)士绅接受再教育的基本情形,如表7—1。

表7—1　晚清湖北近20年士绅接受再教育概括(1890—1911)②

受教机构	受教时间	受教人数	毕业后主要流向	备注
中等以上普通、师范及实业学堂	1890—1911	11000	教育、文化、实业	1906年以前约千人,以后依照1907年每年毕业生人数估计
武普通以上学堂	1896—1911	1500	新军干部	分散在湖北与各省
高等小学堂	1902—1911	5500	升学	实际人数约1万人,约一半升学,为避免重复,故列5500人
官费留学生	1897—1908	1113	教育、军事、政治、实业	据《张文襄公全集》及《端忠敏公奏稿》估计,不包括自费生
仕学院	1902—1911	450	州县官职	三年一期,每期150人,共办三期。
行政研究所	1911	84	官职	由仕学院改设
勤成学堂	1902—1907	250	官职	据讲堂5间,每间容50人估计

---

① 有关"再教育"的解释,苏云峰指"在传统教育之外,或自动,或被诱导接受新式教育,以增强适应环境能力而言"。同时,苏云峰还将接受了"再教育"的士绅称为"新士绅",以示与"旧士绅"有别。参见苏云峰《中国现代化的区域研究(湖北省卷,1860—1916)》,"中研院"近代史所1987年版,第465页。

② 资料来源苏云峰《中国现代化的区域研究(湖北省卷,1860—1916)》,"中研院"近代史所1987年版,第472页。

续表

受教机构	受教时间	受教人数	毕业后主要流向	备注
咨议局创办所、选举研究所	1907—1908	100	办理咨议局议员选举工作、各地方自治公所总理办理等职	自治研究生2届511人
调查员研究所	1908	1000		
武汉公民养成所	1908			
地方自治研究所	1909—1910			
法政学堂	1909—1911	200	官职	
法政学堂辩护养成所	1911	200	律师	由法政学堂设，法政学生200余人全部入学
法政学堂附设审判养成所	1909—1910	100	推事、检察	
武昌高等审判见习所	1909—1910	100	推事、检察	
夏口厅地方审判见习所	1909—1910	100	推事、检察	
高等审判厅附设检验学习所	1909—1911	140	司法	
合计：21837人				

从上表可以看出，清季湖北士绅接受的再教育分为三类。其一为新式学堂教育，如进入两湖书院、两湖总师范、优级师范、武备学堂等各级新式学校接受系统的正规训练。这类新式学堂主要招收20岁左右的士绅，教育士绅数量最多，是士绅接受再教育的主要机构。其二为留学教育，根据《张文襄公全集》和《端忠敏公奏稿》的粗略估计，20年间共有1113名士绅官派赴外留学，赴日本居多，以学习军事和法律为主。其三为各种短期职业教育培训，如进入咨议局创办所、选举研究所、法政学堂附设审

判养成所、武昌高等审判见习所等,这类教育培训的对象多为低级官员,年龄较大。

从毕业流向观察,这部分接受再教育的士绅已经改变了传统士绅主体由绅到官的一元流向,而逐渐向教育、文化,甚至传统社会中处于边缘的军事部门流动。其中,上层士绅历经再教育之后往往能够取得较高的职位,如湖北咨议局中,除了短期担任议长的吴庆焘外,其他议长、副议长均是此背景出身。接受各种短期教育培训的低级士绅则往往在省内基层就职,对地方政治影响颇深。另外,接受再教育的士绅毕业之后多去城市就业,这也是区别于传统士绅的一个重要特点。

苏云峰估计湖北士绅接受再教育的数量为2万余人,笔者对此较为认可。但是,笔者认为,湖北接受再教育的士绅"约占全部士绅的43%"(此数据曾被多种学术论著引用)有误。因为,苏云峰所依据的士绅群体总数仅为"正途"出身的士绅数量,没有将数量庞大的"异途"士绅群体计算在内,而接受再教育的士绅数量则既包括"正途"出身的数量也涵盖"异途"出身的数量。笔者上文已粗略估计,20世纪初,湖北"正途"士绅约4.7万人,"异途"士绅约2.8万人,士绅群体总数约7.5万人。那么,据此推算,接受再教育的士绅约占士绅总数的27%。

不过,毋庸置疑,这大约27%的士绅是晚清湖北整个士绅群体中最有实力的部分,他们是清季民初湖北政治、军事、文化、教育等各个领域的中坚力量,"在过渡的社会转型中成为整个社会众望所归的领导阶层。"[①]

二 士绅群体对晚清湖北教育现代化的作用

清季湖北2万多士绅在经历教育现代化的洗礼之后,很快成长为湖北社会的一支极其重要的社会力量,这部分传统与现代相互交融的社会力量反过来又推动了湖北教育的现代化进程,具体表现在以下四个方面。

---

① 高钟:《文化激荡中的政府导向与社会裂变:1853—1911年的湖北》,华中师范大学出版社1998年版,第184页。

之一是对教育政策的支持。湖北部分士绅得益于再教育从而在晚清湖北政坛迅速崛起,这批掌握权力的开明士绅深知教育的重要性,继而支持有利于湖北教育现代化发展的政策。如湖北咨议局即为接受过再教育的士绅所控制,在该局两年内常务会议中通过有关学务的议案中便与发展新式教育有关。

之二为教育经费的捐赠。晚清,朝廷鼓励士绅捐资教育,并制定了一系列激励机制。① 无论是"旧士绅",还是接受再教育的"新士绅"都十分热衷兴办地方教育。只不过,"旧士绅"所关注的为传统私塾和书院,"新士绅"则主要倾注于新式学堂教育。清季湖北新士绅捐资新式教育的例子比比皆是,如1904年黄州府留学生创办一光黄学社速成讲习所②;汉阳士绅陈大文捐资两千两以做办理学堂之经费,等等。③

之三为教育师资的补充。张之洞在湖北创办的新式教育体系中,尤其看重师范教育,而师范教育的学员主要为年少的士绅,如两湖师范和优级师范的便要求学生为16—28岁的举贡生员。湖北士绅再教育中也以接受师范教育人数最多,约8000人,占接受再教育总数的40%,"除去一部分到邻省任教外,大部分均分布在湖北各地学堂"④。这部分士绅则成为湖北全省各地新式学堂师资的主体。依据1908年《湖北全省各学堂职员一览表》,湖北全省173个学堂中共有教员2367人,其中接受再教育的士绅共1020人,占总数的43.09%。至1910年,"湖北全省67所农、工、商、实业学堂500余名教职工中,大多数具有举贡生员的功名,而且90%都来自各学堂的毕业生和留学生"⑤。

之四为教育组织的创建。新士绅是清季湖北社会中极其活跃的一支力量,"对湖北近代社会团体的建立和发展起了非常重要的作用"⑥。1909

---

① 参见朱寿朋编《光绪朝东华录》第4册,中华书局1958年版,第4129—4130页。
② 参见《各省教育汇志·湖北》,《东方杂志》1904年第1年第7期。
③ 参见《各省教育汇志·湖北》,《东方杂志》1904年第1年第10期。
④ 苏云峰:《中国现代化的区域研究(湖北省卷,1860—1916)》,"中研院"近代史所1987年版,第474页。
⑤ 刘春丽:《晚清湖北绅士与地方教育——以黄州府、武昌府、汉阳府为中心》,硕士学位论文,兰州大学,2007年。
⑥ 吴佳佳:《预备立宪时期的湖北绅士阶层研究(1906—1911)》,硕士学位论文,华中师范大学,2007年。

年，湖北著名士绅汤化龙从日本归国之前便联合湖北留学生成立湖北教育会，并在武昌、汉阳、汉口设立分会。湖北教育会作为由新士绅成立的近代教育组织，以"监督教育行政，研究教育改良"为宗旨，有效地促进了湖北教育的革新。

第四节 士绅群体与晚清湖北教案

士绅群体对晚清湖北现代化的参与，不仅表现在诸如政治、教育等现代化的积极建设方面，还体现于晚清湖北的中外冲突之中。士绅群体，"作为传统社会控制主体，也作为传统文化主体的绅士阶层，当然不能无视一个全然陌生的社会力量和异端的文化使者——传教士——活跃在千年如斯的家园里"①。本节从两部分对士绅与晚清湖北教案展开论述：首先，对士绅参与的晚清湖北教案进行梳理，简单探讨士绅反教的原因、方式；然后，总结阐述士绅参与晚清湖北教案对现代化的影响。

一 士绅群体参与的晚清湖北教案

有关 1860—1911 年湖北发生的教案，刘元曾专门列表分类，并且展开量化分析。刘元所著《晚清湖北教案研究——以官绅民为中心的考察（1860—1911）》一书之"1860—1911 年间湖北发生教案简表"中共统计教案 59 起，并在其后的论述中指出，"士绅直接参与发动的教案为 24 起，占总教案的 45.3%；民众发动的教案，为 21 起，占总教案的 39.6%；官府直接参与的教案 8 起，占 15.1%"②。不过，笔者通过对刘元列出的 59 起教案一一核实，认为其中仅有 22 起为士绅直接发动。笔者现将 59 起教案中涉及士绅的 22 起摘录，具体如表 7—2。

---

① 王先明：《近代绅士——一个封建阶层的历史命运》，天津人民出版社 1997 年版，第 118 页。
② 刘元：《晚清湖北教案研究——以官绅民为中心的考察（1860—1911）》，人民出版社 2014 年版，第 52 页。

表7—2 士绅参与的晚清湖北教案①

时间	地点	案发原因	案发结果
1861年	京山县	阻止教民信教	绅士等书写合同,建立碑记,声明与教永敦和好
1865年	兴国州	高教士赴兴国州传教,绅士罗世先等人阻止高传教	绅士数人被判枷号、律杖,并赔钱数百串给高教士,官府还令士绅亲自邀请高教士至彼处传教,并声明与教永敦和好
1867年	武昌	英国传教士让内地教士张河清在武昌城内代为购买三块地基,以立堂传教,当地士绅得知之后,纷纷反对,卖地者情愿退价还基	地方官员以契约内并未写明卖与洋人建立教堂字样,且在闹市建堂,必致滋生事端为由,要求英国教士另选僻静地方买地建堂,英国领事及教士不允
1869年	天门县	因疑传教士用迷药诱拐儿童,当地士绅带领民众烧毁天主堂及附近奉教村庄	士绅及民众多人被枷号、关押,并勒令赔银两万多两
1871年	广济县	英传教士让内地教士张河清在广济县代租房屋准备建堂,当地士绅纷纷反对,并将教堂拆毁	官府令英教士退约还屋,并令士绅酌给教堂修理费
1873年	谷城县沈垭	教会在该地玉皇顶竖立十字架,将此地改名"十字山",士绅带领民众捣毁天主堂,并拉倒十字架	多名士绅、民众被枷号、关押,并勒令赔银
1874年	施南府	高教士令人在施南地方代买房屋建堂传教,当地士绅张贴匿名揭帖,不准当地人卖屋给教会,卖主闻后,不愿出售房屋	教会仍在此设堂传教,地方官员被责令保护教会,并密查乱造揭帖之人

① 本表摘录于刘元《晚清湖北教案研究——以官绅民为中心的考察(1860—1911)》之"1860—1911年间湖北发生教案简表",人民出版社2014年版,第40—46页。

续表

时间	地点	案发原因	案发结果
1875 年	兴国州	因天气干旱，百姓诵经求获雨泽，有教民因迎神队伍中有乡民曾经入教，遂将他们拖入教堂责惩，迎神士绅及其他乡民心怀不服，遂将教堂拆毁	闹事士绅和乡民均杖责、枷号，且赔偿堂费，以助教会在原址重建教堂
1876 年	孝感县	传教牧师杨格非、医生马根知在孝感县地方，被各村士绅带领的平民殴打致伤	地方官员传谕该地士绅严加管教子弟，并在各路通衢张贴示稿，以后外国人往来游历，不得聚众围观，滋生事端
1876 年	武昌	英国林牧师等人经过阅马场地方时，适逢武童群集应试，因此前剪辫谣言，武童将牧师二人群殴致伤	武童多人被捕，被认为办案不力的江夏县令被革职并被罚银 500 两
1881 年	施南府咸丰县	钱教士令教民承买咸丰县地方田房一所，准备建堂传教，地方保甲申粮认为该地有关乎本县风水，阻止在此地设堂传教，后有教民被挖眼割舌	地方官员勒令该地士绅不得造谣滋闹，不准与教民争执滋事
1883 年	江陵县	有人贪图钱财，将龙山书院公产卖与法国天主教以做教堂，首士、士绅等人得知之后，多有不服，干涉教会在该地建堂	地方官员让教士将老契退出，另寻地建堂，所出房价，由地方官府代为追缴
1884 年	宜都县	有英国窦牧师在宜都县城内租赁房屋，建堂传教，并准备开办善堂、医院、义学，城乡士绅带领民众拆毁教堂、驱逐教民	地方官府令绅民赔钱修葺教堂，但该国领事不肯就此结案
1890 年	随州	汉口教会倭教士、莫医生被考生众人殴伤	地方官员奉命保护教堂，并捉拿滋事人等
1890 年	荆门州	因法国祁主教回教堂时，乘坐绿轿，从者百余，并掌号放铳，应试生员和当地绅耆多有不服，遂将轿烧毁	将为首滋事之生员惩责，并令绅耆筹款赔轿

续表

时间	地点	案发原因	案发结果
1893年	麻城县	有瑞典教士梅葆善、乐传道至麻城宋埠传教,麻城地方遍行揭帖不准洋人到该地传教,民众将教士二人殴毙	两人处以绞刑,并有多人杖责、枷号,赔银23000两
1893年	利川县	有平民二人将租屋卖与教会以做教堂,当地绅耆联名具禀,认为此举贻害地方,有碍民居,且关考棚方向,阻止教会再次建堂	教会仍然在此地建堂
1894年	荆门州	法国传教士在地方荆门州购地建堂,地方士绅认为有碍民居,有关考棚方向,不允建堂,引发争执	卖主和法教士协商退屋还价
1900年	广济县	士绅张兰亭率众人将广济田庆二天主堂焚毁,拆毁教民房屋20多家	起事被镇压
1900年	襄阳	在绅士朱广林的带领下,民众将黄龙荡教堂拆毁	起事被镇压
1900年	襄阳	民众在士绅的支持下将襄阳电报局和福音堂砸毁	起事被镇压
1904年	京山县	京山富家田光禄和举人之子贺清聚众几百人,焚毁法教堂,杀死教民	清政府镇压起事

晚清湖北士绅直接参与的教案约22起,从数量来看并不占压倒性优势,但是在其他教案中不乏士绅群体的暗中支持,"凡百姓侵害洋人,率皆该绅士等怂恿调唆"[①]。例如,1865年湖北广济县教民冯春福和平民干鹏因田课发生的教案中,士绅对干鹏提供了强有力的支持,当地绅团在诉

---

① 故宫博物院文献馆编:《清季教案史料》第1册,北平故宫博物院1948年版,第12页。

讼之前已对教民展开了迫害压制。① 刘元即指出,"湖北晚清爆发的大规模民众暴力反教运动,都可以说是士绅鼓动宣传在前,民众积极参与在后"②。因此,从一定意义上说,晚清湖北的教案,实质上"表现为士绅与传教士的对立"③。

仔细梳理这22起士绅直接参与的反教案件,因教会在湖北置产建堂所引发的纠纷最多,共7起,因士绅直接拆毁教堂而引发的案件次之,共6起,因阻止教士传教和民众信教的案件3件,因教士与应试考生之间冲突的案件3起,因士绅与教民之间矛盾的案件2起,因谣言而发的案件仅1起。从区域来看,湖北的经济中心汉口没有发生士绅的反教斗争。这既因为汉口作为商业市镇士绅力量并不强大,也缘于其国际开放性和包容性,"从19世纪60年代到80年代,到达汉口的外国传教士、外交官和商人逐渐增多;他们留下了一系列证词,都诚恳地表示自己得到汉口居民的款待,甚至谈到居民经常表现出积极的善意"④。

二 士绅群体参与晚清湖北教案对现代化的影响

士绅参与晚清湖北教案,总体而言对湖北现代化的历史进程是一种阻碍。

首先,晚清湖北士绅的反教行为非理性居多。士绅的反教模式,显出传统文化闭关自守的弊端。士绅所借助的思想力量,无论是较为系统的《辟邪纪实》《辟邪实录》,还是流布各地的反教文告、揭帖,主要是从"正邪""华夷""人禽"分辨的文化遗存中发掘,未能理智地突出"民族利益"的内容。所使用的斗争方式,诸如匿名、托名揭帖以及各种社会流言等都难以称得上理性方式。"如果站在20世纪的入口处进行历史的对比,我们可以清楚地看到,同20世纪初年风起云涌的绅商阶层发起

---

① 参见"中研院"近代史所编《教务教案档》第1辑第2册,"中研院"近代史所,1974年,第1002页。
② 刘元:《晚清湖北教案研究——以官绅民为中心的考察(1860—1911)》,人民出版社2014年版,第54页。
③ 王先明:《近代绅士——一个封建阶层的历史命运》,天津人民出版社1997年版,第118页。
④ [美]罗威廉:《汉口:一个城市的冲突和社区(1796—1895)》,鲁西奇、罗杜芳译,中国人民大学出版社2008年版,第329页。

的'收回利权'运动截然相反,以绅士为主体的反洋教斗争还不具备近代理性的民族精神,而主要借助于传统文化中非理性的'华夷'观念作为反抗的精神武器。虽然我们不能否认反洋教斗争必然具备反侵略的民族正义性,但我们同样也难以否认,民族危亡和主权利益始终未能成为绅士阶层反教思想的主导内容和历史事实。"①

非理性的反抗必然会带来非理性的后果。与其他省份相比,湖北士绅的反教斗争虽然相对缓和,却仍然破坏了晚清湖北现代化所需要的稳定社会环境,甚至导致涉事国家将本国军舰开至案发地点进行武力恫吓。由此所引发的局部暴动、盲目的排外情绪严重地阻碍了晚清湖北现代化向省内腹地推进的速度和效果。尤其是湖北新政期间,即19世纪80年代中期到20世纪初,湖北教案集中爆发,张之洞不得不为此抽出大量的时间和精力应对,从而减少了对现代化建设的投入。同时,在处理与士绅相关的教案中,湖北地方官员,包括张之洞,迫于各种压力,往往会采取偏袒政策。即使最终平息了这些中外冲突,偏袒政策却让本属一个集团的官绅之间出现嫌隙,有些发酵成为看似与教案无关,实际息息相关的民变事件,从而进一步破坏晚清湖北现代化所需的稳定环境。另外,士绅的反教斗争也增加了晚清湖北现代化的经济成本。晚清湖北教案的处理结果,大部分都有赔款一项,这些赔款最终依旧由湖北赔付,湖北本就因新政的耗费财政连年巨额亏空,教案的赔款无疑使之雪上加霜,进而加深了普通百姓的经济负担。

不过,在现代化的某些具体方面,士绅的反教斗争也产生了一定的促进作用。例如,制造、宣传教会残害婴幼的谣言是晚清湖北士绅反教斗争的重要手段,1891年长江系列教案之后,为了杜绝此类谣言的传播,在湖广总督张之洞的主导下,一方面将教会收养育婴的行为纳入监管范畴,另一方面则鼓励士绅同教会展开竞争,在各地兴建育婴堂,"其创建育婴堂局数量、收养规模、管理方式上皆远超任何时期"②,从而加速了湖北近代公共事业的发展。

---

① 王先明:《近代绅士——一个封建阶层的历史命运》,天津人民出版社1997年版,第124页。
② 陈显、黄永昌:《1891年长江流域教案与湖北育婴》,《法制与社会》2007年第3期。

第八章

外国势力与晚清湖北现代化

　　冲击湖北的"外国势力"①，是影响晚清湖北现代化历程的重要因素之一。考察冲击湖北的外国势力本身，并探讨这部分外国势力如何影响晚清湖北的现代化以及对晚清湖北现代化的影响程度如何，则是侧面窥视晚清湖北现代化史的有效视角。通过梳理湖北现代化研究的相关成果，发现该问题的研究缺乏系统梳理和深度诠释。② 以往此问题的研究侧重探讨对湖北造成冲击的外国本身，忽略了对在湖北、影响湖北之外国势力的具体阐释。其实，两种研究取径看似同辙，实则异路。对于这种研究态势，罗志田也曾指出："过去的研究明显侧重于实施侵略一方，而相对忽视侵略行为实施的场域以及侵略在当地的实施（通常述及被侵略地区的是特定的'反帝'活动）。然而，无论是人类学意义上的'地方性知识'取向还是区域研究领域的'在中国发现历史'取向，都提示着应当更注意被侵略地区的当地因素。"③ 本章尝试对晚清湖北现代化这部分内容拾遗补阙，首先探讨论述晚清冲击湖北的外国势力自身的演变过程，进而分析阐发外国势力对晚清影响方式和冲击程度。

---

　　① 所谓的"外国势力"，主要指对湖北现代化具有深刻影响的他国因素，从内容上涵盖政治、经济、军事、文化等多个方面。
　　② 据笔者视野所及，对于冲击湖北外部势力的研究多在部分学术论文和研究专著中有所涉及，专门进行系统探讨的研究成果仅有《外国列强与近代湖北社会》（徐凯希、田锡富编，湖北人民出版社1996年版）一部著作，但是，该书研究时段为1840—1949年，晚清部分涉及内容较少，并侧重于突出"外国资本入侵后，湖北社会，特别是广大农村社会向半封建半殖民地化演变的特点"，较少论述阐释冲击湖北的外部力量本身及其对湖北社会的全面影响。
　　③ 罗志田：《帝国主义在中国：文化视野下条约体系的演进》，《中国社会科学》2004年第5期。

第一节　晚清外国在湖北势力之管窥

在湖北的外国势力，并非一个整体，而是几个代表各自国家利益，既有合作，又有冲突的松散组合；同时，50年间各个国家在湖北的力量此消彼长，相互博弈，处于一个动态的变化过程中。① 有鉴于此，本节按国别对几个主要国家在湖北的力量演变分别展开论述，不仅重视它们的纵向变化，还考察它们之间的横向博弈和互动，试图真正"发现在湖北的历史"。

一　英、俄势力

英、俄势力是晚清外国势力对湖北现代化进程影响最为深刻的部分：英国势力涉足最早，且综合实力最为雄厚；俄国势力虽然仅致力于汉口一隅，却缔造了汉口作为中国机制砖茶中心的地位。

（一）英国势力

晚清英国势力涉足湖北最早，经营时间最长，攫取权益最重，力量最强，"中原逐鹿，英人之识力手段最为高强，夫固尽人知之矣"②。

1. 涉足最早

晚清来鄂的诸多外国势力中，英国势力捷足先登。19世纪50年代末，率先完成工业革命的英国越来越渴望突破五口通商的限制，进一步打开中国市场。湖北地区拥有丰富的农副产品资源和巨大的商品市场，恰恰是英国所青睐和需要的。为了扩展力量，英国甚至不惜再次发动战争。

1858年6月26日，中英签订《天津条约》，其中第十款对于长江通商提出明确要求："准将自汉口溯流至海各地，选择不逾三口，准为英商出进货物通商之区。"③ 同年11月，英国全权代表额尔金在军舰的护送下

---

① 关于"冲击晚清湖北的外国势力并非整体，而且是一个变量，需要对各个国家分别考察"这一思路，笔者深受柯文的《变动中的中国历史研究视角》（程美宝译，《在中国发现历史——中国中心观在美国的兴起·附录二》）和罗志田的《见之于行事：中国近代史研究的可能走向——兼及史料、理论与表达》（《历史研究》2002年第1期）两篇文章的启发。
② 徐焕斗：《汉口小志·商业志》，六艺书局1915年版，第6页。
③ 王铁崖编：《中外旧约章汇编》第1册，生活·读书·新知三联书店1957年版，第97页。

乘轮船自上海溯流而上,"经过了一条既无所知又没有航海图的江上航行"六百里之后①,于12月6日抵达汉口,并会见了时任湖广总督官文。

1861年3月7日,在清廷与太平天国战事并未平息的情况下,英国势力便迫切要求进入湖北,英军中校威利司、英商上海宝顺行行主韦伯等率随员近50人乘英国火轮船抵达汉口,委托李大桂代觅栈房一所,又留驻通事杨光谦和部分随从。官文委派汉阳府知府刘齐衔等妥为照料,"以礼待之,甚为欣喜"②。

紧接其后,英国参赞官巴夏礼率300多英兵乘4艘火轮船至汉口。巴夏礼会同汉阳府县等于汉口下街尾、杨林口上下勘定地基界址,随后与湖北藩司衙门和湖北布政使唐训方签订《英国汉口租地原约》,规定在所划定的范围内"一切事宜全归英国驻扎湖北省领事官专管,随时定章办理"③。此次交涉,"是为英人立汉口市埠之始。嗣后,通商之国踵至,而汉口遂为中外交涉之一大关键,接武上海矣"④。

汉口英租界的开辟不仅为英国势力在湖北的拓展提供了落脚之地,也为其他外国势力的涉足提供了方便,"汉口英国租界,因占据水陆交通要津,故始终为各国商人活动的主要根据地"⑤。在1861年后的30多年中,英国在汉口开辟的租界也是湖北唯一的外国租界,"英人之于扬子江蓄谋最早,以先取特权自居,不欲他国政治上之势力闯入其内"⑥。直到1895年,德国力量依赖武力方才在汉口成立第二个外国租界。

2. 综合实力最强

英国势力不仅最早抵达湖北,同时也是晚清角逐湖北的诸多外国势力中综合实力最强的一支。

---

① [美]马士:《中华帝国对外关系史》第1卷,张汇文等译,生活·读书·新知三联书店1957年版,第604页。

② 《官文奏英国官商到汉查看地势折》,载文庆等编《筹办夷务始末》(咸丰朝),中华书局1979年版,第2788页。

③ 张仲炘等:《湖北通志·志五十·经政八·榷税》,武昌省长公署,民国十年,第17页。

④ 武汉地方志办公室、武汉图书馆编:《民国夏口县志校注》,武汉出版社2010年版,第215页。

⑤ 苏云峰:《中国现代化的区域研究(湖北省卷,1860—1916)》,"中研院"近代史所1987年版,第106页。

⑥ 张继煦:《叙论》,《湖北学生界》1903年第1期。

汉口开埠伊始，英国商人纷至沓来。1905年前，在湖北的英国商人数量一直居各国人数之首。甲午战后，日本"乘着甲午战胜的余威进入湖北"①，倚仗"同文同种"的文化优势和"一衣带水"的地缘便利，来湖北人数迅速膨胀，从1905年开始在鄂人数超过英国数量而居第一。虽然日本在鄂人数超过英国，并有后来居上的趋势，但是晚清英国在湖北的商业力量始终最强。英国在鄂的商业力量主要致力于经营进出口贸易、轮船航运业和银行业。

英国的进出口贸易主要是通过洋行开展。洋行系外国商人在中国设立的外贸企业，"早期洋行大多从事商业活动，推销本国的工业品，收购土货，以后发展到包括商业活动在内的多种行业"②。1861年后，英国著名的老牌洋行怡和洋行、沙逊洋行、太古洋行等相继在汉口开设分支机构，不仅在汉口从事进出口贸易，还热衷于开拓周边业务。关于晚清6个主要外国势力及其他国家在湖北所开设的洋行数统计如表8—1、8—2、8—3。③

表8—1　　　　　1861—1891年各国在湖北洋行统计表

国别	洋行数		
	汉口	宜昌	合计
英国	12	4	16
德国	6	0	6
俄国	4	0	4
美国	3	1	4
日本	1	0	1

---

① 苏云峰：《中国现代化的区域研究（湖北省卷，1860—1916）》，"中研院"近代史所1987年版，第110页。

② 孙玉琴：《中国对外贸易史》第二册，对外经济贸易大学出版社2004年版，第56页。

③ 该处的统计数据不包括汉、宜、沙以外的极少数洋行，但基本上可以反映晚清外国洋行在鄂的力量分布。统计数据主要源自苏云峰《中国现代化的区域研究（湖北省卷）》一书中第107—113页的表2—1—3"汉口及宜昌外国公司及人口统计表（1861—1891）"、表2—1—4"汉宜沙外国公司及人口统计（1892—1901）"和表2—1—5"汉宜沙外国公司及人口统计（1902—1911）"。

续表

国别	洋行数		
	汉口	宜昌	合计
法国	1	0	1
其他国家	0	0	0
总计	27	5	32

表8—2　　　　1892—1901年各国在湖北洋行统计表

国别	洋行数			
	汉口	宜昌	沙市	合计
英国	22	4	2	28
德国	10	1	1	12
俄国	5	0	0	5
美国	8	0	0	8
日本	6	1	1	8
法国	6	0	0	6
其他国家	9	0	0	9
总计	66	6	4	76

表8—3　　　　1902—1911年各国在湖北洋行统计表

国别	洋行数			
	汉口	宜昌	沙市	合计
英国	53	5	2	60
德国	28	2	0	30
俄国	7	0	0	7
美国	8	1	0	9
日本	8	9	8	25
法国	9	0	0	9
其他国家	41	0	0	41
总计	154	17	10	181

从以上三个表格可以看出，1861—1891年英国在湖北共有洋行16

家，占在鄂洋行总数的50%；1892—1901年英国在湖北共有洋行28家，约占在鄂洋行总数的37%；1902—1911年，英国在湖北共有洋行60家，约占在鄂洋行总数的33%。1895年以后，由于日本势力的崛起，英国洋行所占比重略有下降，但是英国洋行的数量始终远超过其他国家。从地域分布来看，英国势力并不像俄国等，仅仅经营汉口一隅，而是以汉口为中心，并染指宜昌、沙市等地，在鄂力量分布相当广泛。虽然在沙市的洋行数量一度被后起之秀日本超越，英国在湖北进出口贸易领域的整体实力一直独占鳌头。

不仅洋行数量始终位居第一，英国势力在竞争激烈的湖北轮船航运业也占有半壁江山。晚清中国的轮船航运有着特殊的战略地位，"火轮航路乃一国之重要的商业利权"①。湖北航运资源极其丰富，长江贯穿东西，在鄂境内的长江航道长约1053公里，"上江航路千余里，下江航路二千余里，皆以汉为起点"②。长江航线的重要港口，湖北占其三："扬子江可分为四段……每段有其航运特殊之表露。故在此四段之出入孔道，必要有巨大转运商埠。在第一、二段交界处，即海洋轮船终点，则有汉口存焉。第二、三段之界限难以分清，故是处发现相互竞争之转运商埠，即沙市、宜昌是也。"③ 外国势力进入湖北之后，都大力扶持本国在长江航线的轮船航运业实力，"闻利共逐，如蚁慕膻，商船增加，日未有艾"④。

英国航运公司共4家，即太古、怡和、鸿安和太平。太古、怡和实力雄厚，信誉亦较好；鸿安公司为中英合办，其中英资占三成，中资占七成；太平公司仅是一家小公司，后转让给日本。在激烈的竞逐中，英国的轮船航运业力量逐渐超过其他竞争对手。在沪汉、汉宜航线中英国共有15只轮船，总吨数18048，占两条航线全部吨数的

---

① ［日］水野幸吉：《中国中部的事情：汉口》，武德庆译，武汉出版社2014年版，第290页。
② 张继煦：《叙论》，《湖北学生界》1903年第1期。
③ 朱建邦：《扬子江航业》，商务印书馆1937年版，第73页。
④ 张继煦：《叙论》，《湖北学生界》1903年第1期。

46.60%。① 轮船招商局曾经叱咤长江航线，而至 20 世纪初，"下江商轮不过五千八百五十九吨，上江商轮不过一千二百二十九吨。而合英四公司之商轮吨数，俱掩有吾之三倍"②。在沪汉、汉宜航线两条航线中，沪汉航线最为繁忙。太古公司所属之金陵号和怡和公司所属之德和号在该航线航行轮船中吨位分别名列名第一、第二。关于晚清沪汉航线英国轮船公司概况如表 8—4。③

表 8—4　　　　　晚清沪汉航线英国轮船公司概况

公司	开办年份	船名	吨位	公司	开办年份	船名	吨位
太古	1877	大通	1264	鸿安	1892	德兴	937
太古	1877	安庆	1714	鸿安	1892	长安	789
太古	1877	鄱阳	1893	鸿安	1892	益利	519
太古	1877	金陵	2831	鸿安	1892	宝华	434
怡和	1877	吉知和	1924	太平	不详	华利	661
怡和	1877	瑞和	1931	太平	不详	萃利	663
怡和	1877	德和	2355				

英国势力在湖北银行业同样是各国力量中的佼佼者。西方现代银行最初至鄂主要关注茶叶贸易，"茶叶使汉口金融业发生了质的变化，直接促成了近代银行系统的产生"④。1861 年，英国汇隆银行出现在湖北，成为第一个在鄂的外国银行，不过很快宣告破产，没有真正开展经营活动。1863 年，英国麦加利银行（又译渣打银行，总部在伦敦，始为商办，后英国政府入股）进入湖北，并且逐步站稳脚跟，"这家首次来到汉口的银

---

① ［日］东亚同文会编：《支那经济全书》第 3 辑，东亚同文会 1907 年版，第 348—349 页。
② 张继煦：《叙论》，《湖北学生界》1903 年第 1 期。
③ 数据主要来自［日］东亚同文会编：《支那经济全书》第 3 辑，东亚同文会 1907 年版，第 344—346 页；［日］水野幸吉：《中国中部的事情：汉口》，武德庆译，武汉出版社 2014 年版，第 75—76 页。
④ 任放：《近代两湖地区的金融业》，《学习与实践》2012 年第 10 期。

行,起先还是针对着茶叶生产的季节,循照茶商春来秋去的习惯,作为出庄的性质。到一八六五年(清同治四年),各国洋行、工厂增多,进出口贸易日渐发达,麦加利为了攫取更多的利润,就在汉口划定的英租界内,购买地皮,建立行业(洞庭湖街五十五号)正式开业了"①。1868 年,英国汇丰银行在汉口开设支行,"因其实力雄厚,长期独占金融业鳌头"②,主要经营存款、信贷、汇兑、套购申汇、买卖外汇合同、买卖货币、发行钞票等业务。③ 汉口汇丰银行通过对湖北传统金融机构票号、钱庄的借贷关系,不仅在一定程度上控制了湖北的金融业,也为英国洋行在进出口贸易领域提供了重要财力支持。更重要的是,汉口汇丰银行作为江汉关的金库,一方面在收进和拨出的时间差中获得雄厚的无息周转资金,另一方面利用这些充裕的资金向湖北地方政府贷款,而这些贷款又多是以湖北的盐厘、关税等作为抵押。④ 英国的近代银行,恰似一艘"金融战舰",进一步加剧了英国势力对湖北经济、政治和社会的渗透,正如一位英国舰队司令所言,"舰队力量的存在,使这里的公众有了安全感,而汇丰银行的存在,又使舰队感到安全"⑤。

英国势力综合实力最强还表现在其始终牢牢地把持湖北海关的领导权。1949 年之前的中国海关,"是一个以英员为主,先后有 23 个国家和地区人员参加的国际官厅;其格局与各国实力,在华势力的涨消息息相关,在某些地方,还往往与列强在华势力范围相一致,表现出鲜明的列强势力范围色彩"⑥。具体到湖北,晚清英国势力在三个海关中占有绝对的优势。从 1861 年至 1911 年,江汉关共有 23 人担任税务司职务(含署理和代理),其中英国占 18 人。从 1877 年至 1911 年,宜昌关共

---

① 蔡萼英:《汉口英商麦加利银行梗概》,载寿充一、寿乐英编《外国银行在中国》,中国文史出版社 1996 年版,第 33 页。
② 冯天瑜、张笃勤:《辛亥首义史》,湖北人民出版社 2001 年版,第 38 页。
③ 参见余舜丞、王家滋《汉口汇丰银行概述》,载武汉市委员会文史资料研究会编《武汉工商经济史料·第 2 辑》,内部发行,1984 年,第 16—23 页。
④ 关于汉口汇丰银行对湖北地方政府的借款,参见中国人民银行总行参事室编《中国清代外债史资料(1853—1911)》,中国金融出版社 1991 年版,第 659—685 页。
⑤ 汪敬虞主编:《中国近代经济史 1895—1927》上册,人民出版社 1998 年版,第 12 页。
⑥ 文松:《近代海关洋员人数变迁及分布管窥》,《民国档案》2002 年第 1 期。

有 24 人担任税务司职务（含署理和代理），其中英国占 17 人。① 从 1896 年至 1911 年，沙市关共有 11 人担任税务司职务（含署理和代理），其中英国占 6 人。②

英国势力所经营的汉口英租界亦是湖北外国势力聚集"中心的中心"。汉口是湖北对外开放的中心，"为各国并力积重之区"③，汉口的英租界则是"中心的中心"，"汉口英租界在汉口五国租界中设立最早、面积最大，又占据了濒临长江毗邻闹市的最佳地段，因此影响远在其他四国租界之上"④。不仅多国著名商业公司的分支机构、领事馆在英租界设立，各个国家的外国人也基本上聚集此处。例如，1891 年，汉口共有 46 家从事进出口贸易的洋行，竟有 31 家设在英租界内。⑤ 根据水野幸吉 1905 年年末的调查，"英国租界内的外国人总数为 2121 人，其中日本人 537 人（1906 年末增加到 1030 人），英国人 504 人，美国人 500 人，德国人 162 人，其他外国人为 448 人。从主要的商社来看，英国 32、德国 25、日本 18、美国 12 家，其他国家 27 家"⑥。

晚清英国在湖北不仅维持一定优势的政治、经济、金融等力量，其军事力量也不能小觑。汉口开埠之后，英国军舰时常在湖北的长江江面游弋，随时准备应对该地区威胁其利益的行为。1891 年宜昌教案案发时，以英国为首的军舰甚至联合其他几国军舰在武昌附近进行军事演习。从 1904 年开始，为了进一步捍卫英国在湖北的利益，该国的两艘军舰常驻汉口附近。⑦ 1908 年，常驻汉口军舰上的英国水兵参与了湖北地方镇压汉

---

① 参见孙修福编译《中国近代海关高级职员年表》，中国海关出版社 2004 年版，第 192—199、220—222 页。
② 参见孙修福编译《中国近代海关高级职员年表》，中国海关出版社 2004 年版，第 430 页。
③ 徐焕斗：《汉口小志·商来志》，六艺书局 1915 年版，第 110 页。
④ 张笃勤：《汉口英租界概述》，载政协武汉市委员会文史学习委员会编《武汉文史资料文库》第四辑，武汉出版社 1999 年版，第 3 页。
⑤ 参见苏云峰《中国现代化的区域研究（湖北省卷，1860—1916）》，"中研院"近代史所 1987 年版，第 116—117 页。
⑥ ［日］水野幸吉：《中国中部的事情：汉口》，武德庆译，武汉出版社 2014 年版，第 228 页。
⑦ 参见武汉地方志编纂委员会编《武汉市志·军事志》，武汉大学出版社 1992 年版，第 430 页。

口摊贩的罢市活动。辛亥革命爆发时,英国共有7艘军舰云集汉口江面,包括炮舰、鱼雷艇等,数量为各国之最。除了军舰外,英国势力还在租界内组织义勇军、义勇队等准军事力量,以便在中国政局动荡或者发生中外冲突时保护外侨的安全与利益。

(二) 俄国势力

俄国因茶而来,又因茶而兴,其力量拓展集中在汉口一地,以经营砖茶为主。俄国的工业力量不仅催生了近代湖北的机器工业文明,也使汉口成为近代中国砖茶工业的滥觞地。

1. 因茶而来

俄国势力因茶而来到湖北。近代以来,俄国国内市场,特别是西伯利亚地区对茶叶需求巨大,"盖俄人之居于北部者,其嗜茶之癖亦与中国人之嗜食鸦片无异者,皆为食品中不可缺之物也"①。早在汉口正式开辟为通商口岸之前,已有俄国商人因收购茶叶而涉足湖北,"约在一八五零年,俄商开始在汉口购茶","最初在此购买者为工夫茶,但不久即改购中国久已与蒙古贸易之砖茶"②。不过在1861年前,俄国所需要的茶叶贸易主要仍由晋商把控,"山西商人在湖北湖南贩卖包装了的砖茶,由陆路一直运往恰克图,销售于恰克图市场"③。

1861年汉口开埠之后,为了降低茶叶贸易成本,俄国陆续强迫中国签订一系列双边贸易的不平等通商条约。1862年中俄签订《陆路通商章程:续增税则》,条约第五款规定"俄商运俄国货物至天津,应纳进口正税,按照各国税则三分减一,在津缴纳。其留张家口二成之货,亦按税则三分减一,在张家口交纳";第十款规定"俄商在他口贩买土货,运津回国,除在他口按照各国总例缴纳税饷外,其赴天津,应纳一复进口税(即正税之半)"④。依据该条约,俄商如果从俄国贩运货物出口至中国,所纳关税按5%的税率三分减一;如果从中国贩运货物出口至俄国,由天津出口的货物,除纳关税外,免征子口税,由其他口岸运货至天津出口,

---

① 徐焕斗:《汉口小志·商业志》,六艺书局1915年版,第11页。
② 彭泽益编:《中国近代手工业史资料》第2卷,中华书局1962年版,第110—111页。
③ 孙毓棠编:《中国近代工业史资料第1辑(1840—1895)》,科学出版社1957年版,第44页。
④ 王铁崖编:《中外旧约章汇编》,生活·读书·新知三联书店1957年版,第181页。

只需在天津缴纳关税一半的子口税,在天津与关税一同征收。1869年中俄又签订《改定陆路通商章程》,条约第十款规定"俄商在他口贩运土货,经津回国,不留在彼销售,如在他口全税交完,有单可凭,至此不再纳税,以免重征"①。至此,俄商由天津以外其他口岸运货至天津出口的货物,亦无须交纳子口税,从中国贩运砖茶运至俄国的关税成本大大降低。

从18世纪70年代开始,俄商打破了以往晋商对中俄茶叶贸易的垄断,"砖茶贸易完全掌握在俄国商人之手"②。为了获得高品质的茶叶、稳定的茶叶来源以及攫取更高额的利润,俄国商业力量直接涉足湖北,投资兴办砖茶工厂。

2. 砖茶工业独占鳌头

俄商从1863年开始,在江西宁州、湖北蒲圻的羊楼峒、洋楼司和崇阳等产茶区内陆续开办顺丰、新泰等砖茶厂,就地收购制造砖茶所需的茶末,雇用附近居民加工制造砖茶。在茶叶产区内创办砖茶厂所采用的工艺,主要是传统手工制茶法,"砖茶庄之制砖方法,初级幼稚,即置压榨器中,借杠杆之力,压成砖形。随即脱模置放室内,任其自干,数日后即可装箱起运。其后由杠杆压榨器改用螺旋式压榨器,制之成砖,较为紧结"③。

1874年,俄商在汉口英租界内创建新的阜昌砖茶厂,并陆续将茶叶产区的砖茶制造厂迁往汉口。砖茶工厂从内地迁至汉口,工厂各项开销必然增多,加之工人从远处雇用而来,工资亦大幅度提高,同时茶末从内地运至汉口须缴纳部分厘金税,这些都在一定程度上增加了砖茶的生产成本。但是,俄商在汉口的砖茶制造厂所采用的制茶技术区别于以前的手工制茶,采用蒸汽机制茶,后改用更为先进的水压机制茶。较之传统的手工制茶,机器制茶迅速显示出先进生产力的巨大优势,不仅弥补了距原料产地较远的劣势,而且大大提高了砖茶的生产效能。一方面,机器制茶质量明显优于手工制茶,"机器茶砖,正如所预料的,比手工压茶砖较为整齐,较为坚质,也较能经耐旅途颠簸,最后到达西伯利目的地时,途中很

---

① 王铁崖编:《中外旧约章汇编》,生活·读书·新知三联书店1957年版,第272页。
② 孙毓棠编:《中国近代工业史资料第1辑(1840—1895)》,科学出版社1957年版,第44页。
③ 金陵大学农业系:《湖北羊楼洞老青茶之生产制造及运销》,1936年,载湖北省志贸易志编辑室编《湖北近代经济贸易史料选辑》第1辑,内部发行,1984年,第6页。

少损坏。旧法压制的茶砖,由于压力不够,总是在边上有些破损,西伯利亚人既重视茶砖外表,很容易理解,完整无缺的茶砖是会立即受到欢迎的"。另一方面,机器制茶的成本也低于手工制茶,"手压机每天出茶砖60筐,25%是废品,而蒸汽压机每天出茶砖80筐,只有5%的废品,并且,由于采用机器而节省的费用,每筐计达银一两,以上述产量计,每天可节省银80两,或英镑20镑"①。

由于率先采用机器制茶和不断地进行技术改造,俄商几家制茶工厂迅速取得成功,而且挤垮了英商创办的砖茶制造厂。1875年,一份海关的报告充分证明了俄商在汉口茶叶生产方面的绝对优势,"在汉口这个大的产茶区,签发的护运茶叶的外运子口单税共193张,总值为799235海关两,其中俄商占179张,护运茶叶及砖茶的总值为727592海关两;发给英商的为12张,价值为69711海关两"②。19世纪80年代末,俄商的砖茶工厂已经基本垄断了汉口的砖茶生产,经济实力相当雄厚,"'砖茶'全部皆用蒸汽机制造。那几家有高烟囱的砖茶厂是外国租界里最惹人注意的建筑了"。

砖茶工厂的兴盛促发了俄国势力对近代汉口的强力渗透,俄国势力因此成为湖北地域中三个最重要的外国势力之一。特别是在"各国并力积重"的汉口市场,"最足使人注目者则俄人之举动也","而俄国官商协同创建之制茶厂宏廓昌大,比屋连檐,凡四五栋"③。

其实,俄商砖茶工厂之所以能够在汉口工业中独占鳌头,实力远超其他国家,不仅由于俄国商人的全心经营,更与世界茶产业格局大调整的国际背景息息相关。缺少老牌商业帝国英国商人的有力竞争,是俄国砖茶工厂能够独占鳌头的最重要原因。经济实力更为雄厚和生产技术更为先进的英商把精力主要放在新兴的印度茶叶产地,无心经营汉口地区砖茶工厂,"砖茶业除对我们这里租界的繁荣有所增进之外,我们实际上没有参与,对我们也没有利益"④。

---

① 载孙毓棠编《中国近代工业史资料第1辑(1840—1895)》,科学出版社1957年版,第49—50页。
② 湖北省志贸易志编辑室编:《湖北近代经济贸易史料选辑》第2辑,内部发行,1984年,第13页。
③ 徐焕斗:《汉口小志·商业志》,六艺书局1915年版,第6页。
④ 孙毓棠编:《中国近代工业史资料第1辑(1840—1895)》,科学出版社1957年版,第52页。

俄国势力既缔造了汉口作为中国机制砖茶中心的地位，反过来又刺激了汉口砖茶贸易的出口，它涉足湖北之后便始终控制着汉口的砖茶贸易和砖茶制造，"在近代中国的七大茶埠中，上海、福州、九江、广州、厦门、淡水6处主要由英商操纵茶叶出口。惟独汉口一埠，英商让位于俄商，屈居第二，俄商独占鳌头长达60年之久。这是汉口市场有别于近代中国其他通商口岸的特色所在"①。

二 日本势力

与英、俄、法、美、德等国相比，日本势力染指湖北最晚，发展却最迅速，它"乘着甲午战胜的余威进入湖北，与美、法等国并驾齐驱，而又后来居上"②。

（一）涉足沙市

宜昌开埠之后，外国势力并没有顺利地打开长江中游市场，"宜昌到底非贸易中心地，各外国商贾，因其不便，积望于汉宜间别开一口"③。为了进一步拓展贸易，位于汉、宜之间，"可能形成广大地区的商业中心"④的沙市进入列强的视野。

与以往不同，这次率先要求打开沙市门户的并非某个西方国家，而是日本。1895年日本强迫中国签订《马关条约》，湖北沙市被迫开放为新的通商口岸，"以便日本臣民往来侨寓、从事商业工艺制作"⑤。沙市开埠之后的第二年，日本设立沙市领事馆。1898年8月，日本驻沙市领事与荆宜施道签订《沙市口日本租界章程》，"自沙市口洋码头荆州官地西界起，东南沿长江直长三百八十丈，由其西界至直长八十丈之间，广为八十丈，以下至直长三百丈之间，广为一百二十丈。以此地面，定为日本专管租

---

① 任放：《明清长江中游市镇经济研究》，武汉大学出版社2003年版，第326页。
② 苏云峰：《中国现代化的区域研究（湖北省卷，1860—1916）》，"中研院"近代史所1987年版，第110页。
③ ［日］二口美久：《明治三十一年（1898）沙市贸易年报》，载《湖北商务报》第十三册，光绪二十五年七月二十一日。
④ ［英］奥尔夫：《一位英国官员心中的沙市——〈1904年沙市概况的报告〉》，冯庆华摘译，载沙市市政协文史资料编纂委员会编《沙市文史资料》第2辑，内部发行，1987年，第334页。
⑤ 王铁崖编：《中外旧约章汇编》第1册，生活·读书·新知三联书店1957年版，第614页。

界。嗣后,他外国设定租界时,应在日本租界以下之地区划定"①。

日本不仅率先打开沙市门户,也十分重视其在沙市的经营。日本驻沙市领事馆成立之后,不遗余力地拓展日本在沙市的商业力量,"开署以来,事关通商贸易者,无论土地情势等,一切不怠查报介绍,引起日本商人注意;一面使沙市商人知我商品,冀相扩张,渐成进步,以收大利于将来"②。1898年4月,日本领事馆还专门举办商品标本陈列所,"展示出了一批日本货样品,包括原料和制品,当地商人颇为关注。货样品种繁多,有日用品也有奢侈品,设计精美,都标明了价格,便于购买商计算进价成本"③。

在日本政治力量的鼓励和协助下,日本商业力量在沙市的贸易中占有显著的优势地位。"沙市外国商行多为日人经营"④,"留居荆沙的日本商人、技师及领事馆官员,一度达到百人以上"⑤。日本从沙市主要攫取棉花资源,大量收购棉花运往日本制成棉纱后再返销中国。瀛华、吉田、武林等日本洋行则专门从事棉花收购,"每年约至千包至七八百包,每包约二百斤内外,以其贸易之大,市价几听其操纵矣"⑥。日本向沙市主要输入轧花机、棉纱等。1897年,"日本造的轧花机进口了152台,似乎很受欢迎"⑦,1903年,日本轧花机的进口量已经高达1270台。⑧ 沙市刚开埠时,"印度、英国棉丝,于沙市市场先入为主,日本品未有占一地位

---

① 王铁崖编:《中外旧约章汇编》第1册,生活·读书·新知三联书店1957年版,第791页。
② [日]二口美久:《明治三十一年(1898)沙市贸易年报》,载《湖北商务报》第十三册,光绪二十五年七月二十一日。
③ [英]牛曼:《1897年沙市海关贸易报告》,载湖北省志贸易志编辑室编《湖北近代经济贸易史料选辑》第3辑,内部发行,1985年,第261页。
④ [英]莱尔:《1905年沙市海关贸易报告》,载湖北省志贸易志编辑室编《湖北近代经济贸易史料选辑》第3辑,内部发行,1985年,第267页。
⑤ 徐凯希:《略论近代沙市社会经济的变迁——近代长江中游通商口岸研究之一》,《江汉论坛》2003年第7期。
⑥ 《荆州之棉》,《农商公报》第13期。
⑦ [英]牛曼:《1897年沙市海关贸易报告》,载湖北省志贸易志编辑室编《湖北近代经济贸易史料选辑》第3辑,内部发行,1985年,第261页。
⑧ [英]斯塔尔曼:《1903年沙市海关贸易报告》,载湖北省志贸易志编辑室编《湖北近代经济贸易史料选辑》第3辑,内部发行,1985年,第266页。

者"①。日商并不气馁,"求中国人适用而改其染色、花纹、尺寸。得以扩充销路,亦为不少"②,反而后来居上。20世纪初,"沙市城区已完全是日本棉纱的天下,对日本贸易已约占沙市对外贸易的67%,荆沙地区经济受到日商日益全面的影响"③。

日本在沙市的交通航运业力量居各国之首。最初在沙市拓展业务的日本公司是大阪商船会社,于沙市开办分公司以前,沙市的"轮船运输业务甚为清淡","除几家洋行外,一般商人都不愿用轮船运货"。大阪商船会社在沙市成立分公支司后,一方面加快配套设施建设,在码头停靠"太丸"号铁驳船做趸船,解决以往过驳的困难;同时不断完善服务质量,"太古、怡和、招商的轮船停靠沙市都是不定期的,而大阪轮船却按时间表航行,并且不断完善其装卸设备,降低运费,还常采用免费乘船和赠送'洋伞'等物招揽旅客和货主"④。1900年,大阪轮船公司"所承运的贸易总值达248228两,占本年贸易总值的44%"⑤。1907年,为了同英国和中国的航运业展开竞争,大阪轮船公司沙市分支公司改组为日清株式会社沙市办事处。此后,日本在沙市的交通航运业力量更加壮大,1911年进出口沙市港的船舶总吨位占总数的44.46%,超越英国,居首位。⑥

日本涉足沙市之后,发展强劲,至1911年日本在沙市的商业机构共有8家,18人,而英国仅有2家,5人,其他国家则没有在沙市设立商业机构。⑦ 不同于日本势力在汉口、宜昌等地的拓展,虽然有后来居上之趋势,但始终没有真正超越英国势力。在沙市,日本势力整体上强于英国,位居第一,这是其在湖北力量拓展的重要特征之一。

---

① [日]二口美久:《明治三十一年(1898)沙市贸易年报》,载《湖北商务报》第十三册,光绪二十五年七月二十一日。
② 《沙市输入洋布类情形》,《湖北商务报》第二十七册,光绪二十五年十二月。
③ 徐凯希:《略论近代沙市社会经济的变迁——近代长江中游通商口岸研究之一》,《江汉论坛》2003年第7期。
④ 员力:《日清株式会社在沙市的建立与关闭》,载沙市市政协文史资料编纂委员会编《沙市文史资料》第2辑,内部发行,1987年,第83—84页。
⑤ [英]诺贝斯:《1900年沙市海关贸易报告》,载湖北省志贸易志编辑室编《湖北近代经济贸易史料选辑》第3辑,内部发行,1985年,第264页。
⑥ 参见黄建勋、丁昌金《沙市港史》,武汉出版社1991年版,第57—58页。
⑦ 参见苏云峰《中国现代化的区域研究(湖北省卷,1860—1916)》,"中研院"近代史所1987年版,第111—113页。

（二）逐鹿汉口

汉口是外国势力在湖北的中心，"为各国并力积重之区"①。对此，日本领事水野幸吉有清醒的认识，"汉口乃长江之眼目，清国之中枢，制中国中部于死命之地，由此，帝国必须要染指于此、经营于此；此乃帝国不可回避之使命"②。

甲午战前，日本已经在汉口设立领事馆，希望以此为基地在长江流域寻求利权和拓展力量。然而，由于自身工商实力薄弱，日本在汉口的开拓并不顺利。1891年汉口领事馆设立之后经营惨淡，"并没有吸引商人纷至沓来，在汉口仅有一家日商经营的商店，其实，说是商店，只不过是销售一些精奇眼药水的杂货铺而已。由于这种状况维持之日久，最终导致领事馆闭馆"③。

甲午战后，日本势力卷土重来，再次将目光聚焦在"长江之眼目"的汉口。1898年日本与中国签订《日本汉口租界条款》，在汉口德租界附近划定日租界，"界内所有的道路、堤塘、沟渠、码头以及稽查地面之权由日本领事馆所属"④。同年年底，汉口日本领事馆重新开设。

日租界开辟和汉口日本领事馆重开后不久，来汉口拓展利益的日本人数量呈井喷式发展。表8—5是六年间日本人在汉口附近的数量变化情况。⑤

表8—5　　　　　1901—1906年汉口附近的日本人口数量表

1901年	1902年	1903年	1904年	1905年	1906年
74人	106人	270人	347人	528人	1062人

虽然20世纪初期汉口工商业经济快速发展，外国来汉的人数普遍增长明显，日本人数发展之快令人瞠目结舌。1901年日本在汉口的人数最少，1905年已经凌驾于英国人数之上。日本在汉口的人数6年间增加了近15倍，并且这种增长态势在1906年下半年更加明显，"来汉的日本人

---

① 徐焕斗：《汉口小志》，六艺书局1915年版，第110页。
② ［日］水野幸吉：《中国中部的事情：汉口·自序》，武德庆译，武汉出版社2014年版。
③ ［日］水野幸吉：《中国中部的事情：汉口》，武德庆译，武汉出版社2014年版，第273页。
④ 张仲炘等：《湖北通志·志五十·经政八·权税》，武昌省长公署，民国十年，第22页。
⑤ "汉口附近"指汉口、武昌、汉阳、大冶、南昌五地，五地中汉口的日本人数量占绝大多数。参见［日］水野幸吉《中国中部的事情：汉口》，武德庆译，武汉出版社2014年版，第4页。

几乎以每天 1/4 的人口增加"①。

日本人对汉口的青睐,汉口领事水野幸吉认为有四个因素:"其一,汉口是长江大港,在地理上具有交通、贸易之便。其二,汉口是稻米、棉花,特别是棉花的主要市场。其三,因为受时局的影响,日本与中国北部的贸易不畅,日本所需的大豆、牛皮、豆粕都转向汉口。另外还有一个原因,汉口货物的实际价格逐渐被我日本商家所知。"②

这四个因素归根到底缘自日本对汉口贸易的扩张。日俄战争后,日本与汉口之间的双边贸易增长迅速。日本向汉口输入的货物主要是铜块、棉制品、海产品、煤炭、火柴及其原料、洋伞、棉纺机械及附属品、棉线、仿洋纸、枕木等。其中,铜块和枕木输入量增长明显。20 世纪初,湖北铜元局和银元局因造币对铜需求较大,汉阳兵工厂也因为制造军械零件每月需 500 担铜原料,日本迅速抓住商机向汉口出口铜,基本独占了中国的铜原料市场。修建京汉铁路的枕木开始主要从美国和法国输入,由于来自日本北海道所产的枕木价格上极具优势,仅为法国产价格的三分之一,美国产价格的二分之一,因此在汉口市场十分具有竞争优势。汉口出口日本的货物主要是棉花、豆粕、大豆、鸡蛋等农产品及铁矿石、生漆等商品。1905 年汉口出口日本商品的总额大约为 845 万两,其中 250 万两左右是直航运至日本,其他经上海转运。从出口贸易额来看,汉口出口到日本的商品所占比例约为 15%,但发展势头强劲,"汉口输向大阪、神户的大豆、豆粕其数量每年都有所增加,估计在二三年内,输向日本的输出额将会超过 1000 万两。汉口的大豆和豆粕与牛庄相竞争,牛皮与朝鲜的产品相竞争,然而,铁、生漆、木蜡、苎麻乃是汉口本地之特产,将会一直保持其优势,持续进行与日本的贸易。"③

日本对汉口贸易的扩张,直接催生和壮大了日本在汉口的商业力量。水野幸吉统计,1906 年之前日本共有 30 多家商业机构和商业店铺在汉口经营各项商业活动。一些日本实力较强的公司,如三菱公司、三井洋行、大阪商船会社、大仓洋行等均在汉口成立商业机构并开展业务。1906 年

---

① [日]水野幸吉:《中国中部的事情:汉口》,武德庆译,武汉出版社 2014 年版,第 4 页。
② 同上书,第 305 页。
③ 同上书,第 166 页。

之前日本在汉口开办的商业机构和商业店铺情况如表8—6。①

表8—6　　1906年之前日本在汉口开办的商业机构和商业店铺

日俄战争前		日俄战争至1906年	
名称	营业种类	名称	营业种类
大阪商船会社	上海至宜昌间的水运和日本至汉口的海运业务	日信洋行	棉花、杂谷输出，棉纱输入
湖南火轮公司	由汉口至长沙、湘潭	东兴洋行	棉花、杂谷输出，棉纱输入
三菱公司	输出铁矿石，输入煤炭、铜块	大仓洋行	牛皮、铁矿输出，军械输入
三井洋行	输出棉花、麻、稻米，输入铜、棉纱、煤炭、枕木等	华和洋行	日本杂货零售与批发
吉田洋行	输出棉籽、稻米，输入杂货类	鸭川洋行	日本杂货零售与批发
中铜洋行	输出棉花、稻米，输入轧花机械及其配件等	八千洋行	照相器材、钟表及其他杂货
东益洋行	输出生漆及卷烟制造	大石商店	日本杂货零售
新兴造皮厂	牛皮、水牛皮制造	大古公司	煤炭购进
田中洋行	日本杂货零售	作山机械厂分厂	机械类购进
钦记洋行	杂货输出入	旭洋行	烟草及药酒零售
日华药馆	药品销售店	奥村商店	日本点心生产和销售

---

① ［日］水野幸吉：《中国中部的事情：汉口》，武德庆译，武汉出版社2014年版。苏云峰根据 *Decennial Report* 统计得出"1861—1891年间在汉口的日本公司仅有1家，1892—1901年间在汉口的日本公司共有6家，1902—1911年在汉口的日本公司则增长至8家"。（参见《中国现代化的区域研究（湖北省卷，1860—1916）》，第108—113页）这些数据与水野幸吉的数据出入较大，原因之一即是两人统计对象的差别，苏云峰的统计列表中使用的是"公司"一词，而水野幸吉的统计列表中则使用"商业机构和商业店铺"。鉴于水野幸吉的汉口领事身份和《中国中部的事情：汉口》一书中对1906年日本在汉口"商业机构和商业店铺"名称、营业种类和营业场所的详细记述，笔者认为水野幸吉的数据更为准确。但是，水野幸吉《中国中部的事情：汉口》一书的数据仅截至1906年，无法反映1906—1911年的情形。而目前的"武汉研究"中对1911年前汉口日本商业机构的统计多是依据苏云峰的整理数据或是第三国（中国和日本外）的记述，笔者将部分1906年前的数据与《中国中部的事情：汉口》比较，发现前者在年份、地址、人数等方面出现不少误差。

续表

日俄战争前		日俄战争至1906年	
名称	营业种类	名称	营业种类
快安洋行	杂货业	照相业	
东福洋行	杂货业	钻井业	
料理店		和记洋行	委托销售业
制鞋和修鞋业		旅店和料理店	

以上日本商业机构年营业额总计1000万两上下，并且发展趋势持续走好，"已有的商业机构和店铺不断扩大，一些新项目也在筹划之中"①。铃木洋行、东亚制粉株式会社、和平制粉株式会社、半田棉行、日本棉花株式会社等商业机构相继落户汉口。特别是1907年，为了同英国和中国在汉口的航运业竞争，日本政府促成大阪商船会社、湖南汽船会社、日本邮船会社、大东新利洋行合并成立新的日清汽船株式会社。以此为契机，日本在汉口的航运业迅速发展。从1892—1907年进出汉口各国轮船情况来看，日本航运业从无到有，市场份额跃至第二，超过中国轮船招商局，仅次于英国。②

截止到1912年，日本在汉口的商户共计约62家。③日本在汉口的商业力量除了几个较大的进出口贸易洋行和航运公司外，多是些中小机构，整体实力不如英、德等西方国家。不过，"尽管日商资本不雄厚，但他们只要有利可图就极力经营，故涉及的范围可说巨细无遗"④。在汉口，日本的商业力量已经不可忽视。

日租界的开辟、领事馆的重开、来汉人数的骤增和商业机构的稳步扩展是日本在汉口政治、外交、经济等方面力量增长的重要表征。日本势力从无到有，发展迅猛，并且大有后来居上之势。日本真正涉足汉口始自甲

---

① ［日］水野幸吉：《中国中部的事情：汉口》，武德庆译，武汉出版社2014年版，第304页。
② 参见罗福惠《湖北通史·晚清卷》，华中师范大学出版社1999年版，第305页。
③ 数据来源依据皮明庥主编《近代武汉城市史》，中国社会科学出版社1993年版，第128—130页。罗福惠则指出，"如果把洋行、商号加在一起，则日本居首位，共有83家，经商人数近600人"，参见《湖北通史·晚清卷》，华中师范大学出版社1999年版，第297页。
④ 罗福惠：《湖北通史·晚清卷》，华中师范大学出版社1999年版，第297页。

午战后，而那时距汉口开埠已经过去近40年，英、美、法、德等国在汉口已有根基，因此晚清日本在汉口的整体力量依然略逊于西方几国。以日租界的开发建设为例，"无论英国租界地还是其他国家的租界地都道路平坦、高楼大厦矗立，与此相对，由于诸多原因所限，日本租界尚未开始建设，租界内部是用竹子和苇席搭起破陋不堪的小屋（最近已有建设租界地的计划，首先在道路上），在日本租界地居住人口甚多，从居住数量上来看，超过他国租界地的居住人数，但并没有一个日本人"①。日本尽管竭力尝试改变，不仅在租界内修筑道路，而且"日本领事与工程局相商，打算开设球场和剧院，招聘支那人和外国人来管理，以促进繁荣"②。直至民国初期，日租界的建设一直是晚清日本在汉口力量的软肋，其落后面貌始终没有从本质上得以改观。正因为如此，晚清日本绝大多数的商业机构都没有设在日租界，而是选择了他国租界或者中国街，如横滨金正银行、三井洋行、新兴洋行、大仓洋行、日信洋行等都设在英租界，三菱公司、湖南火轮会社分公司设在法租界，大阪商船会社、东肥洋行、吉田洋行等设在中国河街。仅有少数商业机构，如德国的瑞兴蛋厂、中国的燮昌公司火柴厂等位于日租界内。

（三）染指大冶

日本势力在鄂的分布，除了沙市和汉口两个通商口岸之外，大冶也是其重要据点。大冶之所以重要，原因即在于"日本在这里也拥有与日本重要工业生死攸关的汉冶萍权益"③。"汉冶萍权益"一般涵盖汉阳铁厂、大冶铁矿和萍乡煤矿三部分利益，就日本而言，"汉冶萍权益"主要指日本对大冶丰富铁矿石资源的控制和掠夺。

1896年日本八幡制铁所成立，标志着日本近代钢铁工业的诞生。不过，由于日本铁矿资源匮乏，"日本制铁所原料问题，是一最困难事情"④。寻找丰富质优的铁矿石资源成为影响日本制铁所生存和发展的重要工作。中国

---

① ［日］水野幸吉：《中国中部的事情：汉口》，武德庆译，武汉出版社2014年版，第274页。
② 《支那经济志》第1期（1908年5月15日），载李少军编译《武昌起义前后在华日本人见闻集》，武汉大学出版社2011年版，第7页。
③ ［日］升味准之辅：《日本政治史》，董国良、郭洪茂译，商务印书馆1997年版，第428页。
④ 武汉大学经济系编：《旧中国汉冶萍公司与日本关系史料选辑》，上海人民出版社出版1985年版，第3页。

第一个钢铁企业汉阳铁厂在建设初期，铁矿石资源无虑，焦煤短缺则是制约其发展的重要瓶颈。"自二十二年四月起、二十三年十二月止，结账亏银七十余万两，商股闻风裹足，债款相逼而来，有岌岌不可终日之势"，造成此窘境的重要原因则在于"无如接办以后化铁无煤，何异为炊无米"①。盛宣怀为了能够扭转持续巨亏的局面，解决"化铁无煤"的困境，有意从日本进口焦煤。日本获知这一情报后，迅速采取相应措施，企图"以煤易铁"。1898年10月，日本前首相伊藤博文游历鄂省，专门向湖广总督张之洞提及中日钢铁企业之间的煤铁互易，"云所办神户船厂能炼焦煤，拟运船来鄂，而回船时代销大冶铁矿"②。这一方案得到张之洞的肯定，1899年3月23日，中日签订《煤铁互售合同》，"自是最初所谓中国和日本之煤铁互易问题，便得到实现。对八幡制铁所来说，此即所谓得到中国大冶铁矿石之开端"，而"从此由中国取得铁矿石一节，便成为八幡制铁所永远事情，原来原料奇缺之情况，至是一变而为十分充足。且大冶铁矿，如前所述，产量极丰，只须由其源源供给，则日本制铁所之原料问题，自可放心"③。

1899年4月7日，中日《煤铁互售合同》的签订为日本势力染指大冶的肇始。日本势力首次出现在大冶，"日本制铁所拣派委员二、三名常驻石灰窑、铁山两处，以便经理购买矿石等一切事宜，汉阳铁厂应备合式房屋，租与各该员居住，不取租值，并由局员妥为保护"④。随后，"外来日人到冶游历矿山，日多一日，几于无月不有，间有一月之中多至两三起，往往结侣成阵"⑤。此次日本势力的染指并非强力揳入，而是湖北地方（汉冶萍公司）与日本（八幡制铁所）各自利益合作共赢的结果。从湖北方面讲，湖北地方对于《煤铁互售合同》的签订更加

---

① 《盛宣怀致张之洞函》，光绪二十五年十二月初六，载陈旭麓主编《汉冶萍公司（二）·盛宣怀档案资料选辑之四》，上海人民出版社1986年版，第180页。
② 许同莘：《张文襄公年谱》，商务印书馆1946年版，第122页。
③ 载武汉大学经济系编：《旧中国汉冶萍公司与日本关系史料选辑》，上海人民出版社出版1985年版，第4页。
④ 《煤铁互售合同》，载湖北档案馆编《汉冶萍公司档案史料选辑》上册，中国社会科学出版社1992年版，第216页。
⑤ 《解茂承致盛宣怀函》，光绪二十八年十月初五日，载陈旭麓主编《汉冶萍公司（二）·盛宣怀档案资料选辑之四》，上海人民出版社1986年版，第296页。

迫切和渴望,"我正苦乏焦炭,先售以未炼之铁石,并易其可炼铁石之焦,计亦良得"①。虽迫切和渴望也并非缺乏深思,从张之洞和盛宣怀的来往电函可以窥见,该合同的签订是经过熟虑之后所做出之决定,目的基本达到。②对于日本来说,《煤铁互售合同》的订立却并非特别成功。1898年,中日双方正式洽谈之前,日本外务大臣致电驻上海总领事小田切万寿:"现欲确定,在此情况下,购买现属中国人所有之大冶铁山某一特定区域内之全部矿石及商议在上述区域内之矿石由日人单独开采是否可能。"③可见,日本最初的期望是购买大冶铁矿某一部分并单独开采。这一想法显然很快化为泡影,"盛拒绝该矿由日人单独开采;但同意聘请日本工程师担任开采工作,他并同意日本驻员该地,同中国人一道,对该地进行管理"④。另外,合同签订后,日本方面又谋求运矿出口豁免税项,亦被拒绝,要求自应按照税则在新关估价完一出口税。

  中日《煤铁互售合同》的签订,仅仅是日本势力侵入大冶的开端。其实,也正如盛宣怀所言,《煤铁互售合同》的影响十分有限,"大冶铁石足供数百年之采炼,岁取五万吨易东洋煤炭,于汉厂炼铁无损毫末"⑤。不过,即使是这些"于汉阳铁厂无损毫末"的大冶铁矿石,对日本的近代钢铁业的作用却非同小觑。李维格游历日本八幡制铁所,即指出其在多项建设上都远远优于汉阳铁厂,"所不如我者,铁矿须远求与大冶、高丽、九州三处,我之可望立脚在此一着耳"⑥。与日本八幡制铁所的困境

---

  ① 《盛宣怀致张之洞电》,光绪二十五年六月十五日,载《愚斋存稿》卷三十四,电报十一,第22页。

  ② 参见《张之洞致盛宣怀真电》,光绪二十五年六月十一日(《张文襄公全集》卷一五八,电牍三十七,第38页)和《盛宣怀致张之洞电》,光绪二十五年六月十五日(《愚斋存稿》卷三十四,电报十一,第22页)。

  ③ 《日本外务大臣青木周藏致驻上海总领事小田切万寿之助电》,明治三十一年(1898)十一月三十日,载武汉大学经济系编《旧中国汉冶萍公司与日本关系史料选辑》,上海人民出版社出版1985年版,第5页。

  ④ 《日驻汉口领事濑川浅之进致外务大臣青木电》,明治三十一年(1898)十二月七日,载武汉大学经济系编《旧中国汉冶萍公司与日本关系史料选辑》,上海人民出版社出版1985年版,第5页。

  ⑤ 《盛宣怀呈"总理各国事务衙门"文》,光绪二十五年十月二十日,载武汉大学经济系编《旧中国汉冶萍公司与日本关系史料选辑》,上海人民出版社出版1985年版,第15页。

  ⑥ 《李维格致盛宣怀函》,光绪二十八年十月初四日,载陈旭麓主编《汉冶萍公司(二)·盛宣怀档案资料选辑之四》,上海人民出版社1986年版,第294页。

不同,汉阳铁厂最大的软肋则在于资金的严重匮乏,"中国利源未辟,上下交困。厂当官办之时,司农仰屋,请款无从;迨至商办,则多东腾西挪,往往出重利押借以资周转"①,倘若要扭转累年亏损的局面,需要新的资金挹注,"自应另筹巨款添建新厂,方能转败为胜"②。20世纪初的汉冶萍公司"官款难筹,商本难集",除了借洋债,"舍此实无他策"③。为了控制大冶铁矿,使大冶变成日本的势力范围,日本势力果断利用汉冶萍公司的这一弱点,以资本为武器,通过持续、大量借贷的形式逐步渗透。晚清日本对汉冶萍公司的资金借贷如表8—7。④

表8—7　　　　晚清日本对汉冶萍公司的资金借贷表

借款日期	债权人	借款数额	抵押和担保	利率（年）	年限
1903年12月24日	大仓组	20万两洋例银	汉厂栈有钢轨6000吨作抵,汉厂作保	7.2厘	1年
1904年1月15日	兴业银行	300万日元	大冶得道湾矿山、铁路、矿山吊车并车辆房屋及其修理厂作担保	6厘	30年
1906年2月28日	三井物产会社	100万日元	汉厂动产及所产钢铁和栈存煤焦材料作抵押	7.5厘	8年

---

①《盛春颐、李维格致盛宣怀说贴》,光绪二十八年八月前后,载陈旭麓主编《汉冶萍公司(二)·盛宣怀档案资料选辑之四》,上海人民出版社1986年版,第289页。

②《盛宣怀致奕劻、载振函》,光绪二十九年九月二十三日,载陈旭麓主编《汉冶萍公司(二)·盛宣怀档案资料选辑之四》,上海人民出版社1986年版,第370页。

③《李维格:新公司接办汉阳铁厂之预算》,光绪三十一年三月上旬,载陈旭麓主编《汉冶萍公司(二)·盛宣怀档案资料选辑之四》,上海人民出版社1986年版,第489页。

④ 资料源自武汉大学经济系编《旧中国汉冶萍公司与日本关系史料选辑》,上海人民出版社1985年版,第1112—1116页;徐义生编《中国近代外债史统计资料(1853—1927)》,中华书局1962年版,第28—53页;湖北省冶金志编纂委员会编《汉冶萍公司志》,华中理工大学出版社1990年版,第128—129页;汪熙《从汉冶萍公司看就中国引进外资的经验教训》,《复旦学报》1979年第6期;代鲁《汉冶萍公司所借日债补》,《历史研究》1983年第3期。

续表

借款日期	债权人	借款数额	抵押和担保	利率（年）	年限
1907年12月13日	大仓组	200万日元	萍乡煤矿所有生利之财产物件作抵	7.5厘	7年
1907年12月13日	汉口正金银行	30万日元	大冶得道湾矿山、铁路、矿山吊车并车辆房屋及其修理厂作担保	7厘	5年
1908年6月13日	横滨正金银行（第一批）	150万日元	汉冶萍公司原有矿山及其他财产和九江大城门铁矿山作抵押	7.5厘	10年
1908年11月14日	横滨正金银行（第二批）	50万日元	汉冶萍公司原有矿山及其他财产和九江大城门铁矿山作抵押	7.5厘	10年
1909年3月21日	汉口正金银行	50万两洋例银	公司汉口地契一至六号共26张作抵，盛宣怀本人作保	8厘	2年半
1910年9月10日	横滨正金银行（第三批）	100万日元	汉冶萍公司原有矿山及其他财产和九江大城门铁矿山作抵押	7厘	2年
1910年11月17日	横滨正金银行（第四批）	612730日元	汉冶萍公司原有矿山及其他财产和九江大城门铁矿山作抵押	7厘	10年
1910年11月17日	横滨正金银行（第五批）	614395日元	汉冶萍公司原有矿山及其他财产和九江大城门铁矿山作抵押	7厘	10年

续表

借款日期	债权人	借款数额	抵押和担保	利率（年）	年限
1910年12月28日	三井物产会社	100万日元	向六合公司转借集成纱厂契据		1年
1911年3月31日	横滨正金银行（第六批）	600万日元	合同中未提抵押担保	6厘	15年

通过晚清日本对汉冶萍的13次借贷，日本和汉冶萍公司之间已经形成一种密不可分的关系。随着汉冶萍公司日债的不断膨胀，日本势力逐渐加强了对大冶的控制，从大冶输入日本制铁所的铁矿石数量逐步上升，1907年输日铁矿石数量甚至占到该年度总产量的73.9%。晚清汉冶萍公司输入日本制铁所矿石数量如表8—8。①

表8—8　　晚清汉冶萍公司输入日本制铁所矿石数量表

时间	总产量（吨）	输日数量（吨）	输日数量在总产量中的比重（%）
1900	59710	15476	25.9
1901	118877	70189	59.0
1902	75496	48169	63.8
1903	118503	51268	43.3
1904	105109	59990	57.0
1905	149840	72000	48.1
1906	197188	105800	53.65
1907	174612	100000	57.3
1908	171934	127000	73.9
1909	106599	95600	31.2
1910	343076	96210	28.1
1911	359467	121000	33.7

---

① 资料源自丁格兰《中国铁矿志》下册（农商部地质调查所，1923年，第209页）、张国辉《论汉冶萍公司的创建、发展和历史结局》（《中国经济史研究》1991年第2期）。

从上表基本可以窥见，晚清日本势力对大冶的渗透已经达到一定程度。日本势力在向大冶渗透的过程中，用心之深甚至超过对汉口的经营。首先，日本能够不断向汉冶萍公司借贷，并非意味着自身财力雄厚，相反，从1896年八幡建厂到第一次世界大战前夕，日本引进外资总额占这一时期日本生产领域资本的20%。①八幡制铁所本身也深受资本不足的困扰，这一点从盛宣怀等人的来往电函中可以看出，即使如此，为了本国近代钢铁业的生存和发展，日本依旧持续不断地向汉冶萍注入资金。有研究者精辟地指出，日本对汉冶萍（关键核心在于大冶）的力量渗透采取"围猎模式"，"'围猎'者除制铁所及其主管部门农商务省、日本外务省、大藏省、官方及民间金融机构、工商企业都积极参与日本内阁确定行动计划，驻华使领馆人员负责收集情报，并与张之洞、盛宣怀接洽，日本政府调动资金，制铁所、金融季候密切配合"②。

纵使晚清湖北地方在同日本的利益博弈过程中可圈可点，但战术上的成功并非意味着战略上的胜利。③辛亥革命之前，汉冶萍终于陷日债泥潭不能自拔，日本原内相在1911年10月1日听取汉阳铁厂工程师西泽公雄的汇报后，在其日记中写道："不管怎么样，不妨把大冶视为我之势力范围。"④

三 其他国家势力

晚清湖北，特别是通商口岸汉口，"为各国并力积重之区"⑤。除了以上两节所论述的英、俄、日三股实力雄厚、影响深刻的外国势力，其他国家，包括德、法、美、比利时、荷兰、丹麦、葡萄牙、挪威、奥地利等力量都或多或少有所涉足。

德国力量是继英、俄、日之后在鄂的第四大力量，在湖北拥有贸易、

---

① 汪熙：《从汉冶萍公司看旧中国引进外资的经验教训》，《复旦学报》1979年第6期。
② 李海涛、欧晓静：《清末民初汉冶萍公司与八幡制铁所的利益博弈——以资金借贷为中心的考察（1896—1915年）》，《湖北理工学院学报》（人文社会科学版）2015年第2期。
③ 有关晚清日本势力通过日债向汉冶萍公司渗透的过程，并非是一种以日本为主，单向地、强势地介入。汉冶萍公司凭借资源优势，与日本势力进行不断博弈，逼迫其让步。关于这一博弈过程，参见李海涛、欧晓静《清末民初汉冶萍公司与八幡制铁所的利益博弈——以资金借贷为中心的考察（1896—1915年）》一文。
④ ［日］升味准之辅：《日本政治史》，董国良、郭洪茂译，商务印书馆1997年版，第429页。
⑤ 徐焕斗：《汉口小志·商业志》，六艺书局1915年版，第6页。

航运、工业、政治、军事等多个方面利益，其实力和影响亦不能小觑。

最早至汉口的德国力量为著名的美最时洋行。美最时洋行在汉口开展业务始自19世纪60年代初，"汉口开埠通商不久，德国商人密斯汀（John Thin）即来汉经营出口贸易，从事收购我国出口原料，如牛羊皮、麂皮、蛋品、桐油、芝麻、五倍子、烟叶、麻、皮、油、豆油、蚕豆、豌豆等类，大宗运往德国，卖给美最时公司，获利致富。后为扩大经营，密斯汀乃投资加入美最时，在我国设行经营，是为美最时在华开设之始"①。其后，礼和洋行、元亨洋行等相继至鄂拓展力量。至1912年，德国在鄂洋行和商号共有54家，居湖北外国势力之第三位。②

这些数量众多的德国洋行多从事中外贸易、蛋产品加工和轮船航运业，主要分布在德、日、英、法四国租界内。德国洋行从事的中外贸易，出口为大宗，主要是湖北地区的土特产，进口为小宗，涵盖钢材、机械、光学仪器等德国优势工业产品。张之洞督鄂之前，德国势力已参与创办了晚清湖北的第一批近代工业，"德国的工业势力以汉口为中心，逐步向四周进军"③。19世纪80年代后半期，德国洋行最先在汉口创办了美最时、礼和、元亨三家蛋产品加工厂，开晚清湖北蛋产品加工工业之先河。其后，又创办嘉利、贝格德蛋厂，基本垄断了该领域，"第一次世界大战前，汉口蛋加工业大半由德国人经营"④。除了以上5家蛋产品加工工厂外，德国礼和洋行还在1905年与英国合办礼和机器面粉厂，美最时洋行于1907年创办了汉口美最时电灯厂。19世纪末，德国力量向大冶铁矿渗透，蓄谋控制湖北的钢铁工业，不过，在日本强有力的竞争下最终失败。轮船航运业是德国在鄂的另一优势所在，瑞记、美最时两家洋行共有6艘船只行驶在沪汉、汉宜两条航线，吨位合计6800吨，约占两条航线轮船公司总吨位的17.8%，位列第三。⑤ 为了保护德国洋行在鄂的经济权益，

---

① 金宝善：《汉口的美最时洋行》，载政协武汉市委员会文史学习委员会《武汉市文史资料文库·第5辑·租界洋行》，武汉出版社1999年版，第155页。
② 参见罗福惠《湖北通史·晚清卷》，华中师范大学出版社1999年版，第297页。
③ 徐继玲：《近代德国在华企业投资述略（1860—1918）》，《历史教学问题》2007年第6期。
④ 《汉口蛋品工业材料》，《武汉市外侨工商业概况》1950年9月。
⑤ 参见［日］东亚同文会编：《支那经济全书》第3辑，东亚同文会1907年版，第348—349页。

1895年，德国利用武力胁迫在汉口划定开辟德租界，成为湖北继英国之后的第二个租界。同时，德国在租界内和附近江面驻扎常备军队和军舰，是在鄂存在军事力量的几个国家之一。

与英、俄、日、德力量相比，其他在鄂的外国势力无论是实力还是影响，均相对有限。

美国属于新兴国家，这一阶段在湖北的力量拓展远逊于其他老牌国家。辛亥革命爆发之前，美国在鄂共有洋行和商号合计22家，主要从事染料、石油的输入和桐油等土特产品的输出。① 值得一提的是，在19世纪70年代中期之前，美国旗昌洋行经营的轮船公司是湖北轮船行业最重要的力量。1866年，美国的旗昌洋行甚至已控制了长江整个货运业务的一半到三分之二，趋向于垄断态势。② 1867—1872年甚至将英国势力逐出，独自垄断长江航线的轮船运输，"长江贸易之利，几为旗昌独得"③。1877年，随着招商局兼并旗昌洋行的轮船公司，美国力量在湖北轮船航运业的地位随之改变。法国在鄂共有洋行和商号20家，并且在汉口拥有租界，由于实力范围主要在两广地区，其对湖北的整体影响较小。

第二节　外国势力对晚清湖北现代化的双重影响

探讨晚清湖北现代化的历程，在鄂的外国势力及其对晚清湖北现代化的影响，必定是焦点所在。诚如有学者指出那样，"正是西方的逼来造成中国早期现代化的启动与多重质态多重外观，离开西方的影响或西方的作用来谈论中国早期现代化运动，任何结论都将是不得要领，无关痛痒"④。在晚清湖北，外国势力恰似一把锋利的双刃剑，对其现代化进程产生一种既积极又消极的双重影响，这种双重性影响主要表现在发展轨迹和历史作用两个方面：从发展轨迹讲，外国势力直接启动了晚清湖北现代化的历史

---

① 参见罗福惠《湖北通史·晚清卷》，华中师范大学出版社1999年版，第295—297页。
② 参见［美］刘广京《英美航运势力在华的竞争》，邱锡镕、曹铁珊译，上海社会科学院出版社1988年版，第57页。
③ 《新报》光绪三年二月十四日。
④ 周积明：《最初的纪元——中国早期现代化研究》，高等教育出版社1996年版，第242页。

进程，却也严重扭曲了晚清湖北现代化的正常道路；以历史作用看，外国势力既客观促进了晚清湖北现代化的历史进程，又在一定程度上阻碍了晚清湖北现代化的发展。

一　从发展轨迹讲：催生与扭曲

外国势力对晚清湖北现代化的双重影响首先表现在晚清湖北现代化的发展轨迹上，外国势力一方面催生了晚清湖北现代化的开端，另一方面却在其后的发展中严重地扭曲了晚清湖北现代化的正常道路。

（一）外国势力直接催生了晚清湖北现代化的历史进程

晚清湖北现代化肇始于1861年的汉口开埠，毫无疑问，英国的军事力量直接催生了晚清湖北现代化。

19世纪50年代末，英国为了打开荆楚门户，不惜发动战争逼迫清廷签订中英《天津条约》。1858年，英国的全权代表额尔金在军舰的护送下乘轮船自上海溯流而上，于12月6日抵达汉口，是为外国军事力量第一次出现在汉口。

1861年3月7日，在清廷与太平天国战事并未平息的情况下，英军中校威利司、英商上海宝顺行行主韦伯等率随员近50人乘英国火轮船抵达汉口。紧接其后，英国参赞官巴夏礼率300多英兵乘4艘火轮船至汉口，英国的军事力量再次出现在汉口，巴夏礼会同汉阳府县签订《英国汉口租地原约》，此次交涉，"是为英人立汉口市埠之始。嗣后，通商之国踵至"①。

英国的军事力量直接催生了湖北现代化的历史进程，晚清湖北无可奈何地迈出了走向现代化的征程。如果没有英国军事力量的冲击，则不会有汉口的开埠，同时，"倘若没有19世纪中叶汉口的开埠，没有西方新式生产要素的移植推广和市场经济思想观念的传播流行，湖北仍将会在小农经济社会的漩涡里苦苦地挣扎"②。英国势力对晚清湖北现代化的"催生"，从长远的历史观察，无疑是一种积极的进步。

---

① 武汉地方志办公室、武汉图书馆编：《民国夏口县志校注》，武汉出版社2010年版，第215页。
② 宋亚平：《辛亥革命前后的湖北经济与社会》，中国社会科学出版社2011年版，前言第2页。

（二）外国势力扭曲了晚清湖北现代化的正常道路

中国作为现代化后发外生型国家，其发展轨迹必然会受到外部力量的扭曲，"在后发外生型现代化起步时，国际上已有的现代性因素对这些国家现代化过程的直接介入，打破了后发外生型国家自身的自然演化进程，形成一种既不同于早发内生型现代化，也不同于传统社会演化过程的发展逻辑关系"①。

外国势力对于中国，虽然希望其能发展近代文明，从而更有利于自身的利益诉求，但是外国势力所期望的并非是一个完全独立富强的中国，而是一个扭曲了的中国，"尽管外国政府及他们的代表希望看到中国沿着进步的方向前进，也尽管他们不断地使帝国机构意识到接受西方制度与物产的紧迫性，但是他们显然认为中国应永久依赖西方。一个适度进步、繁荣而软弱的中国，依靠着外国提供的建议、友好、贸易与援助，将比一个完全独立、果断的中国更符合西方的利益"②。

如果说英国的军事力量直接催生了湖北现代化的起步是一种加速湖北现代化历史发展的进步，那么，从其后晚清湖北现代化的发展轨迹观察，外国势力对晚清现代化正常轨迹的扭曲则显然产生了一种消极后果。外国势力对于晚清湖北的现代化进程，不仅是"阶梯"，同时还是"陷阱"。

外国势力对晚清湖北现代化正常轨迹的扭曲，主要表现在以下四点。

1. 区域的失衡

晚清湖北现代化的区域失衡，与张之洞督鄂期间主持的"湖北新政"主要集中在武汉地区密切相关，但是，外国势力不仅造就了晚清湖北现代化区域发展失衡的先天因子，并且促成了晚清湖北现代化进程中武汉独大的区域失衡格局。

汉口开埠之后至张之洞抵鄂前，湖北的现代化进程以通商口岸汉口为中心开展，汉口则毫无疑问地成为外国势力的焦点，"为各国并力积重之区"③，"汉口乃长江之眼目，清国之中枢，制中国中部于死命之地"④。在这 28 年期间，湖北的现代化事物，基本上都是在汉口出现和发展，因

---

① 孙立平：《后发外生型现代化模式剖析》，《中国社会科学》1991 年第 2 期。
② 徐中约：《中国近代史：1600—2000 中国的奋斗》，计秋枫、朱庆葆译，香港中文大学出版社 2001 年版，第 455 页。
③ 徐焕斗：《汉口小志》，六艺书局 1915 年版，第 110 页。
④ ［日］水野幸吉：《中国中部的事情：汉口·自序》，武德庆译，武汉出版社 2014 年版。

此，外国势力造就了晚清湖北现代化区域发展失衡的先天因子。

张之洞督鄂之后，晚清湖北现代化进程的重心转向了"湖北新政"，外国势力仍然对晚清湖北现代化区域格局产生了重要影响。从1889年到1911年，外国势力在湖北的焦点依然是汉口，虽然宜昌和沙市相继开辟为通商口岸，成为外国势力合法经营的据点，外国势力亦因此向湖北腹地推进，武汉地区独大的局面却始终未曾改变。

纵观湖北晚清50年的现代化历程，英、俄、德、法、美等国共在湖北创办38家工厂，几乎全部集中在汉口及其附近。① 外国势力在湖北共创办洋行大约152家，其中汉口一地为125家，约占总量的82%。② 重要的外国银行，诸如汇丰、麦加利、道胜等也主要在汉口开展业务。汉口的租界里，最多时曾经云集近20个国家的约3000名外国人。③ 可以说，外国势力是晚清湖北现代化区域发展失衡的重要推手。

2. 贸易的依附性

1861年外国势力涉足汉口之前，汉口已经是闻名全国的"天下四聚"之一，"乾嘉之际，汉口市商殷盛"④。汉口市场贸易繁盛，商帮云集，形成了以属盐、米和木材等大宗商品为主的贸易格局。清代中期湖北巡抚晏斯盛曾奏称，"查该镇盐、当、米、木、花布、药材六行最大，各省会馆亦多，商有商总，客有客长，皆能经理各行各省之事"⑤。汉口在开埠之前已经形成自身特有的商业系统，"跻身于中国前近代时期传统市镇的一流行列"⑥。

汉口开埠之后，随着外国势力的不断搜入，汉口传统的商业品贸易结构开始改变，至20世纪初，"几个世纪以来汉口的老商业传统遂几乎完全被外来势力征服了"⑦。关于晚清汉口地区的贸易变迁，张珊珊通过数

---

① 参见任放《近代两湖地区的工业格局》，《人文论丛》2012年卷。
② 数据参见苏云峰《中国现代化的区域研究（湖北省卷，1860—1916）》，"中研院"近代史所1987年版，第113页。
③ 参见罗福惠《湖北通史·晚清卷》，华中师范大学出版社1999年版，第284页。
④ 王葆心：《再续汉口丛谈》卷一，益善书局1933年版，第15页。
⑤ 晏斯盛：《请设商社疏》，载贺长龄辑《皇朝经世文编》卷40，《户政十五·仓储下》，文海出版社1966年版。
⑥ 任放：《明清长江中游市镇经济研究》，武汉大学出版社2003年版，第319页。
⑦ ［美］罗威廉：《汉口：一个中国城市的冲突和社区（1796—1895）》，鲁西奇、罗杜芳译，中国人民大学出版社2008年版，第100页。

据分析指出：汉口的洋货进口仅占全国的5%，土货出口却占全国的20%以上；对外直接贸易远逊于沿海新兴口岸，间接贸易却始终为国内商业大港。显而易见，"土货出口贸易实为近代汉口贸易的重心和支柱"①。

土货出口贸易是一种典型的依附性贸易。汉口的茶叶出口贸易则充分地体现出了这种"依附性"。开埠之前，汉口的商品结构中，茶叶虽然为大宗，却排在盐、米和木材等商品之外。开埠之后，茶叶成为最大宗商品，并且地位愈发重要，"茶叶的贸易地位实非其他商品如棉花、牛皮、桐油、豆类、米谷、烟草、食盐、木材、药材、纸张、生丝、棉布等可比，茶叶贸易关乎汉口市场进出口贸易的整体走势，可谓牵一发而动全身"②。湖广总督张之洞亦指出："汉口商务之盈绌，尤专视茶叶之兴衰。"③ "厥后泰西诸国通商，茶务因之一变。其市场大者有三：曰汉口，曰上海，曰福州"④，造就汉口中国三大茶市地位的，主要为俄国商人的力量。1868—1895年，俄商在汉口的茶叶收购约占当时全国茶叶总出口的25%。⑤ 汉口茶市对俄商产生了严重的依赖性，"直至第一次世界大战，俄商始终是汉口市场茶叶外贸领域的主角，他们在茶叶品种、数量、质量、包装、信用、商路等方面的需求，从根本上决定了汉口近代茶叶生产、加工、出口的基本范式"⑥。鉴于汉口茶叶贸易在当地市场的重要地位，导致整个湖北的出口贸易对俄商产生严重的依赖。一旦俄国市场出现问题，随即波及湖北的进出口贸易。1917年后，俄国势力在汉口逐渐衰落，汉口茶叶贸易一落千丈，湖北的出口贸易从此一蹶不振。

3. 工业的畸形

晚清湖北的工业架构，主要由三部分力量创办，即外商、政府和民间资本。政府所创办的湖北近代工厂，从创办初期观察，可谓气势恢宏、轻重并举，堪称晚清湖北最具实力的工业力量。但从其后的发展态势来看，

---

① 张珊珊：《近代汉口港与其腹地经济关系（1862—1936）——以主要出口商品为中心》，博士学位论文，复旦大学，2007年。
② 陈锋主编：《明清以来长江流域社会发展史论》，武汉大学出版社2006年版，第316页。
③ 《张文襄公全集》卷103，《公牍十八》，第6页。
④ 《清史稿》卷124，《食货志五·茶法》。
⑤ 参见皮明庥、李权时主编《武汉通览》，武汉出版社1988年版，第572页。
⑥ 陈锋主编：《明清以来长江流域社会发展史论》，武汉大学出版社2006年版，第333页。

官办工业虽然初始规模宏大，却因种种原因难以为继，最终难免失败，昔日辉煌烟消云散。

相反，外资本工厂虽然从规模上与张之洞督鄂期间所办的大机器工业，如汉阳铁厂等相形见绌，然而这些工厂作为晚清湖北机器工业的嚆矢和重要组成部分，其在食品加工工业的一枝独秀和异常繁荣从某种程度上导致了晚清湖北工业结构发展态势的畸形。砖茶工业基本上被俄商垄断，"其旺盛足以雄视全汉口"①。蛋产品加工工业被德商控制，辛亥革命前湖北共有蛋产品加工业共 10 家，德商占 5 家，不仅涉足最早，实力亦最强，直至"第一次世界大战前，汉口蛋加工业大半由德国人经营"。烟草工业则主要被英美烟草公司把持，其规模和技术优势明显②。这些外国势力占绝对优势的食品加工工业旨在掠夺湖北丰富的农副产品资源，迅猛扩张，引发了湖北工业结构发展态势的畸形，严重扭曲了晚清湖北近代工业的正常发展。

外国势力还导致了湖北钢铁工业的畸形成长。钢铁工业是近代国家工业发展的支柱产业，对该国的战略发展作用甚巨。张之洞因此创建汉阳铁厂，后又改组为汉冶萍公司，成为中国第一家煤钢联营企业。在汉冶萍公司发展初期，日本钢铁工业也开始起步，由于铁矿石资源严重缺乏，其目光投向了拥有丰富铁矿石资源的汉冶萍公司。为了控制大冶铁矿，使大冶变成日本的势力范围，日本势力以资本为武器，通过持续、大量借贷的特殊形式逐步渗透。通过晚清日本对汉冶萍的多次借贷，日本和汉冶萍公司之间已经形成一种密不可分的关系，汉冶萍终于陷日债泥潭不能自拔，从大冶输入日本制铁所的铁矿石数量也逐步上升，汉冶萍公司失去了独立、健康发展的机会，逐步沦为日本钢铁工业的附庸。

4. 社会的裂变

外国势力还促成和加剧了晚清湖北社会的城乡二元对立，致使晚清湖北社会呈现出社会裂变的态势。

晚清湖北的现代化肇始于外国势力的冲击，并在其后的历史进程中也深受外国势力的影响。因此，晚清湖北的现代化首先出现并且发

---

① 徐焕斗：《汉口小志·商业志》，六艺书局 1915 年版，第 4 页。
② 《海关十年报告·汉口》1902—1911 年版，第 358 页。

展壮大于外国势力聚集的汉口,兼及宜昌和沙市。外国势力对晚清湖北的农村社会虽然具有一定影响,如对湖北农村自给自足的自然经济的部分瓦解,影响毕竟十分有限。这种情形,必然导致湖北社会城市的现代化部门和农村的现代化部门之间的割裂对立,"在社会的这两个部分之间,很少能起到互相促进或带动作用,相反倒往往是互相封闭、互相排斥的"①,"两者之间的有机联系被市场经济的某些法则所逐步割裂,城市日益发达而乡村日益落后,从而无法形成相互支持、相互促进、相得益彰的协调局面。这恐怕就是许多人之所以认为辛亥革命只是一次城市革命的理由,也算是湖北的经济社会发展在后来的岁月里之所以步履维艰的重要原因"②。

二 以历史作用看:促进与阻碍

从历史作用评析,外国势力既客观上促进了晚清湖北现代化的历史发展,又在一定程度上阻碍了晚清湖北现代化的进程,这亦是一种典型的双重性影响。

(一)外国势力客观上促进了晚清湖北现代化的历史发展

笼统而言,外国势力对晚清湖北现代化的促进作用恰是通过这种对原有社会基础的破坏和新型社会形态的构建来实现的。不过,具体来说,外国势力对晚清湖北现代化的客观促进主要有两个方面:之一,外国势力直接参与了晚清湖北现代化诸多事业的建设,包括工业、商贸、市政、文化、教育、医疗、社会救助等各个方面。之二,外国势力间接促进了晚清湖北现代化的进程,这种间接促进不仅表现为刺激了本土的现代化建设力量的产生、发展并且对其产生示范效应,还表现在外国势力的内部博弈为晚清湖北现代化的发展提供了有利机遇。

1. 外国势力对晚清湖北现代化各项事业的直接参与

汉口开埠后,外国势力纷至湖北,目的虽然是攫取各自的利益,客观上却直接参与了对晚清湖北现代化各项事业的建设,促进了晚清湖北现代化的历史进程。由于外国势力基本上被严格地限制在通商口岸,其对晚清

---

① 孙立平:《全球性现代化进程的阶段性及其特征》,《社会学研究》1991年第1期。
② 宋亚平等:《辛亥革命前后的湖北经济与社会》,中国社会科学出版社,前言第5页。

湖北现代化的建设主要集中在汉口、宜昌和沙市三地。关于外国势力对晚清湖北现代化各项事业的直接建设，表现为以下诸方面。

（1）工业、商贸、金融、市政。与张之洞在汉阳、武昌等地筹办的机器工业相比，外国势力直接在湖北开办的近代机器工业显得相对较为逊色。截止到1912年，俄、英、德、法、美等国共在湖北创办38家工厂，主要是以轻工业为主，并且几乎全部集中在汉口地区。① 俄国砖茶工厂是外国势力在湖北所创办的工业实力最强的企业，"其旺盛足以雄视全汉口"②。1863年，俄商李维诺夫创办的顺丰砖茶厂标志着湖北近代机器工业诞生，其后由于率先采用机器制茶和不断地进行技术改造，俄商几家制茶工厂迅速取得成功，至19世纪80年代末，俄商的砖茶工厂已经基本垄断了汉口的砖茶生产，"'砖茶'全部皆用蒸汽机制造。那几家有高烟囱的砖茶厂是外国租界里最惹人注意的建筑了"。俄国实力雄厚的砖茶工厂对晚清湖北现代化所产生的影响也最为深刻，"如果说砖茶使汉口成为近代中国机器制造砖茶的中心，那么机器砖茶厂反过来又极大地刺激了汉口市场砖茶的出口，使汉口成为中国最大的砖茶市场"③。英国势力是晚清长江流域综合实力最为雄厚的工商资本团体，但是英国势力在湖北地区主要热衷于商业贸易和交通航运等业务，对晚清湖北的工业建设贡献不大。1872年英商在汉口创办了第一家工厂，从事砖茶加工，由于无法和实力雄厚的俄商竞争，很快便破产。随后英商创办的工厂并不顺利，如所创办的小型金银提炼厂虽然初期有所盈利，几年后便因原料缺乏而倒闭。至辛亥革命前，英国共在湖北陆续创办了十几家企业，涵盖多个轻工业部门，在数量上超过其他国家，但多是些小型加工工厂，所办工厂的总体规模和实力则逊于俄商之工厂。不过，英国势力创办的机器打包工厂实力较强，机器化水平较高。德国在湖北的工厂主要致力于蛋产品加工，虽然创办较晚，但很快发展成为继英、俄之后的第三支重要力量。截止到1912年，德国共开设7家工厂，其中5家从事蛋产品加工，另外两家分别是与英商合办的礼和机器面粉厂和汉口美最时电灯厂。德国的几家蛋产品加工工厂

---

① 参见任放《近代两湖地区的工业格局》，《人文论丛》2012年卷。
② 徐焕斗：《汉口小志·商业志》，六艺书局1915年版，第4页。
③ 任放：《明清长江中游市镇经济研究》，武汉大学出版社2003年版，第329页。

充分利用了湖北丰富的蛋品资源，使汉口成为中国近代蛋品工业的滥觞地。晚清日本势力在鄂直接创办的工业较少，其重心在于对汉冶萍公司的控制，除此之外主要有1905年创办的日信榨油厂第一工场、日信榨油厂第二工厂、棉花打包厂、棉籽榨油厂和1907年创办的东亚面粉会社等。除了英、俄、德、日之外，其他国家的商业力量也在湖北开设部分工厂，诸如：法国商人1887年创办的瑞兴蛋厂、1893年创办的公兴蛋厂、1899年创办的亨达利有色金属精炼厂、1909年创办的法华蒸酒公司；荷兰商人1905年创办的金龙面粉厂；澳大利亚商人1891年创办的和盛蛋厂；美国商人与英国商人1908年合办的颐中烟公司汉口宗关工厂等。

　　1862年1月1日，江汉关正式成立，标志着晚清湖北近代新型税收制度的初设。其后宜昌海关、沙市海关相继设立，近代新型税收制度进一步在湖北腹地扩散。晚清湖北的新型海关完全移植于西方，在机构设置、税收管理和人事制度上都不同于中国传统的税收机构。机构设置方面，相互制约又统为一体，有效地防止了以往税收征管过程中出现的多种弊端。人事制度方面，也是"仿效西方制定的人事制度，将包括职级管理、官员选拔录用、福利奖惩办法等一系列较科学的人事制度，实施于海关实际人事管理之中"①。由英国势力创办的3个近代海关在一定程度上规范了晚清湖北的贸易秩序，有效地防止了敲诈勒索、营私舞弊、中饱私囊等弊端。江汉关的创建，更是汉口港国际贸易发展的重要物质基础和制度保障，为汉口由传统国内商业"四大聚"之一涅槃为近代国际扬名的近代贸易大港提供了历史契机。另外，湖北近代海关是湖北地区税收行政管理机制和经济运行机制近代转型的先驱，为晚清湖北现代化其他各项事业提供了制度借鉴。

　　西方近代金融机构的直接揳入，本身即是晚清湖北贸易结构转型的必然结果，"茶叶使汉口金融业发生了质的变化，直接促成了近代银行系统的产生"②。西方银行在鄂的出现，又为晚清湖北的商贸发展提供了新的组织因素，促进了晚清湖北商贸的发展，1861年，英国汇隆银行出现在湖北，成为第一个在鄂的外国银行，不过很快宣告破产，没有真正开展经营活动。1863

---

① 彭建、李笙清：《浅论江汉关的人事管理制度》，《武汉文博》2013年第4期。
② 任放：《近代两湖地区的金融业》，《学习与实践》2012年第10期。

年，英国麦加利银行（又译渣打银行）进入湖北，并且逐步站稳脚跟。1868年，英国汇丰银行在汉口开设支行，"因其实力雄厚，长期独占金融业鳌头"①。截至1912年前，在湖北的外国银行主要有麦加利银行（英）、法兰西银行（法）、德华银行（德）、东方汇理银行（法）、道胜银行（俄）等。晚清在鄂的外国银行数量虽然有限，但信用较高，主要经营存款、信贷、汇兑、套购申汇、买卖外汇发行钞票等业务。②

湖北的近代市政源自汉口，汉口的近代市政则始自租界。1861年英国率先开辟租界，其后30多年，英租界是湖北地区唯一的租界，直到1895年，德国力量依赖武力方才在汉口成立第二个外国租界，随后法、俄、日租界相继建立。外国租界在各自的区域内纷纷展开市政建设，"把欧美的市政管理体制和城市建设模式甚至生活方式带到了汉口，被中国商民和湖北地方政府作为城市建设的样板而仿效"③。外国势力在汉口的市政建设首先在于修筑道路，"从英租界开始，租界内的道路严格规划，并且随着租界的建设不断完善"④，至20世纪初，"无论英国租界地还是其他国家的租界地都道路平坦、高楼大厦矗立"⑤。外国势力还创办了邮政局、电灯公司等公共服务机构，修筑防洪堤岸等港口建设工程。为了开发租界，还将其娱乐方式带入汉口，如"日本领事与工程局相商，打算开设球场和剧院，招聘支那人和外国人来管理，以促进繁荣"⑥。除了基础设施建设，各国租界内成立了工部局、巡捕房等机构，这些制度建设加速了汉口市政的现代化。

（2）教育、文化、医疗、社会救助。教育是外国势力在湖北较为关注的领域，正如日本观察者所言，"外国人在清经营上最用力者为教育和

---

① 冯天瑜、张笃勤：《辛亥首义史》，湖北人民出版社2001年版，第38页。

② 参见［日］东亚同文会编《支那经济全书》第2辑，东亚同文会印行1907年版，第514—515页。

③ 涂文学：《近代汉口市政改革对租界的效法与超越》，《江汉大学学报》（社会科学版）2009年第4期。

④ 汉口租界志编纂委员会编：《汉口租界志》，武汉出版社2003年版，第349页。

⑤ ［日］水野幸吉：《中国中部的事情：汉口》，武德庆译，武汉出版社2014年版，第274页。

⑥ 《支那经济志》1908年5月15日，载李少军编译《武昌起义前后在华日本人见闻集》，武汉大学出版社2011年版，第7页。

实业"①。外国势力在湖北创办的教育机构，主要是由教会所设。截止到辛亥革命，外国教会共在湖北创办 40 余所学校。② 晚清外国教会在湖北创办的诸多学校中，文华大学（1909 年前为文华书院）及其附属机构影响最大。文华学院于 1891 年之前用华语教学，以培养传教士为主，1891 年后改用英语教学，1903 年设神学院，1909 年改制为大学，1911 年首授文学学士。文华大学设置技术科学、神学、中国文学及医学四科，设备方面有教堂、会堂、文华神学院、大学图书馆、医务室等。教会学校的毕业生，多以从事教育、传教、外事和工程为主。例如文华大学 1906—1914 年的 7 届 45 名毕业生中，19 人从事教育事业，11 人从事传教事业，其他则主要从事外事或工程事业。③ 需要提及，这些外国势力创办的教会学校虽然来自异国，本身已经很大程度上"中国化"，由张之洞创办的新式教育直接移植于欧美或者日本，并非是对教会学校的模仿，"相反的，教会学校的发展，则完全受湖北社会的态度和张之洞的政策所左右。虽然如此，教会对湖北社会，是有一定的影响力"④。

1866 年 1 月美国人汤普生编辑的《汉口时报》在汉口创刊，专供在汉欧美人士阅读，两年后停刊，"这是近代湖北和武汉地区最早创办的新闻周刊"⑤。至清代覆灭，外国势力在湖北创办的报纸有 20 多家。⑥ 1896 年之前日本势力在湖北本没有报纸，1896 年春购买英国

---

① 《支那经济志》1910 年 1 月 15 日，载李少军编译《武昌起义前后在华日本人见闻集》，武汉大学出版社 2011 年版，第 389 页。

② 苏云峰关于晚清湖北教会学校的统计仅为 18 所（参见《中国现代化的区域研究（湖北省卷，1860—1916）》，第 141 页，表 2—3—1）。罗福惠以苏云峰的统计为基础，同时参考《湖北省志·教育》、《武汉市志·教育》及湖北省暨各市县文史资料，制成《1871—1913 年湖北教会学校情况统计表》（《湖北通史·晚清卷》，第 307—311 页）。本书有关该方面的统计数据，主要参考罗福惠的论著。

③ 参见［日］山口昇《欧美人在中国的文化事业》，上海日本堂书店 1922 年版，第 1079—1087、1090—1092 页。

④ 苏云峰：《中国现代化的区域研究（湖北省卷，1860—1916）》，"中研院"近代史所 1987 年版，第 149 页。

⑤ 刘望龄：《黑血金鼓——辛亥前后湖北报刊史事长编》，湖北教育出版社 1991 年版，第 1 页。

⑥ 数据主要参见刘望龄《黑血金鼓——辛亥前后湖北报刊史事长编》，湖北教育出版社 1991 年版，第 1—273 页；罗福惠《湖北清通史·晚清卷》，华中师范大学出版社，第 167 页，第 317—318 页；苏云峰《中国现代化的区域研究（湖北省卷，1860—1916）》，"中研院"近代史所 1987 年版，第 150—152 页。

人《字林汉报》，并以《汉报》之名续办。之后，日本直接创办或者幕后操纵的报纸约 4 家，极力宣传有利于日本的观点，在湖北的舆论影响日增。① 早期由外国势力创办的报纸主要是为了传教，后以服务中外商人为主，由于价格较高（约一个工人的日薪），发行量十分有限（三四千份），影响相对微弱。② 1872 年以后，来自上海的《申报》迅速有效地占领了汉口报纸的读者市场，致使这些外国创办的本地报纸影响更加有限。③ 除了报纸杂志外，外国势力也将近代出版印刷业带入湖北。1876 年杨格非在汉口印刷传教布道宣传品，其后上海圣教书局在汉口英租界开设分局，初期主要出版宗教读物，亦出版一般书刊。1885 年传教士约翰创办苏格兰教会印刷所，曾雇工达 200 人，在民国元年前印刷新旧约 26.22 万部之多。④

晚清湖北的外国势力十分重视医疗事业的开展，"外国人开设医院，可以帮助扫除中国人的偏见和恶意等障碍，同时又可以为西方的科学和发明打开道路"⑤。外国势力在晚清共开设约 17 家较大的教会医院：汉口 7 家、武昌 4 家、宜昌 3 家、荆州 1 家、孝感 1 家、皂市 1 家。⑥ 其中，英福音堂所属 8 家，天主教所属 4 家，循道会所属 3 家，圣公会及各教公属 1 家。除同仁医院外，其他各家医院都收治中国病人。外国势力在湖北开设的医疗机构虽然救治服务人口有限，却产生了较大的社会影响，赢得了社会各个阶层的好感。

外国势力在湖北开设的社会救助机构，苏云峰根据山口昇的《欧美人在中国的文化事业》一书整理得出：各教会在湖北设立的救济机构包括孤

---

① 参见刘望龄《黑血金鼓——辛亥前后湖北报刊史事长编》，湖北教育出版社 1991 年版，第 41—49 页。
② 参见戈公振《中国报学史》，中国新闻出版社 1985 年版，第 107—111 页。
③ 参见［美］罗威廉：《汉口：一个中国城市的冲突和社区（1796—1895）》，鲁西奇、罗杜芳译，中国人民大学出版社 2008 年版，第 29—31 页。
④ 参见［日］山口昇：《欧美人在中国的文化事业》，上海日本堂书店 1922 年版，第 1311—1322 页。
⑤ 嘉惠霖：《博济医院百年史》，文海出版社 1984 年版，第 133 页。
⑥ 该统计数据主要为规模较大的医院数量，统计年份为 1868—1913 年。数据源自苏云峰著《中国现代化的区域研究（湖北省卷，1860—1916）》，"中研院"近代史所 1987 年版，第 152 页。

儿院、疾病疗养院、盲人学校、贫民职业学校和老人救济院五种；其中孤儿院四家，其余各一家；收养人数少则8人，多则150余人，全部人数在400—500人。① 外国势力在湖北的社会救助事业的建设，远逊于其在教育、文化、医疗等事业方面的发展。在很长的时期内不仅没有引发湖北社会的好感，甚至经常被某些分子利用为反抗外国势力的工具，从而引发教案。②

2. 外国势力对晚清湖北现代化进程的间接促进

外国势力除了直接参与了晚清湖北现代化诸多事业的建设，而且还通过以下两方面间接地促进了晚清湖北现代化的历史进程。

（1）外国势力刺激了湖北本土的现代化建设力量的产生。首先，外国势力间接催生了晚清湖北的民族近代工业。外国势力对晚清湖北民族近代工业的这种间接催生作用主要是通过"买办阶层"来实现的。辛亥革命前，外国势力在湖北的汉、宜、沙地区共有洋行约152家，其中"在汉工厂达四十多家，洋行一百三十多家，银行亦不下十家，形成了一个为数不下五百人的买办队伍"③。粗略估算，湖北的买办阶层在50年中攫取财富高达1.35亿两。④ 这批由外国势力直接催生的买办阶层，对晚清湖北近代民族工业的诞生产生了重要影响，"汉口买办阶层中的许多人，顺应时代潮流的发展，纷纷投资创办近代企业，成为民族资产阶级的上层"⑤。诸如"创建了汉口"的著名大买办刘歆生，就曾先后创办填土公司、普润毛革厂等多家工厂，大买办刘仁祥创办春和轮船公司等。湖北的买办阶层除了直接创办近代企业外，还热衷于承办湖北官办企业无力续办的近代工厂，湖北官办企业的招商承办过程中，几乎全部都可以见到买办阶层的身影。

其次，外国势力刺激了湖北民族轮船航运业的诞生。晚清，轮船航运

---

① 参见苏云峰《中国现代化的区域研究（湖北省卷，1860—1916）》，"中研院"近代史所1987年版，第156页。
② 参见常城《偶然突发还是蓄意密谋：光绪十七年宜昌教案成因考》，《三峡大学学报》2015年第4期。
③ 皮明庥：《武汉首义中的武汉商会、商团》，载《纪念辛亥革命七十周年学术讨论会论文集（上）》，中华书局1983年版，第324页。
④ 参见罗福惠《湖北通史·晚清卷》，华中师范大学出版社1999年版，第345页。
⑤ 宋亚平等：《辛亥革命前后的湖北经济与社会》，中国社会科学出版社2011年版，第62页。

有着特殊的战略地位,"火轮航路乃一国之重要的商业利权"①。湖北航运资源极其丰富,长江贯穿东西,在鄂境内的长江航道长约1053公里,"上江航路千余里,下江航路二千余里,皆以汉为起点"②。1861年4月,美商琼记洋行"火鸽"号轮船率先在长江航线试运营,获利颇丰。③ 随后,外国航运公司纷至沓来,大力扶持本国在长江航线的轮船航运业力量。轮船被引入到湖北境内的长江航运,几乎立即对湖北的对外贸易产生影响,刺激了中国对轮船的仿造,这种仿造被称作那些年中不多的技术改造之一,更为重要的是,中国的轮船业在外国的刺激下迅速产生和壮大。④ 1874年招商局汉口分局的成立,标志着湖北民族航运业的诞生。其后,招商局汉口分局迅速发展,成为独立于外国航运业之外的一支重要力量。除了招商局外,19世纪末,汉川人吴心九、汉口人姚冠卿等商人也涉足轮船航运业,至1899年已出现七八家小型轮船公司。⑤ 20世纪初,又有一些湖北本土航运公司相继成立,如在沙市,"华商陈君政齐等招集股本,购置潜水水轮三艘,行驶内港,在沙市成立合利亨公司,并于沙荆等处开辟码头,备置洋棚,遵报税务司完纳关税,即日开办"。

最后,外国势力诱发了晚清湖北传统金融机构的近代转型。金融业是近代经济发展的重要引擎,重要程度不言而喻。湖北传统的金融机构根植于传统商业经济土壤之中,业务结构服务于湖北地区商品交换的发展和国内市场的开拓,其中钱庄主要从事本埠银两和制钱的兑换,票号则专注于国内埠际间的贸易汇兑。汉口开埠以后,由于外国势力对湖北贸易的冲击以及外国银行的直接搛入,湖北的传统金融机构开始出现近代转型,这种近代转型主要体现在票号和钱庄的业务结构的近代转型与近代新型同业组织的出现。票号、钱庄业务结构的近代转型指其业务由主要从事本埠银钱兑换和国内埠际间的贸易汇兑发展为涵盖官款汇兑及垫付、中外贸易清

---

① [日] 水野幸吉:《中国中部的事情:汉口》,武德庆译,武汉出版社2014年版,第290页。
② 张继煦:《叙论》,《湖北学生界》1903年第1期。
③ 参见聂宝璋等编《中国近代航运史料·第一辑上册 1840—1895年》,上海人民出版社1983年版,第267—268页。
④ 参见 [美] 罗威廉:《汉口:一个中国城市的商业和社会(1796—1889)》,江溶、鲁西奇译,江溶、鲁西奇译,中国人民大学出版社2005年版,第110—113页。
⑤ 参见樊百川《中国轮船航运业的兴起》,中国社会科学出版社2007年版,第332页。

算、金融机构之间资金流转和投资放贷近代工业等多元化金融业务。近代新型同业组织的出现即汉口开埠之后钱业公会的建立，汉口钱业公会不同于以往以地域为纽带的传统行会，而是一个以发展商业和稳定金融市场为主要目标的新型同业组织，被看成"镇上金融管理的总器官"①。另外，在外国近代银行的刺激和示范下，湖北诞生了中国本土银行力量。晚清汉口共有中国银行7家，虽然力量薄弱，却意义影响深远。②

（2）外国势力的内部博弈为晚清湖北现代化的发展提供了有利机遇。在湖北的外国势力并非一个团结的整体，而是几个代表各自国家利益，既相互博弈又有所合作的松散组合。这个松散组合之间的竞争博弈，为晚清湖北现代化的发展提供了有利机遇，间接地促进了晚清湖北现代化的发展。外国势力的内部博弈为晚清湖北现代化的发展提供有利机遇，从以下两个事例可见一斑。

其一，英、俄竞争与京汉铁路的赎回。1909年京汉铁路的赎回，"是20世纪中国理性民族主义体现，是收回路矿利权运动中最大的成果"③。这一"收回路矿利权运动中最大的成果"的取得，是与晚清外国势力在湖北的角逐息息相关。1906年，京汉铁路全线贯通，被外国记者誉为"世界上最长，并且经济效益最好的铁路之一"④，其政治、军事等地位极其重要。然而，京汉铁路最初的路权并非属于中国。修筑铁路所需资金主要来源于比利时公司，而比利时的借款，真正幕后者实为俄、法银行。借款草约签订之后，比利时方面横生枝节，得寸进尺，迫使京汉铁路的路权逐步沦丧。鉴于京汉铁路的重要性，清政府积极策划赎回路权。然而，清政府早已财枯源竭，根本无法筹措巨额赎金。经办人绞尽脑汁，开始积极筹措，"邮传部赎回京汉铁路之议需款甚巨，陈尚书已决定筹办债票、股票，故特设立交通银行，专司出纳，未赎路之先，所出股票、债票

---

① 武汉地方志办公室、武汉图书馆编：《民国夏口县志校注》下册，武汉出版社2010年版。
② 参见任放《近代两湖地区的金融业》，《学习与实践》2012年第10期。
③ 张华腾：《京汉铁路利权的赎回及其是非得失》，《南开学报》（哲学社会科学版）2010年第2期。张文指出以往关于"赎回京汉铁路"的研究成果相当有限，而这有限的成果中又失之偏颇，作者通过对京汉铁路利权赎回整个过程的爬梳，认为收回权利的方式在当时的环境下无可厚非，从其后京汉铁路的经济盈余来看，利用英款赎回京汉铁路完全是英明决策，而赎回京汉铁路的政治意义更是不言而喻。
④ ［澳］莫理循：《一个澳大利亚人在中国》，窦坤译，福建人民出版社2006年版，第205页。

皆由银行担任,以免与邮传部直接,故设立交通银行之宗旨,多为赎回京汉铁路之故"。即使如此绞尽脑汁,最后所筹之赎款,却仅有总额的四分之一左右而已。比利时步步紧逼,企图阻止路权的赎回。收回京汉铁路路权,几乎陷入困境。英国势力的介入,使得收回路权活动出现转机。由于惧怕俄国在湖北地区的权益凌驾于英国之上,英国势力极力反对俄国染指京汉铁路。俄国势力借助比利时公司对京汉铁路的渗透,将会明显改变外国势力在长江中游地区的权益格局,特别是英、俄两大国之间的力量对比。当时的观察家即指出,"俄人在汉口之工商业既与英人相伯仲,而俄人之利权尤有特驾于英人之上者。盖比利时人常居其后而为之援助也。夫中国政府与比利时集股公司订修筑芦汉铁道之约,现已与汉口起工矣。自我辈眼中观之是何异西伯利亚铁路线之一端已延及于汉口哉"①。于是,英国方面在清政府筹资极其困难的情形下,迅速主动伸出援手,并且借款条约中没有附加苛刻条件,公开宣布"不干预此款所办铁路及工艺实业之事,较其他借款实为更优"②,从而保证路权按期回归中国。可以说,没有英国的借款,京汉铁路路权很难顺利赎回,而英国借款的最大动力则始自英、俄两国力量在湖北地区的博弈与竞争。

其二,德、日竞争与汉冶萍公司的早期发展。汉冶萍公司早期的发展中,并非仅有日本势力的觊觎,德国力量早于日本势力而先行涉足,甚至一度与日本势力剑拔弩张,"遣长江舰队屡次驶入大冶,实行猛烈示威活动"③。中国方面则充分地利用了德、日两者之间的竞争,加快了汉冶萍公司早期的前进步伐。1904 年汉阳铁厂开始启动大规模技术设备改建、扩建工程,需要大量的资金投入。但是,汉冶萍公司财务状况已经几乎山穷水尽,如何募集改建资金成为汉阳铁厂步向正轨的首要难题。日本驻鄂情报人员得知此信息后,立即向日本政府提出建议汇报,认为此时正是向汉冶萍公司渗透的绝佳机会,需要立即展开行动,"设我国无人接受,势

---

① 徐焕斗:《汉口小志·商业志》,六艺书局 1915 年版,第 7 页。
② 曾鲲化:《中国铁路史》,燕京印书局 1923 年版,第 450 页。
③ 《大冶沿革史拔萃》,载武汉大学经济系编《旧中国汉冶萍公司与日本关系史料选辑》,上海人民出版社出版 1985 年版,第 40 页。

必会由德国资本家贷与"①。日本政府迅速向汉口领事做出指示，要求其主动向汉冶萍方面贷款，提出"借款金额要把利息减低，并延长大冶铁矿采掘之年限；再加铁政局及萍乡煤矿作抵押，聘用日本人为技师负责业务等"②。最初，汉冶萍方面对于日本的贷款回应十分积极，得知其借款条件之后马上中止谈判，并向德国方面先期借得部分贷款。德国力量的涉足，使日本驻华方面相关人员十分紧张，向政府报告称，"看来似乎尚有德国等之申请，完全排挤我国，亦难预料"③。为此，日本驻华方面希望日本政府能够摒弃一些政治要求，在密电中指出，"盛宣怀等认为兴业银行要求该局聘用所推荐之日本人员和该局事业之扩张、变更及工程师聘用等须经协商此两个条件，如不撤回，则恐有政治借款之嫌，因此不能依靠该银行借款，从而巨额借款只有暂时停止"④。若贷款活动一旦失败，汉阳铁厂等一些权益，"则有转移到德国人手中之危险"，"此与我国在长江之利权，关系很大"⑤。最终，因惧怕德国力量的渗透，日本方面不得不采取妥协。1906年和1907年两次贷款给汉冶萍公司，主要以汉厂存货和萍矿生利之财作为担保，"日本公司、政府高估了日本资金的价值，妄图毕其功于一役，全面掌控汉冶萍，阴谋未能得逞。应该讲，此轮博弈汉冶萍公司赢得了胜利"⑥。之后，汉冶萍利用这批利息较低的日款，迎来了一个崭新时期，"公司生产和效益都呈现出良好的发展势头，经营获得成效，从之前的亏损经营专为盈利，

---

① 《日本外交文书》，第三十八卷，第二册，文件号1110，载武汉大学经济系编《旧中国汉冶萍公司与日本关系史料选辑》，上海人民出版社出版1985年版，第124页。
② 《日本外交文书》，第三十八卷，第二册，文件号1117，载武汉大学经济系编《旧中国汉冶萍公司与日本关系史料选辑》，上海人民出版社出版1985年版，第126页。
③ 《日本外交文书》，第三十八卷，第二册，文件号1120，载武汉大学经济系：《旧中国汉冶萍公司与日本关系史料选辑》，上海人民出版社出版1985年版，第130页。
④ 《日本外交文书》，第三十八卷，第二册，文件号1136，载武汉大学经济系编《旧中国汉冶萍公司与日本关系史料选辑》，上海人民出版社出版1985年版，第144页。
⑤ 《日本外交文书》，第三十八卷，第二册，文件号1135，载武汉大学经济系编《旧中国汉冶萍公司与日本关系史料选辑》，上海人民出版社出版1985年版，第142页。
⑥ 李海涛、欧晓静：《清末民初汉冶萍公司与八幡制铁所的利益博弈——以资金借贷为中心的考察（1896—1915年）》，《湖北理工学院学报》（人文社会科学版）2015年第2期。

并开启了晚清末年的繁荣景象"①。关于利用外资的问题,需要以辩证的眼光,具体问题具体分析,"如果我们只注意某个时期、某一局部的'被外人利用'的结局,而忽视某个时期、某一方面'为我所用'的成效,那么,就会得出以偏概全的评判;反之,亦然"②。因此,我们不能因为汉冶萍最终被日资控制而全盘否定早期汉冶萍借助外资正常发展的事实。在汉冶萍早期的发展中,中国方面利用了德、日之间的竞争,充分地利用了日资,"弊少利多",达到了"为我所用"的目的,有效地促进了汉冶萍早期的发展。其实,从另外一种角度思考,正是因为后来德国力量退出,缺少了德、日之间的有效博弈,日本势力才真正开始对汉冶萍的独立自主有所威胁,通过不断的贷款,使汉冶萍公司陷入日债而不能自拔,最终"利少弊多",被"外人所用"。

(二) 外国势力在一定程度上阻碍了晚清湖北现代化的进程

外国势力不仅客观上促进了晚清湖北现代化的发展,也在某种程度上阻碍了晚清湖北现代化的进程,它既是促进者,又是压迫者。这种作用是一种典型的双面性,若只强调其中一面,即为片面。然而,近年来,部分研究者往往过于肯定外国势力的促进作用,忽略了外国势力阻碍晚清湖北现代化进程的另一面。章开沅指出:"西方的现代化研究者中有部分人把欠发达国家的现代化挫折归因于自身'传统价值观念'使得人们缺乏进取精神;或归之于'传统经济结构的惰性'使得工商业不能尽快发展;也有人指出是因为这些国家'缺乏政治的统一和稳定性',而在承认西方的侵略、控制和干涉的破坏作用时总是羞羞答答的,相反的是过分强调了现代化国家对非现代化国家的示范作用和'比较利益'。"③ 关于这种阻碍作用,笔者认为,具体有以下三个点。

1. 晚清湖北的外国势力破坏了国家权力的屏护机制

近代中国经历了半殖民地化过程,"这是在强大的外来政治、经济、军事渗透下,中国原有的进程被打断,被逐步纳入以西方资本

---

① 李玉勤:《清末汉冶萍公司短暂繁荣述论》,《苏州大学学报》(哲学社会科学版) 2011年第6期。
② 曹均伟:《近代中国与利用外资》,上海社会科学院出版社1991年版,第18页。
③ 章开沅、罗福惠主编:《比较中的审视:中国早期现代化研究》,浙江人民出版社1993年版,第758页。

主义为中心的世界经济体系之中,沦为依附性的半殖民地,主权丧失与变形"①。晚清湖北的半殖民化进程,始自1861年的汉口开埠。半殖民化对晚清湖北现代化进程最大的阻碍,在于现代化发展屏护机制被打破,国家政权无法给湖北的现代化发展提供合适的环境和政策上的保护,"离开了国家权力强大而开明的屏护机制,近代化的腾飞几乎是不可能。即使在瞬间实现了腾飞,也会永久地归入沉寂;即使在某个地区实现了崛起,也会伴着严重的溃疡并发症"②。随着半殖民化进程的不断推进,其对晚清湖北现代化进程的阻碍作用也愈发明显。

汉口租界作为晚清湖北半殖民化的重要象征,它严重损坏了国家权力对晚清湖北现代化的政治、军事屏护机制。汉口共存在五国租界,总面积在中国排列第三,"租界里最多时云集近20个国家的约3000名外国人,包括领事、外交和行政官员、军人、警察巡捕、传教士、记者、教师、工程技术人员、商人和家属等"③。租界作为晚清湖北的"飞地",各国领事局、工部局、巡捕房等自设机构各自执行着其区域内的行政、征税、治安等权力,俨然一个"国中之国"。驻扎在租界或者租界附近长江洋面上的军事力量是租界这个"国中之国"的重要保障。湖北的中国军队不得进驻五国租界,外国军事力量却随时可以对湖北进行军事威胁。如汉口开埠之后,英国军舰时常在湖北的长江江面游弋。法租界划定之后,租界内既存在法国兵营,江中亦停泊有两艘法国军舰。日本租界内的军事力量更是嚣张,时常越界进行军事演习。1911年武昌起义之时,各国军舰同时云集汉口长江附近,达20艘之多,包括英国军舰8艘、德国军舰5艘、美国军舰3艘、日本军舰2艘,俄国、奥地利舰各一艘,随时待命准备对革命进行干涉。另外,汉口租界内的市政建设虽然为湖北带来了现代都市文明的标本,"把欧美的市政管理体制和城市建设模式甚至生活方式带到了汉口"④,但是,

---

① 罗荣渠:《现代化新论——世界与中国的现代化进程》,北京大学出版社1993年版,第240页。
② 陈钧、任放:《世纪末的兴衰——张之洞与晚清湖北经济》,中国文史出版社1991年版,第368—369页。
③ 罗福惠:《湖北通史·晚清卷》,华中师范大学出版社1999年版,第284页。
④ 涂文学:《近代汉口市政改革对租界的效法与超越》,《江汉大学学报》(社会科学版)2009年第4期。

这种模式严重破坏了汉口城市的统一规划和市政管理，一定程度上阻碍了武汉城市现代化的历史进程。有学者即明确指出："租界对近代中国社会的影响确实是错综复杂的，从中获益最大的不是中国，而是西方列强。"①

湖北关税机构的半殖民地化破坏了国家权力对民族经济发展的屏护职能。湖北的这3个近代海关，英国势力占有绝对的优势，可以说，湖北的近代关税机构，基本上掌握在英国人之手，它是一个半殖民化机关。江汉关、宜昌关和沙市关三处近代海关虽然规范了湖北近代的贸易秩序，创办了现代的关税管理体制，由于江汉关操控于外国人之手及受到关税协定的制约，它不仅不能起到现代海关保护民族经济和捍卫国家主权的责任与使命，相反成为西方国家掠夺中国内陆资源和倾销其工业品的利器。湖北海关的税收，大部分交付海关总税务司用作偿还外债和赔款，海关逐渐沦为外国经济压榨中国的有效工具。经济屏护机制的丧失，严重压制了晚清湖北了本土现代化建设力量的发展，"他们贪得无厌的欲望、疯狂的暴力、极力攫取而且千方百计地加以保持各种特权，使得他们在中国的破坏性运动中大于'建设性'"②。

2. 晚清湖北的外国势力压制了本土现代化力量的发展

本土现代化力量，指由湖北自身力量所创办的近代工业、航运业、金融业等，既包含官办也包括民营。晚清湖北本土现代化力量是在外国现代化力量的直接或间接刺激下产生的，发展过程中也以外国现代化力量为示范。但是，外国现代化力量同湖北本土现代化力量存在一种竞争关系，外国现代化力量的扩张必然会对湖北本土现代化力量产生压制，"此时的湖北民族工商业仍在发展，但却步履蹒跚"③。

外国势力对湖北本土现代化力量的压制，主要有以下三种形式。

其一，外国势力在某些行业基本实行垄断经营。在一些领域，如砖茶制造、蛋品加工、卷烟业等部门，基本上被外国势力垄断，即使湖北本土力量尝试涉足，外国势力的绝对优势地位始终未能撼动，这些领域的本土

---

① 吴士英：《论租界对近代中国社会的复杂影响》，《文史哲》1998年第5期。
② 章开沅、罗福惠主编：《比较中的审视：中国早期现代化研究》，浙江人民出版社1993年版，760页。
③ 陈钧：《晚清时期帝国主义对湖北的经济侵略》，《江汉大学学报》（社会科学版）1986年第2期。

现代化力量一直处于微弱的发展态势。砖茶工业是汉口最重要，也最成规模的工业领域，基本上被俄商垄断，不仅湖北本土力量无法同俄国势力竞争，甚至连英国势力所创办的砖茶工厂也无法在汉口立足。蛋产品加工工业领域则被德国力量控制，直至"第一次世界大战前，汉口蛋加工业大半由德国人经营"①。烟草工业主要被英美烟草公司把持，"而本地烟市全为所夺"②。

其二，外国势力不断地强势渗透，挤压了本土现代化力量的发展空间。这种形式在湖北近代航运业方面最为明显。甲午战后，日本势力强势介入湖北的航运市场，历经十年的扩张，实力已颇为雄厚，致使在同英国航运力量竞争中早已疲惫不堪的招商局汉口分局更加雪上加霜，其在汉口进出口船只吨位的比重持续递减，1900年约占22%，1903年降至16%，1907年降至14%，1911年下降至12%。③ 在轻工业的某些领域，外国势力的强势渗透压制了本土现代化力量的发展。如法国人于1909年创办的法华康成造酒公司，"较华商各酒糟坊所制有天壤之别。其价则相伯仲，故华人极为欢迎，销路畅旺，无与伦比。闻一厂所制之酒，可敌数十家酒糟坊，完纳捐税，又极轻微，诚汾绍两帮酒业之劲敌也"④。日本势力于1907年创办的东亚面粉株式会社，资本之雄厚远超湖北本土力量创办的其他机制面粉工厂，导致部分民族机制面粉工厂不得不暂停股息。

其三，通过外债的形式控制本土现代化力量的发展。最典型的例子即为日本势力通过外债控制湖北的钢铁工业。日本势力为了本国钢铁工业的发展，获取湖北丰富的铁矿石资源，以资本为武器，通过持续、大量借贷的特殊形式逐步向汉冶萍公司渗透，致使汉冶萍失去了独立、健康发展的机会，逐步沦为日本钢铁工业的附庸。

3. 晚清湖北的中外冲突破坏了现代化发展所需的稳定环境

晚清湖北发生的中外冲突，"由外交礼仪、法律观念等因素引起者较

---

① 《汉口蛋品工业材料》，《武汉市外侨工商业概况》1950年9月。
② 彭泽益编：《中国近代手工业史料（1840—1949）第二卷》，生活·读书·新知三联书店1957年版，第480页。
③ 参见实业部国际贸易局编《最近三十四年来中国通商口岸对外贸易统计》，商务印书馆1935年版，第218—219页。
④ 《时报》1911年7月24日。

少，而由外人之蛮横行动与传教所引起者为较多。"① 1911 年 1 月 21 日下午，汉口人力车夫吴一狗于汉口租界路遇英籍巡捕头，"吴即询其要坐车否，保正（巡警）用棍向其车一击，吴疑保正欲坐车，遂将车放下，不意车轮误触保正之足，保正怒，即击吴一棍，吴即倒地，方欲挣起，又被保正足踢数下，旋即毙命"。22 日上午，近千名人力车夫、填土工人和码头工人停工，聚集在汉口英租界抗议，驻守在汉口附近的英国舰队士兵迅速登岸弹压，"应声而扑者共二十一人，伤十四人，毙七人"。其后，湖广总督瑞澂迅速派张彪等率湖北新军过江镇压，"防备之周，如临大敌"。商界为了抗议英兵暴行，罢市进行声援，最终亦被平息。为了安抚民心，瑞澂要求英国驻汉领事给予抚恤，英领事反借口"乱民损毁租界设施"，要求索赔 6 万元。"传教"引起的中外冲突，在晚清湖北中外冲突诸多事件中最为常见。晚清 50 年间，湖北发生的教案共 59 起。② 19 世纪 80 年代中期到 20 世纪初为教案发生的高潮期，严重大案屡发，尤其在湖北西部地区集中爆发了一系列大规模的反洋教斗争。③ 这一时期发生的教案，多与秘密组织哥老会有关，"哥老会在长江流域挑起的教案，不仅劫取大量不义之财，又致使朝廷为此巨额赔款，如宜昌教案赔款就折合库平银十六万四千五百九十六两三钱九分二厘"④。

晚清湖北的中外冲突，直接破坏了晚清湖北现代化所需要的稳定社会环境。由此引发的局部暴动和盲目的排外情绪严重地阻碍了晚清湖北现代化向湖北腹地推进的速度和效果。

关键的是，晚清湖北中外冲突对湖北稳定社会环境造成的间接破坏更

---

① 苏云峰：《中国现代化的区域研究（湖北省卷，1860—1916）》，"中研院"近代史所 1987 年版，第 125 页。

② 该数据出自刘元《晚清湖北教案研究——以官绅民为中心的考察》（人民出版社 2014 年版，第 40—46 页，"1860—1911 年间湖北发生教案简表"）。苏云峰在《中国现代化的区域研究（湖北省卷，1860—1916）》中统计数据为 33 起（参见 134—139 页"湖北教案表"）。罗福惠在《湖北通史·晚清卷》对苏云峰的数据进行了订正，认为苏云峰漏记教案 3 起（参见 184—188 页"晚清湖北教案表"）。笔者认为，刘元统计的数据之所以与苏云峰、罗福惠的数据有较大出入，一方面确实是后两者有所疏漏，一方面则是对教案标准的看法不一。

③ 参见刘元《晚清湖北教案研究——以官绅民为中心的考察》，人民出版社 2014 年版，第 35—38 页。

④ 常城：《偶然突发还是蓄意密谋：光绪十七年宜昌教案成因考》，《三峡大学学报》（人文社会科学版）2015 年第 4 期。

为严重。在处理这些中外冲突之时,湖北地方官员,包括张之洞,迫于各种压力,往往会采取偏袒政策。即使最终平息了这些中外冲突,偏袒政策也让绅与官之间、民与官之间出现了更大的嫌隙,离心离德之情绪愈加严重,从而不断酿发一些看似与外国势力无关,却实际息息相关的民变事件,进一步破坏晚清湖北现代化所需的稳定环境。

  要言之,外国势力对晚清湖北现代化的历史进程产生了深刻的双重影响,通过这种双重影响,我们或许可以更真切地理解晚清湖北现代化进程中的动力与阻力,从而厘清晚清湖北现代化错综复杂的历史轨迹。外国势力虽然既催生促进又扭曲阻碍了晚清湖北现代化的现代化历程,但是,这种力量并非是影响晚清湖北现代化的唯一力量,"中国通向现代世界的发展过程既不能看成是'外因'引起的单向运动,也不能看成是'外因'与'内因'对立两级之间的直线互动,应看成是错综复杂的、多线性多方向的矛盾运动"[①]。柯文对此也曾有过更精彩的论述:"如果从超历史的角度把帝国主义作为一把足以打开中国百年来全部历史的总钥匙,它确实是一种神话。但是另一方面,如果把它看成是各种各样具体的历史环境中发生作用的集中力量之一,我认为帝国主义不仅是现实的而且具有非常重要的解释能力。"[②]

[①] 罗荣渠:《现代化新论——世界与中国的现代化进程》,北京大学出版社1993年版,第240页。

[②] 柯文:《在中国发现历史——中国中心观在美国的兴起》,林同奇译,中华书局2002年版,第155页。

结　　论

通过上文的论述阐发，可以总结归纳出晚清湖北现代化五个基本特征。

一　发展过程：晚清湖北现代化具有鲜明的阶段性特点

晚清湖北现代化具有鲜明的阶段性特征，可以分为三个阶段：汉口开埠后的28年（1861—1888），张之洞督鄂的19年（1889—1907），武昌起义之前的4年（1908—1911）。

汉口开埠后的28年，相对显得较为平静，却是晚清湖北现代化的肇始阶段。这一阶段，晚清湖北的现代化进程发生在通商口岸汉口，主要为商业现代化，基本没有波及湖北其他地区。现代化的一些事物从无到有，从极其微弱变得不能小觑，在外国力量的刺激和直接参与下，开始了一段现代化发展模式之"汉口模式"①。

张之洞督鄂的19年，晚清湖北的现代化格局发生巨大转变，一系列工业化建设在汉口以外的地区轰轰烈烈展开。特别是汉阳和武昌，汉阳被缔造为中国的钢铁工业和兵工业重镇，武昌则成为华中地区纺织工业和近代教育中心。以武汉地区为中心的晚清湖北现代化在这一时期"开风气、拔头筹"，"其时工厂林立，江汉殷振，一隅之地，足以耸动中外之视听"②。可以说，张之洞的晚清新政是整个晚清湖北现代化进程中最为灿

---

① 关于晚清湖北现代化的"汉口模式"，参见任放《汉口模式与中国早期现代化》（《光明日报》2002年12月3日）、《汉口模式与中国商业近代化》；冯天瑜、陈锋主编《武汉现代化进程研究》，武汉大学出版社2002年版，第58—67页。

② 张继煦：《张文襄公治鄂记》，湖北通志馆1947年版，第7页。

烂的部分，是 50 年现代化史的高潮，其内容之丰赡，气势之宏大，令后人唏嘘不已。

武昌起义之前的 4 年虽短，却是晚清湖北现代化的深化期。首先，这 4 年关系到张之洞湖北新政的历史命运。其次，晚清湖北的工业化进入一个崭新阶段，虽然官办工业窒碍难行，却出现了民间兴办工业的浪潮。再次，也是最重要的，这 4 年间，湖北现代化涉及以往从未发生的政治变革，而这又与武昌起义密切相关。

二　传播效应：晚清湖北现代化极化效应突显，而扩散效应不彰

晚清湖北现代化进程的一个重要特征即极化效应显著。一方面，汉口因传统商业繁盛、水运条件通达及其作为通商口岸的优势，短时间迅速崛起为一个现代化的工商业城市，堪称"东方的芝加哥"。另一方面，在强势总督张之洞的领导下，汉阳发展成湖北，乃至整个中国的重工业和军事工业中心，武昌则成为华中地区著名的近代文化教育重镇。两方面合力促成武汉地区成为湖北现代化建设的核心区域。

按照正常的发展途径，武汉地区成为湖北现代化建设的核心区之后，会逐步向周边辐射和传导，产生一种扩散效应，进而实现现代化从不均衡向均衡的发展。

然而，由于特殊的历史背景，湖北现代化核心区形成之后，没有充分地以核心区为圆点向周围扩散，而是越过附近区域，沿长江水路向通商口岸宜昌、沙市两地强势汇聚。现代化的一系列事物相继在宜昌、沙市出现和发展，两地逐渐演变成为晚清湖北现代化的第二层带。

我们亦不能高估第二层带的现代化程度。晚清宜昌和沙市的现代化都没有真正的近代工业产生，这正是两地与同是通商口岸汉口之间的差距。工业化是早期现代化的核心，而两地的早期现代化主要表现在商业、交通和教育等方面，表明两地早期现代化后天发展不足。另外，第二层带的现代化发展，依赖有限的外国力量推动，是汉口现代化模式的扩散。可以看出，宜昌、沙市的区位优势明显劣于汉口，外国力量的推动更是远逊于汉口，同时，宜昌和沙市的地方官员没有能力，没有条件，也没有机会去领导本区域的现代化建设。宜、沙两地的现代化发展，跟武汉地区相比显得黯淡无光。

对于湖北腹地，即武汉地区、宜昌、沙市之外的区域，现代化缓慢蠕动，发展更是微弱。湖北腹地在自身区位优势并不明显的情况下，既缺乏外国力量的刺激和示范，又没有形成本土的政治领导阶层，相反，由于传统力量的桎梏，腹地反而出现了较核心区和第二层带更为激烈的顽固力量。因此，这一地区的现代化进程明显落后于宜昌和沙市两地，更无法与武汉地区相比。

正是由于晚清湖北现代化极化效应突显、扩散效应不彰，湖北呈现出多层次的现代化景象，进而导致湖北区域性发展严重失衡历史格局的形成。

三 影响要素：晚清湖北现代化与张之洞及外国势力息息相关

晚清湖北现代化之所以能够取得斐然的成就，首先应归功于督鄂19年之久的张之洞。

张继煦在《张文襄公治鄂记》中这样论述自己老师在湖北的作为："清咸丰时，胡林翼抚鄂，自谓造成一崭新湖北。若与公比较，胡当地方残破之余，理财练兵，使湖北变而富强，东征各军，倚此以削平大难，而减漕积谷，鄂人尤歌颂其宪政，然其究在一时。公固私淑林翼者也，而值历史所未见之世变，排除万难，为鄂兴百世之利，所谓崭新湖北，盖在此而不在彼。"① 苏云峰通过对湖北早期现代化的探讨，最后在结论中指出："总之，湖北在清末廿年间，政治、经济与社会均有相当的进步。这要归功于张之洞等政治领导阶层的决心与努力。"② 《湖北通史·晚清卷》写道："湖北是后期洋务新政的中心地区，举凡创办重工业、编练新军、开办新式学堂和派遣留学生，这些为全国所瞩目的改革措施，都发生在张之洞督鄂的时期。"③ 陈钧、任放则在《世纪末的兴衰——张之洞与晚清湖北经济》中提出，"可以说，没有不同凡响的张之洞就没有不同凡响的'湖北新政'。尽管张之洞莅鄂不是'湖北新政'崛起的唯一因素，却是

---

① 张继煦：《张文襄公治鄂记》，湖北通志馆1947年版，第7页。
② 苏云峰：《中国现代化的区域研究（湖北省卷，1860—1916）》，"中研院"近代史所1987年版，第575页。
③ 罗福惠：《湖北通史·晚清卷》，华中师范大学出版社1999年版，第199页。

最重要的因素。"①

以上关于张之洞在晚清湖北新政的褒奖并非虚言。然后，亦正是因为张之洞在晚清湖北现代化中的特殊地位，以及张之洞个人的不可替代性，制约了晚清湖北现代化的发展。张之洞本因修筑京汉铁路而至鄂，而"此事他人不愿为，且不能为，又替人之难"②。因此，张之洞能够督鄂19年之久，京汉铁路也最终完工。但是，张之洞在鄂多项现代化事业的展布，在其1907年赴京时仅仅只能算是初期阶段。这些现代化事业，同样面临"人不愿为，且不能为"的困境。张之洞离鄂之后，其后的三任总督皆不能继承其衣钵。赵尔巽喜好改弦更张，将其"廿余年苦心经营缔造诸政策，一力推翻"③。陈夔龙"不愿为"，无意于在湖北做出一番事业。瑞澂则属于"不能为"，无力应对各种复杂政局。三人终将张之洞一生之心血付诸东流，"随时演进，数十年间，文化衰落，凡百退转，仅余残破之建筑物，供后人凭吊"④。

从某种程度上说，晚清湖北因张之洞而崛起，亦因张之洞而衰落。

其次，晚清湖北现代化还与外国势力息息相关。

英国的军事力量直接催生了湖北现代化的历史进程。如果没有英国军事力量的冲击，则不会有汉口的开埠。英国势力对晚清湖北现代化的"催生"，从长远的历史观察，无疑是一种积极的进步。但是，从其后晚清湖北现代化的发展轨迹观察，外国势力对晚清现代化正常轨迹的扭曲显然产生了一种消极后果。外国势力对于晚清湖北的现代化进程，不仅是"阶梯"，同时还是"陷阱"。

从历史作用评析，外国势力既客观上促进了晚清湖北现代化的历史发展，又在一定程度上阻碍了晚清湖北现代化的进程，是一种典型的双重性影响。具体来说，外国势力对晚清湖北现代化的客观促进主要有两个方面：之一，外国势力直接参与了晚清湖北现代化诸多事业的建设，包括工业、商贸、市政、文化、教育、医疗、社会救助等各个方面。之二，外国

---

① 陈钧、任放：《世纪末的兴衰——张之洞与晚清湖北经济》，中国文史出版社1991年版，第339页。
② 张继煦：《张文襄公治鄂记》，湖北通志馆1947年版，第3页。
③ 陈夔龙：《梦蕉亭杂记》，世界知识出版社2007年版，第247页。
④ 张继煦：《张文襄公治鄂记》，湖北通志馆1947年版，第7页。

势力间接促进了晚清湖北现代化的进程，这种间接促进不仅刺激了本土的现代化建设力量的产生、发展，还表现在外国势力的内部博弈为晚清湖北现代化的发展提供了有利机遇。然而，在外国势力客观促进晚清湖北现代化发展的同时，也阻碍了晚清湖北现代化的发展进程。晚清湖北的外国势力破坏了国家权力的屏护机制，压制了本土现代化力量的发展，既是促进者，又是压迫者。

只要认真地审视外国势力，才可能更真切地理解晚清湖北现代化进程中的动力与阻力。外国势力对晚清湖北现代化的历史进程产生了深刻的双重性影响：从发展轨迹讲，外国势力直接催生了晚清湖北现代化的历史进程，却也严重扭曲了晚清湖北现代化的正常道路；以历史作用看，外国势力既客观促进了晚清湖北现代化的历史进程，又在一定程度上阻碍了晚清湖北现代化的发展。

四　整合程度：晚清湖北现代化进程中武昌、汉阳和汉口三地的一体化程度较低

在清季民初湖北的诸多文献中，"武汉"一词已经出现。但是，纵观晚清湖北现代化的历史进程，在当时的历史环境下，文献中的"武汉"仅是武昌府和汉阳府（汉口本属汉阳府）的统称，与今日所谈的武汉有本质区别。今日所谈之武汉，除了从地域上指代传统的武昌、汉阳和汉口等区域之外，同时还表征这区域的一体化进程。

晚清湖北现代化进程中，武昌、汉阳和汉口三地的一体化程度始终较低。中缘由大概有三。

其一，有清一代，武昌、汉阳和汉口分属不同层次的政治单元，三者本身存在一种不对等的政治关系。武昌为省城所在，湖广总督、湖北巡抚、布政使、提学使、按察使等署衙及各专业道、武昌府署、江夏县署都设于武昌。汉阳亦是湖北重要的行政中心，为府、县两级驻地。三地之中经济最繁盛、人口最多的汉口在1899年之前仅是隶属于汉阳府汉阳县下的一个镇，没有自身的行政管理机构。由于商贸的发达和中外交涉的繁杂，汉口镇所属的府、县两级机构分别派属官驻汉口，汉黄德道台也从原驻地黄州迁至汉口，"虽然并非正式的行政单位，汉口却受到由中央任命的、过多而且重叠的政府官员们的统治"①。1899年,张之洞奏请将汉口镇筹建为县级夏口厅,"自非有正印官驻汉口,不足以重交涉而资治理。"②即使汉口实现了由"镇"到"厅"的历史性突破,武昌、汉阳和汉口三地依然互不同属,没有形成一体化的行政监制。

其二,由于通商条约的限制,对于外国势力而言,通商口岸汉口和非通商口岸武昌(后为自开口岸)、汉阳三者存在明显的区别。日本驻汉口领事水野幸吉在《中国中部的事情:汉口》这样写道:"因为武昌与汉阳不是条约里的开港城市,为此,原则上不允许外国人居住或通商。但如果是教师职业或者被中国政府所聘用的日本人则另当别论。现今有我的一位同窗前辈住在武昌,这当然是得到张之洞的特许,如果是我肯定不会让居住。现今,在武昌一家日本人开的杂货店都没有,拿张之洞俸禄的日本人男女老少都算在内,共有200人左右,这200人即使想吃日本的最平常的'福神腌菜'也必须到汉口才能买到。"③

其三,据晚清当时的史料,无论是外国人的观察还是本国人的记述,直至20世纪初,长江依然有如"天堑":"汉口与武昌横隔长江南北相望,为两市的交通带来许多不便。由于汉水在汉口与长江汇流,汇流处呈漩涡状,当强风、涨水季节,由民船渡江非常危险";"彼处的长江弯曲向北流动,为此,冬季北风一吹,浊浪滔天,一般渡船根本无法渡江","事实上,汉口与武昌之间相隔似乎不远,但有时没有军舰就是无法逾越"④。在当时的历史条件下,长江严重影响了武昌、汉口和汉阳三地的一体化进程。

五 历史地位:晚清湖北现代化对中国政治现代化做出了重要贡献

晚清湖北现代化成就斐然,在多个方面都"拔头筹""开风气之先"。不过,晚清湖北现代化的很多事业随着张之洞离鄂烟消云散,对中国现代化影响有限,唯有晚清湖北现代化的产物武昌起义深刻地影响了中国政治

---

① [美]罗威廉:《汉口:一个中国城市的商业和社会(1796—1889)》,江溶、鲁西奇译,中国人民大学出版社2005年版,第39页。

② 《张之洞全集》第三册,武汉出版社2008年版,第511页。

③ [日]水野幸吉:《中国中部的事情:汉口》,武德庆译,武汉出版社2014年版,第276页。

④ 同上书,第85、277页。

现代化的历史走向。

武昌起义是晚清湖北现代化的结果，"辛亥首义的最大特点，就是它孕育发生在近代文明发达及近代人群汇集的大都会武汉，是一次由新型革命知识分子发动领导、以革命化新军为主体的城市起义，它的爆发并成功，与汉口开埠、张之洞督鄂以来近代物质文明及精神文明的传播发展密切相关"①。武昌起义对中国的政治现代化影响甚为深刻：武昌起义摧毁了帝制，"辛亥首义虽留下种种未竟之业，然其意义却是不同凡响的，这不仅表现为推翻了其末年已严重阻碍中国前进的清王朝，更在于终结沿袭两千余年、渐成历史桎梏的专制帝制"。与推翻旧制度互为表里，武昌起义又建立起了崭新的政治制度，"尽管共和制的内容有待坐实与提升，辛亥以后的路途也十分崎岖坎坷，国人一再陷入渴求变革而又失望于变革的焦虑之中，然而始终没有放弃对于共和宪政这一政治形态的追求"②。

晚清湖北现代化的顿挫，换来中国政治现代化质的飞跃，以局部成就整体，以短暂赢得长久，可谓晚清湖北现代化对中国现代化的重要贡献。

以上五个基本特征，不仅是对晚清湖北现代化历史具象的阐述，同时还蕴含着晚清湖北现代化的成功之处与失败之痛。这些由成功与失败共同构成的历史经验，或可为至今尚未彻底完成的现代化事业贡献点滴智慧。

---

① 冯天瑜：《武汉文库·总序》，《武昌首义与武汉早期现代化》，武汉出版社2011年版。
② 冯天瑜、张笃勤：《辛亥首义史》，湖北人民出版社2011年版，第611、617页。

参考文献

官书、政书、档案集、文集、年谱、杂录

［1］《清史稿》，中华书局1977年版。

［2］世恭等编：《德宗景皇帝实录》，中华书局1986年版。

［3］朱寿朋等编：《光绪朝东华录》，中华书局1958年版。

［4］文庆等编：《筹办夷务始末》，中华书局1979年版。

［5］刘锦藻：《清朝续文献通考》，商务印书馆1934年版。

［6］贺长龄编：《皇朝经世文编》，文海出版社1966年版。

［7］李经畬等编：《合肥李勤恪公政书》，文海出版社1966年版。

［8］卞宝第：《卞制军政书》，文海出版社1966年版。

［9］中山大学历史系近现代史教研组、研究室：《林则徐集·奏稿》，中华书局1965年版。

［10］陈夔龙著：《庸庵尚书奏议》，文海出版社1970年版。

［11］陈夔龙，陈南濂译注：《梦蕉亭杂记》，世界知识出版社2007年版。

［12］奎斌：《杭阿坦都统奏议》，文海出版社1987年版。

［13］"中研院"近代史研究所编：《教务教案档》，"中研院"近代史所1974—1981年版。

［14］陈旭麓、顾廷龙、汪熙主编：《盛宣怀档案资料选辑之二：湖北开采矿铁总局·荆门矿务总局》，上海人民出版社1981年版。

［15］中国第一历史档案馆、福建师范大学合编：《清末教案》，中华书局1998年版。

［16］王铁崖编：《中外旧约章汇编》，生活·读书·新知三联书店1957年版。

[17] 汪士铎：《胡文忠公抚鄂记》，岳麓书社 1988 年版。

[18] 冯天瑜标点：《辜鸿铭文集》，岳麓书社 1985 年版。

[19] 四明听雨楼主人：《张文襄公事略》，蒋春记书庄石印本 1909 年版。

[20] 张继煦主编：《张文襄公治鄂记》，湖北通志馆 1947 年版。

[21] 许同莘：《张文襄公年谱》，上海商务印书馆 1947 年版。

[22] 胡钧：《清张文襄公之洞年谱》，台湾商务印书馆股份有限公司 1978 年版。

[23] 王树楠编：《张文襄公全集》，北京文华斋刻印 1928 年版。

[24] 苑书义等主编：《张之洞全集》，河北人民出版社 1998 年版。

[25] 赵德馨主编：《张之洞全集》，武汉出版社 2008 年版。

资料汇编、地方史志、文史资料

[1] ［日］水野幸吉：《汉口》，上海昌明公司出版 1908 年版。

[2] ［日］水野幸吉：《中国中部的事情：汉口》，武德庆译，武汉出版社 2014 年版。

[3] ［日］美代清彦：《游历鄂省西北部》，朱承庆译，湖北农务学堂刊行 1902 年版。

[4] ［日］东亚同文会编：《支那经济全书》，东亚同文会发行 1907 年版。

[5] ［日］东亚同文会编：《支那省别全志·湖北省》，东亚同文会 1918 年版。

[6] 实业部国际贸易局编：《最近三十四年来中国通商口岸对外贸易统计（1900—1933）·中部》，商务印书馆 1935 年版。

[7] 孙毓棠编：《中国近代工业史资料第 1 辑（1840—1895）》，科学出版社 1957 年版。

[8] 汪敬虞编：《中国近代工业史资料第 2 辑（1895—1914）》，科学出版社 1957 年版。

[9] 李文治编：《中国近代农业史资料第 1 辑（1840—1911）》，生活·读书·新知三联书店 1957 年版。

[10] 陈真、姚洛编：《中国近代工业史资料第 1 辑（民族资本创办和经营的工业）》，生活·读书·新知三联书店 1957 年版。

［11］陈真编：《中国近代工业史资料第 3 辑（清政府、北洋政府和国民党官僚资本创办和垄断的工业）》，生活·读书·新知三联书店 1961 年版。

［12］中国史学会主编：《中国近代史资料丛刊（洋务运动）》，上海人民出版社 1961 年版。

［13］姚贤镐编：《中国近代对外贸易史资料》，中华书局 1962 年版。

［14］徐义生编：《中国近代外债史统计资料（1853—1927）》，中华书局 1962 年版。

［15］湖北省志贸易志编辑室编：《湖北近代经济贸易史料选辑（1840—1949）》，内部刊行 1984 年版。

［16］吴剑杰主编：《湖北咨议局文献资料汇编》，武汉大学出版社 1991 年版。

［17］茅家琦、黄胜强、马振犊编：《中国旧海关史料（1859—1948）》，京华出版社 2001 年版。

［18］徐焕斗：《汉口小志》，六艺书局 1915 年版。

［19］侯祖畬、吕寅东：《夏口县志》，湖北省长公署，1920 年。

［20］张仲炘、杨承禧：《湖北通志》，武昌省长公署，1921 年。

［21］聂光銮等修，王柏心等纂：《宜昌府志同治三年刻本》，成文出版社有限公司 1970 年版。

［22］徐明庭辑校：《武汉竹枝词》，湖北人民出版社 1999 年版。

［23］倪文蔚等修，顾嘉蘅等纂：《光绪荆州府志》，江苏古籍出版社 2001 年影印本。

［24］英启修、邓琛纂：《光绪黄州府志》，江苏古籍出版社 2001 年影印本。

［25］徐明庭：《民初汉口竹枝词今注》，中国档案出版社 2001 年版。

［26］徐明庭、张颖、杜宏英辑校：《湖北竹枝词》，湖北人民出版社 2007 年版。

［27］武汉市档案馆编：《大武汉旧影》，湖北人民出版社 1999 年版。

［28］武汉市档案馆、武汉市博物馆编：《武汉旧影》，人民美术出版社 1999 年版。

［29］上海历史博物馆编：《武汉旧影》，上海古籍出版社 2007 年版。

［30］湖北省地方志编纂委员会：《湖北省志》，湖北人民出版社 1990—1994 年版。

［31］武汉市政协文史资料编纂委员会编：《武汉文史资料》，内部发行，1980—1995 年。

［32］宜昌市政协文史资料编纂委员会编：《宜昌市文史资料》，内部发行，1985—1994 年。

［33］沙市市政协文史资料编纂委员会编：《沙市文史资料》，内部发行，1988—1995 年。

报纸与杂志

［1］《申报》，1872—1912 年。
［2］《时报》，1904—1912 年。
［3］《汉口中西报》，1906—1912 年。
［4］《湖北商务报》，1899—1903 年。
［5］《湖北地方自治会研究杂志》，1908—1910 年。
［6］《湖北官报》，1905—1911 年。
［7］《万国公报》，1874—1907 年。
［8］《申报月刊》，1933 年。
［9］《湖北学生界》，1903 年。
［10］《东方杂志》，1904—1912 年。

近人著作与论文集

［1］苏云峰：《中国现代化的区域研究（湖北省卷，1860—1916）》，"中研院"近代史所 1987 年版。

［2］苏云峰：《张之洞与湖北教育改革》，"中研院"近代史所 1976 年版。

［3］陈钧、任放：《世纪末的兴衰——张之洞与晚清湖北经济》，中国文史出版社 1991 年版。

［4］皮明庥主编：《近代武汉城市史》，中国社会科学出版社 1993 年版。

［5］穆德合等：《近代武汉经济与社会——海关十年报告（江汉关

1882——1931）》，李策译，天马图书有限公司1993年版。

[6] 湖北社科院历史研究所编：《湖北简史》，湖北教育出版社1994年版。

[7] 罗福惠：《湖北近三百年学术文化》，武汉出版社1994年版。

[8] 宋亚平：《湖北地方政府与社会经济建设（1890—1911）》，华中师范大学出版社1995年版。

[9] 徐凯希、田锡富主编：《外国列强与近代湖北社会》，湖北人民出版社1996年版。

[10] 董宝良、熊贤君主编：《从湖北看中国教育现代化》，广东教育出版社1996年版。

[11] 罗福惠：《湖北通史·晚清卷》，华中师范大学出版社1999年版。

[12] 皮明庥、吴勇主编：《汉口五百年》，湖北教育出版社1999年版。

[13] 任放：《明清长江中游市镇经济研究》，武汉大学出版社2003年版。

[14] 杨国安：《明清两湖地区基层组织与乡村社会研究》，武汉大学出版社2004年版。

[15] 周荣：《明清社会保障制度与两湖基层社会》，武汉大学出版社2006年版。

[16] 陈锋主编：《明清以来长江流域社会发展论》，武汉大学出版社2006年版。

[17] ［美］罗威廉：《汉口：一个中国城市的商业和社会（1796—1889）》，江溶、鲁西奇译，中国人民大学出版社2005年版。

[18] 皮明庥等：《武汉通史·晚清卷》，武汉出版社2006年版。

[19] 周积明主编：《湖北文化史》，湖北教育出版社2006年版。

[20] ［美］罗威廉：《汉口：一个中国城市的冲突与社区（1796—1895）》，鲁西奇、罗杜芳译，中国人民大学出版社2008年版。

[21] 汤黎：《人口、空间与汉口的城市发展（1460—1930）》，中国社会科学出版社2010年版。

[22] 江凌：《清代两湖地区的出版业》，中国书籍出版社2011年版。

[23] 周德钧：《近代湖北城镇发展研究》，中国社会科学出版社2012年版。

[24] 陈锋、张笃勤主编：《张之洞与武汉早期现代化》，中国社会科学出

版社 2003 年版。

[25] 李细珠：《张之洞与清末新政研究》，上海书店出版社 2003 年版。

[26] 傅才武：《近代化进程中的汉口娱乐业（1861—1949）》，湖北教育出版社 2005 年版。

[27] 冯天瑜、陈锋主编：《张之洞与中国近代化》，中国社会科学出版社 2010 年版。

[28] 宋亚平等：《辛亥革命前后的湖北经济与社会》，中国社会科学出版社 2011 年版。

[29] 涂文学、李卫东：《武汉首义与武汉早期现代化》，武汉出版社 2011 年版。

[30] 徐凯希等编：《招商局与湖北》，湖北人民出版社 2012 年版。

[31] 袁北星：《客商与汉口近代化》，湖北人民出版社 2013 年版。

[32] 冯天瑜、何晓明：《张之洞评传》，南京大学出版社 1991 年版。

[33] 费正清、刘广京编：《剑桥中国晚清史 1800—1911》，中国社会科学出版社 1985 年版。

[34] 李时岳：《近代史新论》，汕头大学出版社 1993 年版。

[35] 陈旭麓：《近代中国社会的新陈代谢》，中国人民大学出版社 2012 年版。

[36] 蒋廷黻：《中国近代史》，武汉人民出版社 2012 年版。

[37] 郭廷以：《近代中国的变局》，九州出版社 2012 年版。

[38] 徐中约：《中国近代史：1600—2000 中国的奋斗》，后浪出版公司 2013 年版。

[39] [日] 斯波义信：《中国都市史》，布和译，北京大学出版社 2012 年版。

[40] 钱乘旦、陈意新：《走向现代国家之路》，四川人民出版社 1987 年版。

[41] [美] 布莱克：《现代化的动力》，段小光译，四川人民出版社 1988 年版。

[42] 罗荣渠主编：《从"西化"到现代化——五四以来有关中国的文化趋向和发展道路论争文选》，黄山书社 2008 年版。

[43] [美] 罗兹曼主编：《中国的现代化》，陶骅等译，上海人民出版社

2002年版。

[44]［美］柯文:《在中国发现历史——中国中心观在美国的兴起》,林同奇译,中华书局1989年版。

[45]［美］塞缪尔·亨廷顿等:《变动社会的政治秩序》,王冠华、刘为等译,上海人民出版社2008年版。

[46]［美］郝延平:《中国近代商业革命》,陈潮、陈任译,上海人民出版社1991年版。

[47]罗荣渠、牛大勇编:《中国现代化历程的探索》,北京大学出版社1992年版。

[48]孙立平:《传统与变迁——国外现代化及中国现代化问题研究》,黑龙江人民出版社1992年版。

[49]张琢:《九死一生——中国现代化的坎坷历程和中长期预测》,中国社会科学出版社1992年版。

[50]［美］塞缪尔·亨廷顿等:《现代化:理论与历史经验的再探讨》,张景明译,上海译文出版社1993年版。

[51]章开沅、罗福惠主编:《比较中的审视:中国早期现代化研究》,浙江人民出社1993年版。

[52]罗荣渠:《现代化新论——世界与中国的现代化进程》,北京大学出版社1993年版。

[53]［美］斯塔夫里阿诺斯:《全球分裂:第三世界充分发展》,迟越、王红生等译,商务印书馆1995年版。

[54]周积明:《最初的纪元:中国早期现代化研究》,高等教育出版社1996年版。

[55]罗荣渠:《现代化新论续篇——东亚与中国的现代化进程》,北京大学出版社1997年版。

[56]《罗荣渠与现代化研究——罗荣渠教授纪念文集》,北京大学出版社1997年版。

[57]［美］伊曼纽尔·沃勒斯坦:《现代世界体系》,罗荣渠译,高等教育出版社1998年版。

[58]虞和平:《中国现代化历程》,江苏人民出版社2001年版。

[59]左玉河:《失去的机遇——中国现代化历程的再认识》,云南人民出

版社 2001 年版。

[60] 许纪霖、陈达凯主编：《中国现代化史 1800—1949（第一卷）》，学林出版社 2006 年版。

[61] 郭世佑、邱巍：《突破重围——中国早期现代化研究》，河南大学出版社 2010 年版。

[62] 金耀基：《从传统到现代》，广州文化出版社 1989 年版。

[63] 虞和平：《商会与中国早期现代化》，上海人民出版社 1993 年版。

[64] 崔运武：《中国早期现代化中的地方督抚——刘坤一个案研究》，中国社会科学出版社 1998 年版。

[65] 河北省炎黄文化研究会、河北省社会科学院主编：《张之洞与中国近代化》，中华书局 1999 年版。

[66] 萧功秦：《危机中的变革——清末现代化进程中的激进与保守》，上海三联书店 1999 年版。

[67] 丁长清、慈鸿飞：《中国农业现代化之路——近代中国农业结构、商品经济与农村市场》，商务印书馆 2000 年版。

[68] 吴承明：《中国的现代化——市场与社会》，生活·读书·新知三联书店 2001 年版。

[69] 郑润培：《中国现代化历程——汉阳铁厂（1890—1908）》，新亚研究所 2002 年版。

[70] 张朋园：《知识分子与近代中国的现代化》，百花洲文艺出版社 2002 年版。

[71] 张仲礼等：《长江沿江城市与中国近代化》，上海人民出版社 2002 年版。

[72] 周积明、郭莹等：《中国早期现代化进程中的思潮和社会》，商务印书馆 2003 年版。

[73] 复旦大学历史地理研究中心主编：《港口——腹地和中国现代化进程》，齐鲁书社 2005 年版。

[74] ［美］司马富等编：《赫德日记——赫德与中国早期现代化（1863—1866）》，陈绛译，中国海关出版社 2005 年版。

[75] 何晓明：《知识分子与中国现代化》，东方出版中心 2007 年版。

[76] 王立新：《美国传教士与晚清中国现代化》，天津人民出版社 2008

年版。

[77] 章开沅:《离异与回归:传统文化与近代化关系试析》,中国人民大学出版社 2010 年版。

[78] 李灵、曾庆豹编:《中国现代化视野下的教会与社会》,上海人民出版社 2010 年版。

[79] 严昌洪:《西俗东渐记——中国近代社会风俗的演变》,湖南出版社 1991 年版。

[80] 张仲礼:《中国绅士——关于其在 19 世纪中国社会中作用的研究》,李荣昌译,上海社会科学院出版社 1998 年版。

[81] 葛剑雄主编,曹树基:《中国移民史》第 6 卷,福建人民出版社 1997 年版。

[82] [美]何炳棣:《明初以降人口及其相关问题》,葛剑雄译,生活·读书·新知三联书店 2000 年版。

[83] 杨念群:《中层理论——东西方思想会通下的中国史研究》,江西教育出版社 2001 年版。

[84] 张仲礼:《中国绅士的收入》,费成康、王寅通译,上海社会科学院出版社 2001 年版。

[85] 瞿同祖:《清代地方政府》,范忠信、晏锋译,法律出版社 2003 年版。

[86] 刘伟:《晚清督抚政治——中央与地方关系研究》,湖北教育出版社 2003 年版。

[87] [美]布鲁纳等编:《步入中国清廷仕途——赫德日记(1854—1863)》,傅曾仁译,中国海关出版社 2003 年版。

[88] 尚小明:《清代士人游幕表》,中华书局 2004 年版。

[89] 罗福惠:《时空·人物·思想文化(晚清卷)》,湖北人民出版社 2008 年版。

[90] 贾小叶:《晚清大变局中督抚的历史角色——以中东部若干督抚为中心的研究》,上海书店出版社 2008 年版。

[91] 罗志田:《裂变中的传承——20 世纪前期的中国文化与学术》,中华书局社 2010 年版。

[92] 何晓明:《世界眼光与本土特色——中国资本主义萌芽研究》,河南

大学出版社 2010 年版。

[93] 萧功秦：《危机中的变革——清末政治中的激进与保守》，广东人民出本社 2011 年版。

[94] 李细珠：《地方督抚与清末新政——晚清权力格局再研究》，社会科学文献出版社 2012 年版。

[95] 何晓明：《学术的张力——史与论之间的思想操练》，人民出版社 2013 年版。

[96] 桑兵：《治学的门径与取法——晚清民国研究的史料与史学》，社会科学文献出版社 2014 年版。

期刊论文与学位论文

[1] 冯天瑜、周积明：《张之洞"振兴实业"夭折的原因》，《江汉论坛》1982 年第 3 期。

[2] 吴剑杰：《清末湖北立宪党人的议政实践》，《历史研究》1991 年第 6 期。

[3] 陈钧：《论湖北近代经济的崛起》，《湖北大学学报》（社会科学版）1992 年第 4 期。

[4] 涂文学：《近代汉口城市文化生成机制探源头》，《近代史研究》1992 年第 3 期。

[5] 姜铎：《洋务运动与津、穗、汉、沪四城的早期现代化》，《近代史研究》1993 年第 4 期。

[6] 宋亚平：《改革开放的历史误区——晚清湖北新政运动失败探析》，《近代史研究》1994 年第 1 期。

[7] 彭雨新、江溶：《十九世纪汉口商业行会的发展及其积极意义——〈汉口：一个中国城市的冲突与社区（1796—1895）〉简介》，《中国经济史研究》1994 年第 4 期。

[8] 龚兴华：《宜昌城市近代化之进程——宜昌城市发展的历史考察之一》，《湖北三峡学院学报》1997 年第 2 期。

[9] 贾孔会：《宜昌城市近代化发展之进程——宜昌城市发展的历史考察之二》，《湖北三峡学院学报》1997 年第 3 期。

[10] 常城：《偶然突发还是蓄意密谋：宜昌教案成因考》，《湖北三峡大学学报》（人文社会科学版）2015 年第 4 期。

[11] 高钟：《论湖北新政中的政府导向功能（一）》，《湖北师范学院学报》（哲学社会科学版）1998 年第 5 期。

[12] 夏振坤、张艳国：《近代长江文化与中国早期现代化》，《学术月刊》1998 年第 3 期。

[13] 石连同：《民国时期知识分子对中国现代化理论的探索》，《南京大学学报》（社会科学版）1998 年第 3 期。

[14] 肖建东：《论湖北咨议局从主张立宪到参与武昌首义的转变》，《武汉理工大学学报》（社会科学版）2001 年第 2 期。

[15] 袁为鹏：《张之洞与湖北工业化的起始：汉阳铁厂"由粤移鄂"透视》，《武汉大学学报》（人文科学版）2001 年第 1 期。

[16] 王雪华：《晚清两湖地区的教育改革》，《江汉论坛》2002 年第 7 期。

[17] 杨华山：《厘金与晚清早期现代化——湖北个案研究》，《江汉论坛》2002 年第 7 期。

[18] 江满情：《张之洞主持湖北新政的财政基础》，《江汉论坛》2003 年第 4 期。

[19] 徐凯希：《略论近代沙市社会经济的变迁——近代长江中游通商口岸研究之一》，《江汉论坛》2003 年第 7 期。

[20] 涂文学、宋晓丹：《张之洞"湖北新政"遗产的历史命运》，《近代史研究》2003 年第 8 期。

[21] 徐凯希：《略论近代沙市社会经济的变迁——近代长江中游通商口岸研究之一》，《江汉论坛》2003 年第 7 期。

[22] 高钟：《从"士农工商"到"绅商学军"——清末湖北社会结构之裂变》，《湖北师范学院学报》（哲学社会科学版）2003 年第 4 期。

[23] 陈橹：《宪政与革命——试析辛亥革命前后湖北咨议局的政治趋向》，《东方论坛》2004 年第 3 期。

[24] 邓正兵、欧阳君：《试论武汉的早期现代化》，《江汉大学学报》（社会科学版）2005 年第 1 期。

[25] 李建刚、谭道勇：《湖北早期现代化的一面旗帜——黄石早期现代

化的个案分析》,《湖北师范学院学报》2006 年第 2 期。

[26] 涂文学:《在沿海与内地之间:武汉对外开放的非典型性》,《江汉大学学报》(社会科学版) 2006 年第 1 期。

[27] 涂文学:《在被动与主动之间:武汉早期对外开放晚发早至的奥秘》,《江汉大学学报》(社会科学版) 2006 年第 3 期。

[28] 章征科、刘学照:《张之洞对近代化追求的政治文化特色新论》,《学术月刊》2004 年第 1 期。

[29] 刘亚玲:《张之洞与湖北近代农业产业化》,《农业考古》2007 年第 3 期。

[30] 何晓明、何顺进:《张之洞治鄂论》,《湖北大学学报》(哲学社会科学版) 2007 年第 6 期。

[31] 廖建夏:《武汉近代经济地位的变化及其影响因素探析》,《民国档案》2008 年第 4 期。

[32] 方秋梅:《湖北新政前夕汉口官办市政论析——兼评罗威廉国家"间接领导作用"说》,《江汉论坛》2010 年第 10 期。

[33] 涂文学:《"湖北新政"与近代武汉的崛起》,《江汉大学学报》(社会科学版) 2010 年第 1 期。

[34] 宋徽、周积明:《湖北学生界与晚清湖北》,《学术界》2010 年第 12 期。

[35] 王春雷:《辛亥革命前夕武汉工商业的早期现代化》,《广西社会科学》2011 年第 11 期。

[36] 刘天旭、周萍:《张之洞新政"屠财"与湖北的辛亥革命》,《甘肃社会科学》2011 年第 5 期。

[37] 刘天旭:《清末湖北财政危机与武昌起义的爆发》,《江西社会科学》2011 年第 1 期。

[38] 江凌:《近代两湖地区城市经济发展及其早期现代化》,《湖北经济学院学报》2011 年第 1 期。

[39] 宋徽:《张之洞督鄂与晚清湖北出版》,《湖北大学学报》(社会科学版) 2012 年第 4 期。

[40] 任放:《近代两湖地区的工业格局》,《人文论丛》2012 年版。

[41] 任放:《近代两湖地区的金融业》,《学习与实践》2012 年第 10 期。

[42] 任放:《近代两湖地区的矿业》,《中国矿业大学学报》(社会科学版) 2013 年第 1 期。

[43] 周积明、胡曦:《〈汉口中西报〉与湖北咨议局》,《江汉论坛》2013 年第 5 期。

[44] 任放:《近代两湖地区的交通格局》,《史学月刊》2014 年第 2 期。

[45] 任放:《近代两湖地区的市场体系》,《安徽史学》2014 年第 2 期。

[46] 陈显泗:《"现代化"与历史借鉴》,《史学月刊》1984 年第 4 期。

[47] 桑兵:《中外经济关系演变与中国近代化的定位融合》,《学术研究》1987 年第 6 期。

[48] 季荣臣:《三四十年代知识界关于中国现代化问题的争鸣》,《史学月刊》1991 年第 6 期。

[49] 虞和平:《试论中国近代化的概念涵义》,《社会学研究》1991 年第 2 期。

[50] 关海庭、陈夕:《1933 年中国现代化问题讨论述评》,《史学月刊》1993 年第 1 期。

[51] 周积明:《中国早期现代化的成败》,《探索与争鸣》1994 年第 11 期。

[52] 周积明:《中国现代化的分期与早期现代化的涵义》,《江汉论坛》1996 年第 4 期。

[53] 刘大年:《中国近代历史运动的主题》,《近代史研究》1996 年第 6 期。

[54] 李文海:《对中国近代化历史进程的一点看法》,《清史研究》1997 年第 1 期。

[55] 石连同:《民国时期知识分子对中国现代化理论的探索》,《南京大学学报》(社会科学版) 1998 年第 1 期。

[56] 李少军:《"中国近代史与社会转型学术研讨会"综述》,《近代史研究》2001 年第 2 期。

[57] 吴剑杰:《关于近代史研究"新范式"的若干思考》,《近代史研究》2001 年第 2 期。

[58] 罗志田:《见之于行事:中国近代史研究的可能走向——兼及史料、理论与表达》,《历史研究》2002 年第 1 期。

[59] 王旭东、黎俊祥：《以现代化为主线略论中国近代史研究》，《史学理论研究》2003 年第 3 期。

[60] 罗志田：《发现在中国的历史——关于中国近代史研究的一点反思》，《北京大学学报》（社会科学版）2004 年第 5 期。

[61] 董正华：《以历史发展多线性到史学范式多样化——围绕"以一元多线论为基础的现代化范式"的讨论》，《史学月刊》2004 年第 5 期。

[62] 马敏：《21 世纪中国近现代史研究的若干趋势》，《史学月刊》2004 年第 6 期。

[63] 朱英：《更加完整与客观：中国近代史研究的发展走向》，《史学月刊》2004 年第 6 期。

[64] 彭南生：《关于新世纪中国近代史研究如何深入的思考》，《史学月刊》2004 年第 6 期。

[65] 阎书钦：《20 世纪 30 年代中国知识界"现代化"理念的形成及内涵流变》，《河北学刊》2005 年第 1 期。

[66] 张海鹏：《20 世纪中国近代史学科体系问题的探索》，《近代史研究》2005 年第 1 期。

[67] 孙宏云：《中国"现代化"观念溯源——《申报月刊》的"中国现代化问题"讨论》，《郑州大学学报》（社会科学版）2007 年第 2 期。

[68] 黄波粼：《知识分子与二十世纪 30 年代的中国现代化——以〈独立评论〉为例》，《湖南社会科学》2008 年第 3 期。

[69] 杨宏：《从〈近代史研究〉看近十年来的中国近代史研究——基于 CSSCI（1998—2007）数据的分析》，《史学月刊》2009 年第 5 期。

[70] 张海鹏：《60 年来中国近代史研究领域有关理论与方法问题的讨论》，《近代史研究》2009 年第 6 期。

[71] 杨天宏：《系统性的缺失：中国近代史研究现状之忧》，《近代史研究》2010 年第 2 期。

[72] 林被甸、董正华：《现代化研究在中国的兴起于发展》，《历史研究》2012 年第 4 期。

[73] 霍修勇：《辛亥革命期间两湖地区的革命运动》，博士学位论文，湖

南师范大学，2002年。

[74] 张珊珊:《近代汉口港与其腹地经济关系（1862—1936）——以主要出口商品为中心》，博士学位论文，复旦大学，2007年。

[75] 吕一群:《晚清汉口贸易的发展及其效应》，博士学位论文，华中师范大学，2009年。

[76] 刘薇:《张之洞与中国近代兵工企业》，博士学位论文，武汉大学，2010年。

[77] 刘彦波:《晚清两湖地区州县行政研究》，博士学位论文，华中师范大学，2011年。

[78] 汪苑菁:《报刊与城市现代性——以汉口和〈汉口中西报〉为中心的考察（1864—1916）》，博士学位论文，华中科技大学，2013年。

后　　记

　　当我整理这一堆堆文字的时候，偶尔会感到些许欣慰。之所以欣慰，是在大堆枯燥无味与平淡无奇中，竟然还能发现丁点的思想火花，这便不由让我念起沙湖畔边那段比较愉快的时光。

　　2013年的秋天，似乎是冥冥之中的安排，我来到沙湖畔边。倘若没有来到湖北大学，我会迅速地将曾经摸索出的些许专业常识忘掉，或劳累奔波于某个商业公司，或消磨时光于某个行政办公室。非常感谢何晓明教授曾经的接纳，让我能够继续徜徉于美丽的校园，并且开始对历史学展开更进一步的了解。沙湖畔边的时光，虽聆听何师的教诲有限，而何师若干次精彩的讲解则深刻地揳进了我的专业思考与写作中。只是，有时愚笨，不能真正领会其要，以致东施效颦。在那个园子里，我与程太红同门、杨洋女士和沈宏格先生同窗共读，很多美好的瞬间令我至今尚在回味。最终，历经跌跌撞撞，并消耗不少气力，堆砌出这篇稚嫩的文字，让我可以选择如期地离开。

　　但是，面对如此文字，绝大多时间，我都处于一种惭愧、甚至羞愧的状态。脑海时常闪现的，是何师的眼神。刹那间，便会心生慌乱。但这是我写作生涯中的第一部作品。希望它不是唯一的一部。

　　回到北方之后，思念便迅即生根发芽，它像一场无法治愈的慢性疾病，随着光影的消逝而渐入膏肓。谨以此书，献给一千多个，曾经的，有哭有笑的，渴望、绝望的，日与夜。

常　城
戊戌冬月，于黄河北岸牧野故地